THE STORY OF ENGLISH
IN 100 WORDS

THE STORY OF ENGLISH IN 100 WORDS

Copyright © 2011 by David Crystal All rights reserved
Korean translation copyright © 2024 by Freedom to Dream-Seoul Medical Books and Publishing
Korean translation rights arranged with Profile Books, Ltd. through EYA Co.,Ltd

• 이 책의 한국어판 저작권은 EYA Co.,Ltd 를 통해 Profile Books, Ltd.과 독점 계약한
 꿈꿀자유 서울의학서적이 소유합니다.
• 저작권법에 의하여 한국 내에서 보호를 받는 저작물이므로 무단 전재 및 복제를 금합니다.

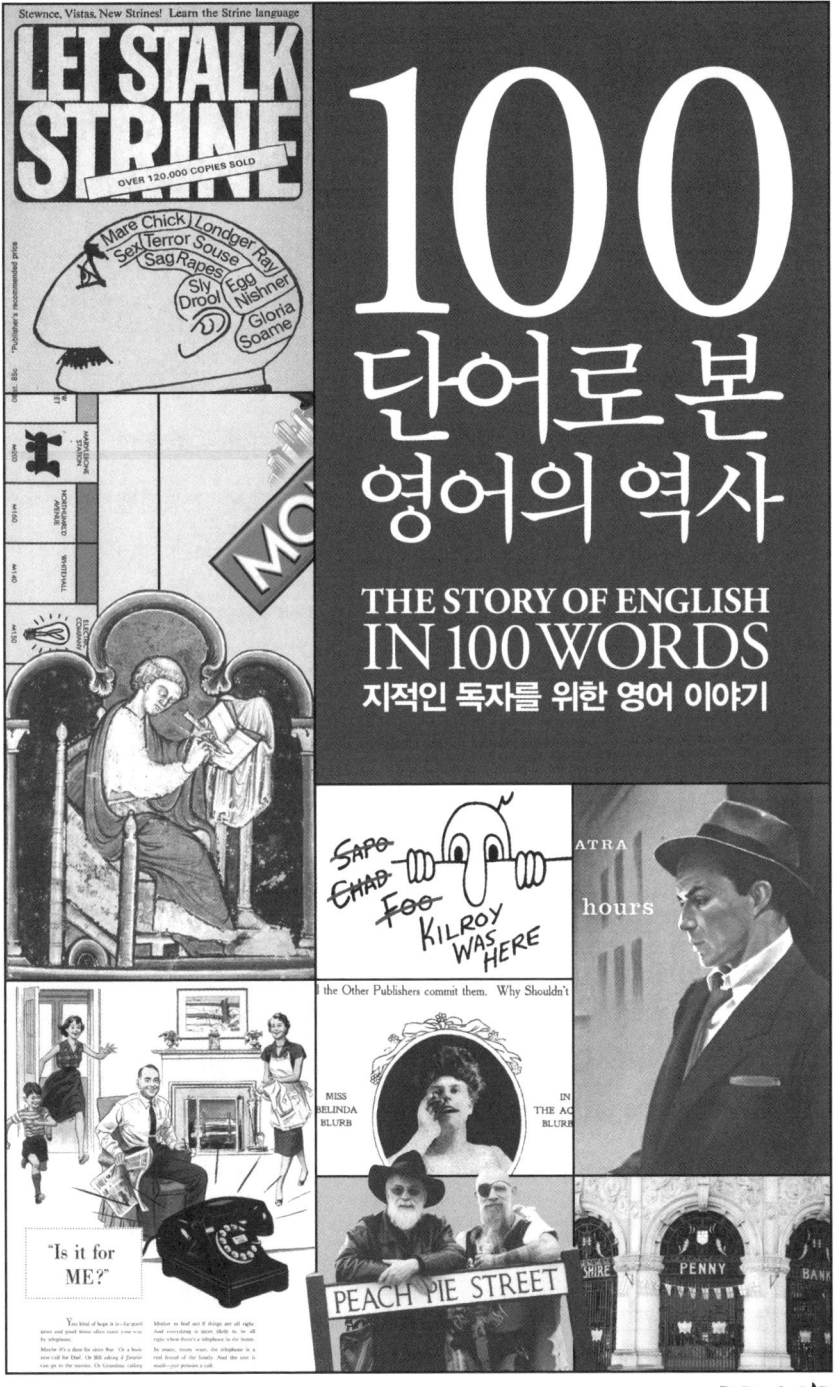

100
단어로 본
영어의 역사

THE STORY OF ENGLISH
IN 100 WORDS
지적인 독자를 위한 영어 이야기

데이비드 크리스털 지음 | 박설영 옮김   꿈꿀자유

서문

영어의 일대기를 어떻게 들려주면 좋을까? 방법은 두 가지다. 하나는 통상적인 접근법으로, 주요 발전 시기별로 보편적 주제와 경향을 짚어가며 개괄적으로 설명하는 것이다. 고대 영어… 중세 영어… 초기 현대 영어… 현대 영어, 이런 식으로. 그리고 각 시기별로 지면이 허락하는 한 용례를 최대한 많이 제공한다. 이것이 내가 《영어 이야기(The Stories of English)》 같은 책에서 자주 사용했던 방식이다. 오래된 비유를 사용하자면 이 방법의 장점은 숲을 선명하게 볼 수 있다는 점이다. 하지만 나무는 몇 그루 못 본다.

다른 접근법은 흥미로운 영어 단어와 구절을 소개하는 수많은 인기 단어집에서 쓰는 방식이다. 내 책장에 꽂힌 어떤 단어집은 sandwich와 frisbee처럼 개인의 이름에서 단어의 기원을 탐구한다. 또다른 책은 raining cats and dogs 같은 흥미로운 관용구의 기원을 살핀다. 전 세계 속담 모음집 《진지바르에는 이런 말이 있다(As They Say in Zanzibar)》 같은 책에서 나 역시 이 방법을 사용했다. 장점과 단점은 앞의 것과 반대다. 나무는 많이 보지만 숲이라는 큰 그림은 볼 수 없다.

이 책은 두 가지 방식을 하나로 합쳤다. 각 장의 제목에서도 알 수 있듯이 이 책은 단어집이지만 기존의 단어집과는 다르다. 우선 그 나름으로 영어가 발전한 방식을 알려주는 단어만 선정했다. 각 단어를 살펴볼 때는 특정 단어에서 시작해 보편적인 주제로 옮겨 가되, 해당 단어를 영어 전반이란 측면에서 중요한 주제 및 경향과 연결 지었다. 또한 각 장을 연대기순으로 나열해 언어사적인 면을 강화했다. 이런 접근법을 취하면 전형적인 단어집과 달리 놀라운 사실들을 배우게 된다. 보통 단어집에 수록되지 않는 and와 what 과 같은 단어 역시 들려줄 이야기가 있다.

   물론 이것은 개인적으로 선정한 목록이다. 다른 사람이 영어를 대표하는 100가지 단어를 고른다면 분명 목록이 달라질 것이다. 이것은 나의 목록일 뿐이다.

영어 단어의 짧은 역사

앵글로색슨 수도사 비드(Bede)는 서기 730년경 노섬브리아에 있는 자신의 수도원에서 집필한 글을 통해 일찍이 영어라는 언어를 최초로 사용한 사람들에 대해 설명했다. 라틴어로 쓰여진《영국민의 교회사(Ecclesiastical History of the English Nation)》에서 그는 이렇게 말한다. "(이 섬에) 잉글리시, 브리튼어, 스코트어, 픽트어, 라틴어를 쓰는 다섯 국가가 있으며, 각 국가는 고유한 방언으로 신성한 진리에 대해 탁월한 연구를 하고 있다." 그리고 어떻게 이런 상황이 벌어졌는지 설명한다.

비드에 따르면 처음 도착한 이들은 브리튼인이다(지금은 켈트족이라 부른다). 이들은 섬에 자신들의 이름을 붙였다. 뒤이어 픽트족이 스키타이[1]에서 북아일랜드를 거쳐 북쪽에 도착했다. 얼마 후 스코트족이 도착해 픽트족 지역 내에 정착지를 확보했다. 그리고 '로마 건국 798년'(서기 43년) 클라우디우스 황제가 원정대를 보내 재빨리 로마 주둔지를 세웠다.

로마인들은 5세기 초까지 브리튼 섬을 지배하다 고트족이 로마를 함락하자 군대를 철수했다. 브리튼족에 대한 픽트족과 스코트

---

[1] Scythia, 고대의 흑해 북부 지방

족의 공격이 이어졌다. 브리튼족은 로마에 도와달라고 호소했지만, 로마인들은 제 코가 석 자였다. 공격이 계속되자 브리튼인들은 결정을 내려야 했다. 비드는 이렇게 적었다.

> 그들은 북쪽 국가들이 상습적으로 벌이는 잔혹한 침략을 막거나 격퇴하기 위해 무엇을 해야 할지, 어디에 도움을 청해야 할지 논의했다. 모두가 왕인 보르티게른(Vortigern)의 생각을 받아들여 바다 너머 색슨족 국가들에게 원군을 요청하기로 했다… 이윽고 왕의 초대를 받아 앵글족과 색슨족이 세 척의 긴 배를 타고 브리튼 섬에 도착했다.

앵글로색슨 연대기는 그들이 서기 449년 앱스플리트(Ebbsfleet, 켄트 램스게이트 근처 페그웰 베이)에 상륙했다고 보고한다. 가장 초기 기록으로 짐작건대 그 후 채 250년도 안 되어 우리가 고대 영어(앵글로색슨어라고도 함)라고 부르는 언어가 특유의 성격을 확립했다.

영어 어휘

어휘는 언제나 언어의 정체성을 드러낸다. 이유는 단순하다. 워낙 많기 때문이다. 외국어를 배워본 사람이라면 발음과 기본 문법은 비교적 쉽게 습득할 수 있지만, 단어를 익히는 데는 끝이 없음을 알 것이다. 분명 어휘는 언어의 에베레스트다. 유창하게 말하고 싶다면 그 산을 반드시 정복해야 한다.

영어에서 그 과제는 더욱 복잡하다. 어휘의 범위와 다양성 때문이다. 그 속에는 긴 세월 동안 영어를 사용한 사람들의 다채로운 정치, 문화적 역사가 반영되어 있다. 비유하자면 영어는 언어의 진공청소기다. 영어 사용자들은 다른 언어를 접할 때마다 단어를 빨아들였다. 영어를 쓰는 군인, 선원, 무역업자, 관리들이 온 세계를 누빈 덕분에 수백 개의 언어가 어휘의 성격을 규정하는 데 영향을 미쳤다. 영어 어휘의 80퍼센트가량이 게르만어와 아무 관련도 없다.

또한 영어는 유희적이고 혁신적인 언어다. 영어 사용자들은 상상력을 발휘해 새로운 어휘를 창조하고, 단어를 만들기 위해 기꺼이 전통에서 벗어났다. 모든 언어가 그렇지는 않다. 일부는 어휘의 순수성이라는 허구의 개념을 지키려고 애쓰면서 외래어를 거부하고 단일한 문화적 전통을 엄격하게 고집한다(프랑스어와 아이슬란드어를 보라). 영어 사용자들은 대체로 이와 반대다. 즐거이 규칙을 깨고 비틀면서 단어를 빚어낸다. 셰익스피어는 대담하게 단어를 사용하면서 기막히게 잡아 비틀었다.

따라서 영어 단어는 무엇보다도 다양성과 개성을 보여준다. 전체 어휘에 적용되는 일반적 규칙 따위는 없다. 그보다는 오늘날과 같은 특징을 갖는 데 영향을 미친 다양한 줄기들을 구별해야 영어 어휘가 어떻게 진화했는지 알 수 있다.

게르만어에 뿌리를 둔 언어

이 책은 영어가 게르만어에서 기원한 데서 시작한다. 이는 북유럽에 널리 퍼졌던 룬 문자의 한 형태로 새겨진 초기 문자에서 확인할 수 있다. 룬 문자는 매우 독특한 유물(1장 roe)을 비롯해 기념물, 무기, 장식품 등 수많은 물건에서 발견된다. 영어의 게르만어적 특징은 고대 브리튼의 지명(2장 lea) 및 문법적 관계를 보여주는 '사소한' 단어들(5장 out, 10장 what)에서도 드러난다. 7세기 무렵 고대 영어로 쓰여진 현존하는 가장 오래된 수서본(manuscript)이 등장했는데, 처음에는 해설 형태였다가 이후 산문체의 본문 형식을 띠었다. 그중 몇몇 수서본에는 필경사들이 축약어를 사용한 기록이 뚜렷하다(3장 and). 하지만 영어라는 실제 명칭이 기록에 등장한 것은 10세기 들어서다(13장 English).

외래어

영어는 순수한 게르만어였던 적이 한 번도 없다. 게르만어는 유럽 본토에서 이미 라틴어 단어들을 받아들였고, 이 단어들이 앵글로색슨족과 함께 브리튼에 도착했다. 이후 라틴어는 동식물, 식음료, 건물, 가정용품을 비롯해 수많은 분야에서 일상적 단어를 제공하면서(6장 street) 계속 영향력을 행사했다. 선교 활동이 확장됨에 따라 종교 및 학문과 관련된 단어가 늘면서 영어 어휘도 계속 늘었다. 고대영어는 켈트어(12장 brock)도 일부 받아들였다. 많지는 않아도 일찍이 섬에 살던 거주민들을 상기하기에는 충분한 숫자였다.

 스칸디나비아는 앵글로색슨 시대에 단어를 제공한 또다른 원천이었지만, 이는 상당한 시간이 흐른 다음의 일이다. 바이킹은 780년대에 남쪽 해안에 이어 북쪽의 수도원들을 공격하면서 브리튼에 존재감을 떨쳤다. 이런 갈등은 880년경 알프레드 왕과 덴마크 지도

자 구트룸이 웨드모어 조약을 맺어 바이킹이 잉글랜드 동부(덴마크법의 적용을 받았기 때문에 이후 데인로 지방이라고 불렸다)를 통치하게 될 때까지 한 세기 동안 계속되었다. 소수의 스칸디나비아어가 고대 영어 문서에서 발견되었지만 대다수는 13세기 들어서야 눈에 띈다. 중세 초기 영어 문헌에는 수백 개의 스칸디나비아 단어들이 사용된 기록이 남아있다(20장 skirt, 22장 take away).

영어에서 라틴어 및 고대 스칸디나비아어라는 요소는 중세 시대에 프랑스어가 미친 엄청난 영향에 비하면 미미하다. 1066년 이후 프랑스가 잉글랜드를 지배하기 시작하고 유럽 본토에서 프랑스 문화가 위세를 떨친 결과였다. 앵글로색슨족의 단어는 법, 건축, 음악, 문학 등 노르만인이 도입한 낯선 표현 영역을 다루기에 역부족이었다. 사람들은 프랑스의 생활 방식에 대처하기 위해 대륙 모델을 채택하고 전통 양식을 변형하며 다양한 새로운 표현을 개발할 수밖에 없었다. 앵글로색슨족의 생활 방식을 반영한 초기 게르만 어휘(4장 loaf, 7장 mead)는 음식(17장 pork)부터 법(18장 chattles)에 이르기까지 삶의 모든 영역에 영향을 미친 프랑스식 세계관에 자리를 내주었고, 새로운 호칭(19장 dame)도 도입되었다. 대개 새로운 단어가 오래된 단어를 대체했지만, 이따금 오래된 단어가 의미(21장 jail)나 쓰임(30장 royal)을 바꾸어 살아남기도 했다.

영국 탐험가, 무역업자, 여행가들의 국제적 접촉은 14세기에 작은 물방울로 시작해(33장 taffeta) 16세기에 홍수처럼 거대해졌다(39장 potato). 학문의 르네상스가 꽃을 피우며 라틴어 및 그리스어와의 접촉이 재개된 덕에 너무 많은 고전어가 유입되어 엄청난 논란을 일으켰다(41장 ink-horn). 모든 이가 어휘의 성격이 변하는 것을 반기지는 않았다. 일부는 고전 외래어가 영어를 우아하게 만든다고 보았지만, 일부는 오히려 이질적으로 바꾼다고 비판했다. 영어의 게르만적 성격을 지키자는 주장은 16세기에 대두되어 지금까지 이어진다(74장 speech-craft). 하지만 그 무엇도 외래어가 영어에 유입되는 현상을 막지 못했다. 영어가 세계적으로 확산되면서 오히려 유입의 범위는 더욱 확대되었다.

　미국 영어는 최초로 브리튼 제도 밖에서 생겨난 주요 영어다. 영어가 미국에 자리잡은 지 오래지 않아 초기 탐험가들이 아메리칸 인디언 언어에서 단어를 가져오기 시작했고(45장 skunk), 이 단어들은 다른 수많은 언어와 함께 미국적 정체성을 세우는 데 도움을 주었다(58장 Americanism). 17세기부터 대영제국이 성장하고 새로운 문화들 간의 소통을 위해 영어가 변하기 시작하면서 영어의 지리학적 지평은 꾸준히 확장됐다. 새로운 지역으로 진출한 효과는 어휘에서 금방 드러났다. 특히 인도(48장 lakh)와 아프리카(62장 trek) 같은 완전히 다른 지역에서의 변화는 더욱 극적이었다. 불과 몇 년 만에 지역 특색을 담은 수천 가지 어휘가 생겨나기도 했다. 현지 문화의 영향으로 단어의 형태와 의미가 달라지면서 외래어가 도입되었을 뿐 아니라(68장 dinkum, 69장 mipela), 토종 영어 단어가 변형되기도 했다. 차용 과정은 주로 경제적, 문화적 요인으로 인해 오늘날에도 지속되고 있다(70장 schmooze, 78장 robot, 96장 sudoku).

새로운 변종

영어로 작성된 초기 기록들은 '최고급' 문학적 표현을 보여주거나 종교, 법, 정치 같은 전문 영역을 반영해 형식적일 수밖에 없었다. 앵글로색슨 시대의 언어적 창의성은 수수께끼(99장 riddle)와 시적 형태(11장 bone-house)에서 드러나는데, 상상력 넘치는 표현 요소는 여기서 그치지 않고 중세시대(16장 swain, 35장 gaggle)와 초기 근대 영어를 거쳐 신조어의 절정기를 이룬 엘리자베스 시대(43장 bodgery, 44장 undeaf)까지 이어졌다. 이런 유희적 요소는 새로 창조된 단어(82장 doobry, 83장 blurb, 90장 bagonise), 희극적 효과(84장 strine), 현대 소설에서 탄생한 단어(97장 muggle)에서도 볼 수 있듯이 오늘날에도 중요하다.

물론 앵글로색슨 사회에도 오늘날과 비슷한 일상적 구어 표현들이 존재했다. 인간의 본성은 천년 동안 크게 변하지 않았다. 하지만 고대 영어로 전해지는 대부분의 글은 형식적이거나 수사적일 뿐, 일상 대화에서 쓰는 리듬과 어휘의 흔적은 거의 찾을 수 없다. 이런 경향은 11세기부터 변하기 시작했다. 격식을 차리지 않은 세속적인 어휘가 등장했고, 현대의 수많은 금기어(15장 arse, 24장 cunt, 47장 bloody), 일상의 소리를 반영한 단어(23장 cuckoo), 장난스러운 신조어(35장 gaggle), 풍부한 관용구(31장 money)가 생겨났다. 영국 사회의 다양한 모습은 초서와 엘리자베스 시대의 극작가, 특히 셰익스피어의 작품 속에 생생하게 나타났다. 머지않아 언어광들이 그 시대의 구어, 특히 범죄 집단이 즐겨 쓰는 단어(64장 dragsman)를 수집하기 시작했고, 속어에 대한 관심(66장 dude, 86장

grand) 역시 현재까지 이어진다.

지역 방언도 영어의 다양성에 한몫 했다. 다양한 방언은 처음부터 존재했는데(8장 merry), 영어가 새로운 지역에 정착하면서 지역색을 띤 단어 및 구(26장 wee, 42장 dialect, 73장 y'all)도 늘어났다. 중세 시대에 브리튼 내 모든 지역 간에 쉽게 소통해야 할 필요가 생기자, 서서히 표준화된 영어 형태가 출현했다. 인쇄술의 도래(29장 egg), 행정 기관의 증가, (초서 같은) 주요 작가들의 인기, 성경 번역본의 명성(37장 matrix, 46장 shibboleth) 등 다른 요인들도 영향을 미쳤다. 표준 영어는 철자(32장 music), 문법(34장 information), 용어(38장 alphabet)에 대한 합의를 통해 수세기에 걸쳐 형성되었다. 그 과정에서 철자 개혁(40장 debt) 등 때때로 큰 논란이 일기도 했다. 철자가 통일되지 않은 단어(51장 yogurt), 비표준 철자에 대한 다양한 반응(88장 gotcha), 문법(61장 ain't) 및 발음(76장 garage)의 정확성을 둘러싼 논쟁 등에서도 볼 수 있듯이 이런 논란은 아직까지 남아있다.

어휘를 바라보는 두 가지 관점

어휘는 한 시대의 사회적 환경, 사고방식, 문화적 혁신에 대해 직접적인 통찰을 제공한다는 점에서 문법, 철자와 같은 언어의 다른 영역과 다르다. 어떤 단어는 사회 구조(55장 polite, 65장 lunch)나 사회적 관행(49장 fopdoodle, 53장 tea, 95장 jazz)에 대해 알려준다. 단어를 통해 새로 생겨난 직업(52장 gazette)을 접하고, 과학(60장 species, 75장 DNA)과 기술(63장 hello, 99장 unfriend, 100장 Twittersphere)의 진보를 관찰할 수도 있다. 어휘를 비판적으로 바라보는 사람들로 인해 새로운 태도와 사고방식을 접할 수도 있다(81장 double speak, 89장 PC, 93장 cherry-picking). 단어의 역사를 탐구하면서 우리는 사회를 들여다보는 창을 발견한다. 그것이 이 책의 주된 주제다.

어휘를 바라보는 방법이 하나 더 있다. 그 단어들이 언어사에 존재하도록 만든 기법이 무엇인지 살펴보는 것이다. 이 부분 역시 단어집에서 중요하게 다루어야 한다. 이미 살펴보았듯이 한 가지는 다른 언어에서 단어를 빌리는 방법이다. 하지만 그 밖에도 많은 조어법이 있다. 우선 게르만어의 구성요소를 프랑스어나 라틴어 같은 다른 언어의 요소와 결합할 수 있다(36장 doable). 단어를 반복하거나(56장 dilly-dally), 줄이거나(57장 rep, 59장 edit, 92장 app), 결합하거나(67장 brunch, 98장 chillax), 합치거나(91 webzine), 축약하는 것(79 UFO, 94 LOL)도 방법이다. 접미사(72장 ology)나 접두사(87장 mega)를 단어로 바꿀 수도 있다. 이름(28장 valentine), 성(85장 Alzheimer's), 지명(80장 Watergate), 제품명(77장 escalator)을 단어로 만드는 것도 가능하다.

하지만 어휘의 가장 흥미로운 점은 어원을 탐구하다가 예기치 못한, 또는 아주 흥미로운 결과를 밝혀낼 때일 것이다. 어원을 살피다보면 뜻을 이해하기 쉽게 단어를 개조하거나(14장 bridegroom), 장시간에 걸쳐 의미가 놀랍게 반전되거나(25장 wicked), 의미가 사람들에게 혼란을 주거나(50장 billion), 용법을 놓고 논쟁이 있었던 사실(54장 disinterested)과 맞닥뜨린다. 단어 사이에 뜻밖의 관련이 있음을 확인하기도 한다(27장 grammar). 모든 단어의 기원이 밝혀진 것이 아니라서 오래도록 논쟁이 지속되는 단어도 있다(71장 OK). 하지만 모든 어원은 어느 순간 놀라움을 선사한다. 이 책의 각 장을 조사하면서 내가 영어 단어의 역사에 대해 새로운 사실을 배운 것처럼 독자들도 그러하리라 믿어 의심치 않는다.

차례

서문   4

영어 단어의 짧은 역사   6

1 **Roe**	최초의 단어	5세기	23
2 **Lea**	지명	8세기	27
3 **And**	초창기의 축약어		30
4 **Loaf**	뜻밖의 기원	9세기	33
5 **Out**	변하는 문법		36
6 **Street**	라틴어의 차용		39
7 **Mead**	역사를 들여다보는 창문		43
8 **Merry**	살아남은 방언		46
9 **Riddle**	언어로 놀기	10세기	50
10 **What**	초창기의 감탄사		53
11 **Bone-house**	그림처럼 생생한 묘사		57
12 **Brock**	켈트어의 도착		60

13 English	언어의 이름	10세기	64
14 Bridegroom	대중 어원	11세기	68
15 Arse	무례한 단어		70
16 Swain	시적 표현	12세기	74
17 Pork	우아한 단어	13세기	76
18 Chattels	법적 단어		78
19 Dame	호칭		80
20 Skirt	이중어		83
21 Jail	경쟁하는 단어들		85
22 Take away	구동사		88
23 Cuckoo	음성상징어		90
24 Cunt	금기어		92
25 Wicked	급진적 변화		95
26 Wee	스코틀랜드에서 온 단어	14세기	97
27 Grammar	놀라운 연관성		100
28 Valentine	단어가 된 이름		102
29 Egg	어떤 방언을 선택할까		105
30 Royal	세 쌍둥이 단어		107
31 Money	생산적 관용구		110

32	**Music**	철자 혁명	14세기	113
33	**Taffeta**	초기 무역 용어		115
34	**Information(s)**	(불)가산 명사		117
35	**Gaggle**	집합 명사	15세기	120
36	**Doable**	언어들의 혼합		123
37	**Matrix**	틴데일이 만든 단어	16세기	125
38	**Alphabet**	쓰기에 대한 말		127
39	**Potato**	유럽에 들어온 수입품		134
40	**Debt**	철자 개혁		136
41	**Ink-horn**	홍수처럼 쏟아진 고전주의		138
42	**Dialect**	지역적 변주		141
43	**Bodgery**	신조어를 만드는 사람들		144
44	**Undeaf**	셰익스피어가 만든 단어		146
45	**Skunk**	초창기 미국 특유의 어법	17세기	148
46	**Shibboleth**	킹 제임스가 만든 단어		150
47	**Bloody**	욕설의 등장		153
48	**Lakh**	인도에서 건너온 단어		156
49	**Fopdoodle**	사라진 단어		158
50	**Billion**	혼란스러운 모호함		162

51 Yogurt	철자 선택하기	17세기	165
52 Gazette	신문기사투		167
53 Tea	사회적 단어		171
54 Disinterested	혼동하기 쉬운 단어		173
55 Polite	매너의 문제		176
56 Dilly-dally	반복되는 단어		179
57 Rep	축약		183
58 Americanism	새로운 국가	18세기	185
59 Edit	역성어		189
60 Species	분류하기		191
61 Ain't	옳고 그름		193
62 Trek	아프리카에서 건너온 단어	19세기	196
63 Hello	기술을 통한 진보		199
64 Dragsman	도둑의 은어		202
65 Lunch	언어적 계층전쟁		205
66 Dude	쿨한 어법		208
67 Brunch	혼성어		210
68 Dinkum	호주에서 온 단어		212
69 Mipela	피진 영어		215

70	Schmooze	이디시 어구	19세기	218
71	OK	기원 논쟁		220
72	Ology	접미사가 단어로		223
73	Y'all	새로운 대명사		226
74	Speech-craft	앵글로색스니즘		228
75	DNA	과학 용어	20세기	230
76	Garage	발음 문제		232
77	Escalator	단어로 편입된 이름		234
78	Robot	글로벌한 여행		237
79	UFO	대안적 형태		240
80	Watergate	장소 이름이 단어로		243
81	Doublespeak	애매모호한 말		245
82	Doobry	아무 의미 없지만 쓸모 있는 말		249
83	Blurb	유입의 순간		251
84	Strine	희극적 효과		254
85	Alzheimer's	사람의 성(姓)이 단어로		258
86	Grand	돈을 뜻하는 속어		260
87	Mega	접두사가 단어로		264
88	Gotcha	파격적인 철자		266

89 **PC**	정치적 올바름	20세기	269
90 **Bagonise**	임시어		272
91 **Webzine**	인터넷 합성어		275
92 **App**	끝내주는 축약어		277
93 **Cherry-picking**	비즈니스 용어		279
94 **LOL**	문자메시지 표현		282
95 **Jazz**	세기의 단어		286
96 **Sudoku**	현대의 차용어	21세기	288
97 **Muggle**	허구의 단어		289
98 **Chillax**	유행에 따른 혼성어		292
99 **Unfriend**	새로운 시대		294
100 **Twittersphere**	미래는 어디로 향할 것인가?		296

그림 출처	299
옮긴이의 말	300
색인	302

일러두기
따로 명기하지 않는 한 각주는 옮긴이주다.

1 Roe

최초의 단어 ▧ 5세기   노루

1929년 건조한 여름, 영국 공군 항공기 승무원들이 역사적으로 중요한 로만 타운 벤타 아이세노럼(Venta Icenorum, 아이세니족의 시장이라는 뜻) 유적지를 카메라에 담았다. 위치는 노퍽주 노리치에서 남쪽으로 약 5킬로미터 떨어진 곳으로, 카이스터 세인트 에드먼드 교회 바로 옆이었다. 사진을 현상하니 들판 밑에 놀라운 형상이 눈에 보였다. 시가도(市街圖)였다.

   고고학자들은 발굴에 착수해 남동쪽 고지대에서 앵글로색슨족의 거대한 납골당을 발견했다. 그리고 여러 개의 유골 항아리 중 하나에서 뜻밖의 언어학적 성과를 거두었다. 놀이에서 말로 사용한 것으로 추정되는 양의 발가락뼈 더미 속에서 노루의 발목뼈가 나온 것이다. 뼈의 한쪽 면에는 룬 문자 여섯 개가 새겨져 있었다. 이를 로마자로 바꾸면 RAIHAN이라는 단어가 된다.

ᚱᚨᛁᚺᚨᚾ

   무슨 뜻일까? 언어학자들은 머리를 긁적였다. 누군가의 이름일까? 당시 게르만어에서 단어 끝에 -n을 붙이면 오늘날 영어에서 's

노루의 발목뼈 표면에 새겨진 룬 문자.
노퍽주 노리치 근교 카이스터에 위치한 로마 도시유적에서 발견됐다.
룬 문자 H의 모양이 무척 흥미롭다.
가로 막대가 하나인데 이는 북쪽 글쓰기 양식의 특징이다.
남쪽 지역에서는 H를 표기할 때 가로 막대를 두 개 사용한다.
이 표식을 쓴 이가 스칸디나비아 출신일 가능성을 보여준다.

를 붙이는 것처럼 이따금 소유격을 의미했다. 따라서 이 단어는 Raiha's(라이하의) 또는 Raiho's(라이호의)라는 뜻으로, 물건이 그(그녀)의 소유물임을 나타내는 것일 수 있다. 하지만 더 그럴싸한 설명이 있다. 이 단어가 뼈의 주인, 즉 당시 북유럽에 널리 퍼져 있던 노루(roe-deer)에서 왔다는 것이다.

Roe라는 단어의 역사를 구성해 보기는 어렵지 않다. 고대 영어에서 이 단어는 raha 또는 ra라는 형태로 수차례 등장한다. 더비셔의 Rowland(=roe wood, 노루숲)와 랭커셔의 Roeburn(=roe steam, 노루내)처럼 지명이나 성에서도 볼 수 있다. 게다가 중세 영어에서는 모음의 발음이 oh로 바뀌었다. 그러니 raihan은 from a roe(노루에서 온)란 뜻일 수도 있다.

이런 식으로 글자를 새긴 이유는 뭘까? 사실 이것은 꽤 흔한 관행이었다. 과거에는 칼집이나 주전자 같은 물건에 그것을 만든 사람이나 재료의 이름을 새기곤 했다. '에드릭이 나를 만들었다'는 의미로 말이다. 8세기에 만들어진 프랑크 보석함(Franks Casket) 한쪽에는 룬 문자로 '고래뼈'라고 새겨져 있다. 항아리 속에 담긴 뼈 중 유일하게 노루뼈에만 raihan이라고 적힌 것으로 보아 이 단어가 roe 아닌 다른 의미라고는 상상하기 어렵다. 만약 이 단어가 정말 roe를 의미한다면, 이는 인류가 발견한, 영어로 기록된 최초의 단어일 수 있다.

하지만 이게 영어 단어일까? 고고학자들은 이 유물의 연대를 5세기로 추정한다. 심지어 400년경이라고 보는 사람도 있다. 흔히 영국에서 고대 영어가 시작된 기점이라 생각하는, 앵글로색슨족이 도착한 해인 449년보다 훨씬 전이다. 로마인들이 아직 그 지역에 남아 있을 때다. 그러면 혹시 그 단어를 새긴 사람이 다른 언어를 구사하는 이민자는 아니었을까?

카이스터에 정착한 사람 중 적어도 일부가 스칸디나비아 출신이라는 증거가 있다. 항아리 중 몇 점이 덴마크 및 인근 섬에서 발견된 항아리와 매우 유사하게 생겼다는 것이 근거다. 그러니 스칸디나비아 사람이 400년경 노퍽주에 정착했다고 상상해보자. 그는 아마 고대 스칸디나비아어 같은 일종의 초기 게르만어를 사용했을 것이다. 하지만 그가 새로운 정착지에서 만난 사람들과 비슷하게 말하기까지는 오랜 시간이 걸리지 않았을 것이다. 정착민이 살아남으려면 적응이 빨라야 하니까. 만약 그가 놀이 도구에 글자를 새겨야 했다면('roe를 찾아라' 같은?), 분명 다른 참가자들이 알아볼 수 있는 형태로 써야 했을 것이다.

몇 세기 후 고대 영어에서 사용한 roe의 철자는 raihan이 아니라 rahan이다. 작자는 왜 i를 추가했을까? 그의 모국어를 반영했을 수도 있고, 새 언어를 배우던 중 구식 철자를 습득한 것일 수도 있으며, 당시 그 단어가 발음되던 방식대로 적었을 수도 있다. 진실이 무엇인지는 알 수 없지만, 개인적인 느낌으로는 현재 노리치 캐슬 박물관에 있는 카이스터 복사뼈야말로 영어의 기원에 가장 가까이 있는 물건이 아닌가 싶다.

1 Roe

2　Lea

지명 📜 8세기　　　　　　　　　　　초원

대부분의 사람은 lea(초원)라는 단어를 쓰지 않는다. Lea는 풀이 무성한 목초지를 뜻하는 시적 단어다. 특히 토머스 그레이의 〈시골 교회 묘지에 쓰인 비가(Elegy Written in a Country Churchyard)〉라는 시에서 보았던 기억이 난다.

> 저녁종이 울리며 하루와 이별을 고하니
> 음매 우는 소떼가 초원(lea)을 천천히 굽이쳐 나아간다
> The curfew tolls the knell of parting day,
> The lowing herd winds slowly o'er the lea …

시 말고는 이 단어가 단독으로 쓰이는 경우를 보지 못했다. 하지만 우리는 일상생활 곳곳에서 잘 드러나지 않는 형태로 이 단어를 보고 듣는다.

Lea는 영어 지명에서 가장 흔한 요소 중 하나다. 이 단어는 자연적이든 인공적이든 목초지나 초원처럼 탁 트인 곳을 뜻하는 고대 영어 단어 leah('lay-ah'라고 발음한다)에서 유래했다. 앵글로색슨 시대 영국은 산림이 울창해 사람이 새로 정착하는 곳마다 나무를 베고 농장을 만드는 게 일반적인 관행이었다. 만약 베오른이라는

사람이 이런 식으로 정착지를 만들었다면 '베오른의 개간지(옛날 식으로 Beorn's leah)', 현대식으로는 반즐리(Barnsley)라고 했을 것이다.

이 단어는 다양한 철자로 나타난다. 가장 흔한 것은 ley이지만 leigh, lee, lees, leash, ly, lay 같은 형태도 있다. 때로는 Lea(리) 또는 Leigh(리)처럼 지명 자체로 쓰기도 하지만, 보통 지명 끝에 붙는다. 그렇다면 단어 앞부분을 차지한 요소는 무엇일까?

대개는 베오른처럼 사람의 이름이다. 오늘날 블레츨리(Bletchley)라 불리는 개간지에는 블레카(Blecca)라는 사람이, 더들리(Dudly)에는 두다(Dudda)가, 웸블리(Wembley)에는 웸바(Wemba)가 살았다. 대개 남자였다. 하지만 오들리(Audley)에 앨드기스(Aldgyth)가 살았던 것처럼 가끔 여자의 이름도 있었다. 때로 부족 전체가 개간지에 살기도 했다. 일례로 매딩리(Madingley)는 마다(Mada)족이 살던 개간지를 의미한다.

개간지의 자연적 특성도 이름에 반영됐다. 몰리(Morley)의 개간지는 황야(moorland)에, 딩글리(Dingley)는 깊고 좁은 골짜리(dingle)에 위치했다. 이브리(Evenley)의 땅은 평평하고, 로울리(Rowley)의 땅은 거칠고(rough), 스탠리(Stanley)의 땅은 돌이 많고(stony), 랭리(Langley)의 땅은 길쭉한 모양(long-shaped)이었을 것이다. 또한 애슐리(Ashley), 오클리(Oakleigh), 손리(Thornley)처럼 이름의 첫 부분이 그곳에서 자라던 나무를 알려주는 경우도 흔하다. 나무 이름은 파악하기 까다로울 때가 있다. 버클리(Berkeley)에는 자작나무(birch), 브론리(Bronley)에는 검은딸기나무(bramble),

2 Lea

울리(Uley)에는 주목나무(yew), 에이클(Acle)에는 철자로 가늠하기 힘들지만 떡갈나무(oak)가 숨어 있다.

 Lea가 붙은 이름 중 일부는 그곳에서 자라는 식물을 가리킨다. 클로블리(Cloverley)에는 어떤 식물이 자라는지 확실하지만, 팔리(Farleigh, ferns양치류)와 리들리(Ridley, reeds갈대)는 조금 어렵다. 개간지에서 무엇을 재배했는지(밀Wheat을 재배한 휘틀리Wheatley와 아마Flax를 재배한 플랙슬리Flaxley처럼), 주변에 어떤 동물이 있었는지(덜리Durley는 사슴deer, 게이틀리Gateley는 염소goats, 호슬리Horsley는 말horse, 쉬플리Shipley는 양sheep) 말해주기도 한다. 핀칠리(Finchley, 되새finch), 크롤리(Crawley, 까마귀crows), 빌리(Beeleigh) 같은 지명에는 새와 곤충도 남아있다.

 지명은 언어에 절대 없어서는 안 되므로 단어집에 언제나 포함된다. 앵글로색슨 지명에 사용되는 요소는 lea 말고도 많다.

  Ham '부속 건물이 딸린 농가', 버밍엄(Birmingham)과 노팅엄(Nottingham).
  Ing '~의 사람들', 리딩(Reading)과 워딩(Worthing).
  Ceaster '로만 타운, 요새', 체스터(Chester), 랭커스터(Lancaster).
  Tun '울타리를 친 장소, 마을', '-ton'이나 '-town'으로 끝나는 지명.

 침략자들이 한 차례씩 몰려올 때마다 그들만의 고유한 명명법도 몰려왔다. 바이킹은 잉글랜드 동쪽 전역에 정착하면서 더비(Derby), 럭비(Rugby), 그림스비(Grimsby)처럼 by(스칸디나비아어로

'농장'을 뜻함)로 끝나는 수백 개의 마을을 세웠다. 일부 프랑스식 지명(뷸리Beaulieu와 디바이지스Devizes처럼)은 중세 초기에 유입되었다.

하지만 지명을 살펴볼 때는 항상 주의를 기울여야 한다. 어미의 철자는 똑같지만 어원이 다른 경우도 많기 때문이다. 이를테면 Lea 또는 Lee라는 이름의 강이 '숲을 개간한 터'를 뜻할 리 없다. 이럴 때는 강 이름의 의미를 다른 곳에서 찾아야 한다. 켈트어로 lug-는 '밝음 또는 빛'을 의미하는데, 신의 이름으로도 쓰였다. 따라서 River Lea(리강)는 원래 '루구스Lugus 신에게 바쳐진 강', 또는 그저 '밝고 반짝이는 강'을 의미했을 것이다.

3 And

초창기의 축약어 ▤ 8세기   그리고

8세기 초반, 캔터베리에 위치한 성 어거스틴 수도원의 수사들이 라틴어 단어를 영어로 번역해 알파벳 순서로 목록을 만들었다. 긴 목록을 훑다가 U로 시작하는 단어에 이르면 ultroque citroque라는 라틴어 구절을 만나게 된다. 현대 영어로 hither and thither(여기저기)를 뜻하는 말인데, 그날은 필경사가 무척 피곤했던 모양이다. 철자를 hider ond hider로 잘못 표기한 걸 보면 말이다. 사실 두

3 And

번째 h는 d로 쓰는 게 옳다. 하지만 이 구절이 흥미로운 이유는 다른 데 있다. 바로 ond가 and의 구식 철자법이라는 점이다. 앵글로색슨족이 우리처럼 대화 중에 이 접속사를 숱하게 사용했음은 의심의 여지가 없지만, 고대 어휘 사전에 이 단어가 기록된 것은 이 자료가 최초다.

and처럼 '사소한 단어'를 놓고 왜 그토록 난리냐고? 대개 단어집에는 관심을 끄는 '내용어', 즉 '코끼리(elephant)', '캐러밴(caravan)', '노루(roe)'처럼 쉽게 의미를 밝힐 수 있는 단어가 주로 등장한다. '문법어', 즉 in, the, and처럼 내용 단위를 연결해 문장을 만드는 단어들은 좀처럼 보기 어렵다. 이런 '사소한 단어'들이 영어의 발전에 중요한 역할을 해온 것을 감안하면 안타까운 일이다. 이런 단어들이야말로 가장 빈번하게 등장하고, 따라서 항상 우리 눈에 보이고 귀에 들린다. 눈에 보인다고? 현대 영어에서 글을 쓸 때 가장 흔히 사용되는 네 단어가 the, of, and, a다. 귀에 들린다고? 말할 때 가장 흔히 사용되는 네 단어가 the, I, you, and다. And는 고대 영어 초창기부터 존재했으며, 주로 축약된 형태로 문서에 모습을 드러냈다.

우리는 글을 쓸 때 매우 흔한 단어를 축약하는 경향이 있다. It is는 It's, very good은 v good으로 적는다. you는 u(특히 인터넷 채팅과 문자 메시지에서)로, postscript는 PS로 줄여 쓴다. And의 줄임말은 너무 흔해서 &(앰퍼샌드)라는 인쇄 기호가 따로 있을 정도다. 이 현대적 기호는 라틴어 et의 축약된 버전으로 아래쪽 둥근 형태는 e의 흔적이고, 오른쪽 위로 올라간 꼬리는 t의 흔적이다. '앰퍼

샌드(ampersand)'라는 단어 역시 축약된 형태인데, 원래 표현은 and per se and이다. '& 자체가 and와 같다'는 뜻이다.

   사람들은 언제부터 and를 줄여 썼을까? 가장 오래된 고대 영어 수서본 일부에서 그 예를 찾을 수 있다. 이 기호는 오늘날의 숫자 7과 약간 비슷하지만 가로줄이 있고 세로획이 그 아래까지 뻗어 있다. 일련의 단어가 and로 연결되는 문서, 예컨대 유언장이나 연대기를 보면 7이 여기저기 등장한다. 특히 문장의 시작 부분에 있으면 눈에 확 띈다.

   문장 처음에 and를 쓴다고? 19세기에 일부 교사들은 but이나 and 같은 단어로 문장을 시작하는 관행에 반대했다. 어린이들이 글을 쓸 때 이런 단어를 남용한다는 게 이유였다. 이들은 남용하지 않도록 서서히 유도하는 대신 사용을 전면 금지했다! 그 뒤로 수 세대에 걸쳐 아이들은 '절대' 접속사로 문장을 시작해선 안 된다고 배웠다. 일부는 여전히 그렇게 배우고 있다.

   어떤 권력자가 있어서 문두에 접속사를 엄금한 것이 아니다. 최초로 문법을 정한 학자들이 그런 규칙을 만든 것도 아니다. 사실 최초의 문법학자 중 하나인 라우스 주교는 and로 시작하는 문장을 수십 개나 예시로 사용했다. 20세기에 헨리 파울러는 유명 저서 《현대 영어 용법 사전(Dictionary of Modern English Usage)》에서 이를 '미신'이라 부르기까지 했다. 그가 옳다. And로 시작하는 문장의 역사는 앵글로색슨 시절까지 거슬러 올라가기 때문이다. 초서, 셰익스피어, 킹 제임스가 번역한 성경, 매콜리를 비롯한 모든 주요 작가의 작품에서 그런 문장을 찾을 수 있다. '그리고 하나

3 And

님이 가라사대 빛이 있으라 하시매(And God said, Let there be light…)' 문장을 이런 식으로 연결하는 것은 처음부터 영어 문법의 기본 구조였다. 이것이 and 이야기가 우리에게 일러주는 가르침이다.

4 Loaf

뜻밖의 기원 📜 9세기   빵 한 덩이

먹을 것과 마실 것. 영양에 관한 단어들은 언어사에서 항상 중요한 역할을 했다. 특히 선사시대부터 필수적인 음식이었던 bread(빵)는 다양한 관용구에 반영돼 있다. 영어에서 bread는 breadwinner(가장)와 주기도문의 daily bread(일용할 양식)처럼 '음식'을 나타낸다. 때로는 돈이나, 사고 방식(knowing on which side one's bread is buttered-이해타산에 밝음), 결실의 수준(the best thing since sliced bread-기막히게 좋은 것)을 의미하기도 한다.

  놀라운 사실이 있다. 고대 영어의 bread에는 현대에 사용되는 의미가 없다! 앵글로색슨 수도사들이 편찬한 어느 어휘 목록을 보면 라틴어 frusta를 번역한 breadru가 등장하는데, 이는 '부분, 조각, 소량'을 뜻한다. 이후 세월이 흐르면서 '빵 조각(pieces of bread)'을 뜻하다가 결국 '빵(bread)'이라는 물질을 나타내게 되었을 것이다. 일부 방언에서는 여전히 이런 식으로 사용되어, 요즘에도 스코틀랜드에 가면 '빵 한 조각(a piece of bread)'을 달라는 의미로 a piece를 달라고 하는 소리를 들을 수 있다.

그러면 앵글로색슨족은 빵의 단위를 어떻게 불렀을까? 또 다른 어휘 목록을 보면 성경에 등장하는 단어이자 heofenlic hlaf(하늘의 빵)라는 구절로 번역되는 manna(만나)가 등장한다. hlaf는 오늘날의 loaf다. h는 앵글로색슨 시대에 무음이 되었고, 장모음 ah는 중세를 거치며 점차 oh로 바뀌었다. 그 사이에 hlaf는 의미가 더욱 좁아져 결국 오늘날 loaf라 부르는, 자르지 않은 형태의 빵 덩어리를 가리키게 되었다.

고대 영어에서 bread를 구경하기는 힘들지만 hlaf는 자주 눈에 띈다. 게다가 대개 흥미로운 조합이다. 한 집안의 가장은 가족 모두에게 빵을 제공하는 사람인 hlaf-weard, 말 그대로 '빵 책임자(bread-warden)', 하인이나 피부양자는 그가 제공한 빵을 먹는 사람인 hlaf-æta, 즉 '빵 먹는 사람(bread-eater)'이라 불렀다. 집사는 hlaf-brytta, 즉 '빵 배급자(bread-distributor)', 여성은 원래 hlæfdige, 즉 '빵 반죽하는 사람(bread-kneader)'이었다. 어미가 -dige로 끝나는 단어는 현대의 dough(밀가루 반죽)라는 단어와 관련이 있다.

hlaf는 기독교라는 종교적 배경에서도 자주 등장한다. 수확제(Lammas)는 8월 1일로 갓 수확한 밀로 성체용 빵을 처음 굽는 날이다. 이 명칭은 hlaf-mæsse, 즉 '빵 덩어리(loaf-mass)'에서 유래했다. 성체를 받기 위해 제단으로 걸어가는 것은 hlaf-gang, 즉 '빵 받으러 가기(loaf-going)', 예수가 태어난 베들레헴은 hlaf-hus, 즉 '빵의 집(house of bread)'이라 했다.

4 Loaf

Hlaf-weard는 14세기에 형태가 바뀌었다. F는 무음이 되고, 두 부분이 하나로 합쳐지며 'lahrd'와 같은 발음으로 변했다. 그리고 결국 laird(지주, 스코틀랜드에서 쓰이는 단어다)와 lord로 발전했다. 현대 영어에서 주인, 왕자, 군주, 판사처럼 '높은 지위'를 뜻하는 lord의 의미가 전부 '초라한 빵'에서 기원했다고 생각하면 기분이 좋아진다. loaf가 이 책에 한 자리를 차지한 것은 이처럼 의외의 어원에서 생겨났기 때문이다.

이후 loaf는 새로운 언어적 여정을 떠났다. white loaf(흰 빵), brown loaf(갈색 빵) 등 다양한 loaf가 나타났다. loaflet(작은 빵 덩이), mini-loaf(작은 빵 덩이들), loaf-shaped(빵 모양), loaf-tin(식빵 틀)처럼 다양한 파생어도 탄생했다. meat loaf(고기 덩어리)와 sugar-loaf(설탕 덩어리)처럼 빵이 아닌 것에도 사용되었다. holy loaf(미사에서 나눠주는 빵)처럼 종교적 용도 등의 기술적 의미로도 쓰였다.

하지만 20세기에 들어 loaf가 코크니 압운 속어[2]로 사용될 거라고는 누구도 예측하지 못했을 것이다. 이 단어는 두 종류의 운율로 진화했는데 그중 하나만 살아남았다. 대중적으로 사용되어 살아남은 쪽은 head(머리)를 의미하는 loaf of bread다. 이 표현은 얼마 안 있어 그냥 loaf로 축약됐다. 예컨대 "Use your loaf!"라고 하면 "좀 상식적으로 생각해!"라는 뜻이다. 《옥스퍼드 영어사전》은 1938년부터 이 표현에 대해 언급했는데, 군대 속어로 널리 사용된 것 같다.

---

[2] 런던 토박이들이 사용하던 속어로, 자신이 원래 쓰려던 단어 대신 운율을 맞춘 다른 어구를 사용하는 것을 의미한다. 이를테면 stairs 대신 apples and pears를 쓰는 식이다.

오늘날 기준에서는 다소 시대에 뒤떨어진 느낌이다.

사라진 용법은 dead(죽은) 대신 사용한 loaf of bread다. 오든과 이셔우드가 쓴 희곡《피부 아래의 개(The Dog beneath the Skin)》에서 그 예를 찾을 수 있다.

> 아, 우리의 결혼식이 열리기로 한 날,
> 앨리스가 죽고서 얼마나 울었던가!
> 함께 구운 오리 요리도 먹어보지 못했는데
> 이제 그녀는 죽은 몸이라네.
> Oh how I cried when Alice died
> The day we were to have wed!
> We never had our Roasted Duck
> And now she's a Loaf of Bread.

5 Out

변하는 문법 📜 9세기　　　　　　　　밖으로

새로운 어휘를 쉽게 만드는 한 가지 방법은 기존 단어를 가져다 변형해 문장에 쓰는 것이다. 동사를 명사로 바꾸거나, 형용사를 동사로 바꾸면 된다. 어떤 단어든 이런 식으로 바꿀 수 있다. 그 과정을 기술적으로 '품사 전환(conversion)' 또는 '기능 전환(functional shift)'

5 Out

이라 부른다.

영어 사용자들은 앵글로색슨 시대부터 이런 식으로 문법을 변형시켜왔다. 사소한 단어 out을 예로 들어보자. 우선 동사로 변형해 to out으로 쓰면 '내쫓다' 또는 '해산시키다'라는 뜻이 되었다. 형용사로 바꾸면 draw out a sword(검을 빼들다)처럼 사용할 수 있었다. 감탄사로 바꿔 Out!이라고 쓰면 Alsa(아아)!를 의미했는데 지금은 일부 지역 방언에서만 쓰인다. Out the door처럼 전치사로 쓰는 용법은 오늘날 표준 영어에서는 인정하지 않지만 지방에서는 흔하다. 형용사적 용법은 the out edge에도 등장했지만, 오늘날에는 the outer edge라고 고쳐 쓴다. 그리고 17세기부터는 ins and outs(우여곡절)와 looking for an out(피하기 위한 수단), 야구와 같은 게임에서 two outs(투 아웃)처럼 명사로도 사용되었다.

새로운 용법은 계속 등장한다. 형용사형은 1960년대에 out crowd(소외된 그룹)라는 표현이 사람들의 입에 오르내리면서 새로운 생명을 얻었다. 새로운 동사적 용법도 뒤따랐다. 이를테면 자신이나 다른 누군가를 out한다고 하면 숨겨왔던 성적 정체성을 공개한다는 뜻이다. 얼마 안 있어 이 표현은 사적 정보를 노출하는 모든 경우를 지칭하게 되었다. 1990년대 이후 아이디어의 창시자, 어떤 조직의 회원, 아이의 부모임이 밝혀졌다는 표현으로 outed가 사용되었다.

out은 품사를 바꿔온 수천 개의 단어 중 하나다. laugh, look, push, lift 같은 동사들은 전부 명사가 되었다. 형용사는 동사(to calm, to empty)나 명사(a nasty, a given)가 되었고, 명사는 동사(to host, to contact)나 형용사(garden chair, railway station)가 되었다.

셰익스피어는 품사 전환 전문가였다. 이를테면 'I eared her language(나는 그녀의 말을 듣노라).' 'He words me(그가 나를 유혹하는구나).' 같은 표현을 썼다. 사람의 이름조차 동사로 만들기를 서슴지 않았다. 'Petruchio is Kated(그런 미치광이 같은 결혼이라니).'[3] 하지만 그는 여전히 우리 곁에 남아 있는 자연스러운 일상적 용법을 사용한 것뿐이다. 아이에게 이렇게 말해보지 않은 부모가 있을까?

아이(잠자리에서) 자기 싫어! 미키마우스 보고 싶어.
엄마 지금 당장 잠옷 안 입으면 널 미키마우스 꼴로 만들어 버릴 거야!
(I'll Mickey Mouse you!)

이런 변형은 아주 오래 전부터 빈번히 이루어졌지만 때로 품사 전환을 싫어하는 사람도 있었다. 12세기부터 동사로 쓰였던 spend는 20세기 들어 '광고 비용(advertising spends)'이 중요해지면서 새로운 생명을 얻었다. 그러자 '끔찍한 새로운 단어'에 반대하는 편지들이 신문사로 날아들기 시작했다. 사실 이 용법은 전혀 새롭지 않다. 존 버니언은 이미 17세기에 spend를 명사로 사용했다.

마찬가지로 명사가 동사로 바뀔 때도 종종 비슷한 비판을 받았다. 특히 미움 받은 단어가 author다. 'She's authored a new book(그

---

[3] 《말괄량이 길들이기》에 등장하는 그레미오의 대사. 카트리나처럼 성질 사납고 난폭한 사람과 결혼한다는 뜻이다.

녀가 새 책을 썼다).' 같은 용법은 계속 비판을 받고 있다. author가 동사로 쓰인 최초의 기록이 1596년인데도 거부감이 여전하다.

오늘날에는 명사가 하루아침에 동사로 변하기도 한다. 구글(Google)이 서비스를 시작한 게 1998년 9월인데(77장 참고), 그해 말 이미 '구글링(googling)'이란 표현이 일상화된 것을 보라.

6 Street

라틴어의 차용 ▦ 9세기   거리

로마인들은 라틴어를 썼다. 이후 영국에 도착한 선교사들도 라틴어를 썼다. 결국 초창기부터 라틴어에서 유래한 많은 단어가 영어로 유입되었다. 그중 하나가 라틴어 strata에서 유래한 street다. 가장 오래된 고대 영어 수서본에 strǣt이라는 단어가 등장하는데, æ라는 글자는 현대 영어 dare의 a처럼 긴 모음을 나타낸다.

로마인들은 선사시대부터 브리튼에 있었던 수많은 길들을 넓히고 다듬어 길고 곧은 포장 도로망을 건설했다. 앵글로색슨족은 두 가지 길을 구분했다. 오랜 세월 사람들이 자주 지나다녀 저절로 생겨난 길은 게르만어에서 빌려온 weg(way 길)란 이름을 붙여 hrycgweg(ridgeway 산등성이길)처럼 불렀다. 그리고 로마의 혁신적 도로를 설명할 때는 라틴어에서 가져온 street를 사용했다.

로마가 영국을 점령한 시대부터 있었던 4대 주요 도로의 이름은 이런 차이를 반영한다. 워틀링 스트리트(Watling Street, 런던에서 슈루즈베리 근방까지)와 어민 스트리트(Ermine Street, 런던에서 험버까지)는 로마인들이 건설한 도로다. 이크닐드 가도(Icknield Way, 글로스터셔에서 요크셔 남부까지)는 선사시대에 만들어졌다. 레스터와 액스민스터를 잇는 포스 가도(Fosse Way)는 이런 구분에 어긋나는 것처럼 보이지만, 원래 포스 스트리트(Fosse Street)라 불렸다. 포스 가도라는 명칭은 겨우 15세기부터 쓰였다.

정확한 시점은 알 수 없지만, 고대 영어 초창기에 유입된 라틴어 단어는 500개가 넘는다. 일부는 로마 점령기에 켈트어를 쓰는 브리튼 인들의 선택을 받아서 최초의 게르만 정착민들에게 친숙해졌을 테고, 또 일부는 앵글로색슨족의 배를 타고 유럽 대륙에서 건너왔을 것이다. 더불어 라틴어를 썼던 수도사들도 단어 수를 늘리는 데 한몫했을 것이다.

새로운 단어들은 매우 다양한 개념을 표현했다. 동식물, 식음료, 건축재료는 물론 군사, 법률, 의료, 상업과 관련된 단어들도 있었다. candle, kettle, cup, kitchen, cat, dragon 모두 원래 라틴어 단어였다. butter, cheese, sack, wall, mile, wine도 마찬가지다.

라틴어 단어는 앵글로색슨 시대가 끝날 때까지 끊임없이 영어로 유입되었으나, 성격은 다양했다. 교회의 가르침을 대중에게 전달하기 위해 새로운 개념, 인사 및 조직 절차를 표현할 어휘가 필요해지면서 altar(제단), creed(신조), deacon(집사), school(학교), philosopher(철학자) 같은 단어가 들어왔다. 문법도 다르지 않았다.

한편 street는 고유한 의미와 용법을 발전시켜 나갔다. 오래된

6 Street

관용구 by sty and by street 또는 by street and stile 등이 이때 생겼다. 어떤 일이 by sty and by street 벌어진다면 '어디서나' 벌어지고 있다는 뜻이었다. 또다른 중세 시대 관용구인 to wend one's street은 '자기 길을 간다'를 뜻했고, 누군가 take the street한다면 '여행을 떠난다'는 뜻이었다. 이 표현들은 전부 1500년대에 사라졌다.

하지만 새로운 용법은 꾸준히 생겨났다. 16세기에 street는 런던 내 금전을 융통하는 지역을 지칭했다. 18세기에는 보통 사람(the man on the street)뿐 아니라 매춘 장소(on the street)를 지칭하는 의미로도 쓰였다. 19세기에 on the street은 '노숙'이라는 의미로 발전했다. 의미는 계속 확장되어 1940년대에는 streetwise(세상 물정에 밝은), 1970년대에는 to be street(도시의 하위문화에 훤한)이 나타났다. 뒤이어 등장한 street credibility(도시 젊은이들에게 통하는 행동방식)는 곧 street cred로 축약되었다. 1990년대에 street는 스케이트보드의 한 종목을 지칭하는 용어가 됐다.

그러면 street의 원래 의미는 어떻게 됐을까? 오랫동안 이 단어는 브로드 스트리트(Broad Street), 밀 스트리트(Mill Street)처럼 큰 길을 가리켰다. 오늘날에도 영국 영어에서는 이런 도로명 앞에 정관사를 붙인다. 이를테면 '하이 스트리트에서 쇼핑을 했다'라고 할 때 High Street가 아니라 the High Street라고 쓴다. 나중에는 중요한 인물의 이름(Wellington Street)이나 직업(Brewer Street) 등 다른 기준이 거리 이름에 사용되었다. 미국 영어에서는 숫자(32nd Street)나 알파벳(M Street)을 붙이기도 했다. 지금은 사실상 어떤

테리 프래챗(왼쪽)과 그의 판타지 소설 시리즈
《디스크월드(Discworld)》의 등장인물.
이 시리즈에 등장하는 장소 이름을 따서 명명한
서머싯 윈캔튼의 한 거리에 서 있다. 왜 윈캔튼의 거리냐고?
2002년에 윈캔튼이 앙크-모포크라는 가상의 도시와
자매 결연을 맺었기 때문이다.

단어든 스트리트(street)와 함께 사용된다. 2009년, 서머싯의 원캔튼은 테리 프래챗의 소설 《디스크월드》에 등장하는 한 장소의 이름을 따서 새 도로의 명칭을 피치 파이 스트리트(Peach Pie Street)라 지었다.

7 Mead

역사를 들여다보는 창문 9세기   벌꿀술

오늘날 우리는 mead를 벌꿀과 물을 섞어 발효시킨 다소 이국적인 술이라 여긴다. 하지만 아주 오래전 mead는 고대 유럽, 아시아, 아프리카 전역에서 사랑받은 알코올 음료였다. 이 술이 최초의 발효 음료였을 거라 생각하는 사람도 있다. 이 술은 11세기 이전의 게르만 설화에 자주 등장한 것은 물론, 최초의 서사시 〈베오울프〉 같은 앵글로색슨족의 수서본에도 반복적으로 모습을 드러냈다.

   Mead는 단순히 술이 아니라 힘의 상징이었다. 누군가 mead를 마시며 빈둥거릴 시간과 호사를 누린다면 그것은 그의 땅이 만사형통하다는 뜻이었다. 반대로 그럴 기회가 없다면 그 땅에는 고난이 가득한 게 틀림없었다. 〈베오울프〉의 첫머리에는 실드 세이빙 왕이 '막강한 적수였던 수많은 부족들에게서 향연의 자리(mead-benches)를 빼앗았다'는 구절이 있다. 이걸로 다른 설명은 필요없다. 그들이 승리했을 테니!

그러니 고대 영어에서 mead-로 시작하는 단어를 대거 발견한 다고 해도 놀랄 일이 아니다. 이 한 단어를 통해 우리는 앵글로색슨족의 문화와 사회에 대해 상당한 통찰을 얻을 수 있다. 그들은 정착지를 medu-burh라 불렀는데 이는 벌꿀술을 마시는 사람들로 유명한 곳이라는 뜻이다. 정착지에 거주하는 모든 전사들은 지도자들이 정사를 보고 연회를 벌이는 medu-heall(mead-hall, 벌꿀술 연회장) 또는 medu-seld(mead-house, 벌꿀술 저택)[4]를 밤마다 방문했다. 그곳에는 어떻게 갔을까? medu-wang(벌꿀술 연회장을 둘러싼 땅)을 지나서 medu-stig(벌꿀술 연회장으로 가는 길)를 따라가면 연회장이 나왔다. 모든 길이 mead(벌꿀술)로 이어졌던 게 아닌가!

연회장에 들어서면 벌꿀술과 관련된 어휘가 사방에 널려 있었다. 지도자가 앉는 자리는 medu-benc(벌꿀술이 놓이는 의자) 또는 medu-setl(벌꿀술이 놓이는 좌석)이라고 불렀다. 지도자와 동료 전사들은 medu-full(벌꿀술 잔)으로 medu-scenc(생 벌꿀술)을 들이켰다. 그러면 금세 medu-gal(벌꿀술에 취한)해서 medu-dream(벌꿀술의 환희)을 경험했다. 오래도록 medu-drinc(벌꿀술 술판)를 벌이며 너무 과하게 마셨다가 medu-werig(벌꿀술에 진절머리를 내는)하기도 했다.

한 단어가 이렇게까지 사회적 행동의 다양한 측면에 스며들어 사용되는 모습은 흥미롭다. 사실 이는 오늘날까지 이어지는 영어

---

4 현대의 시청에 해당한다.

7 Mead

의 특징이다. whisky drinker(위스키 애주가)는 whisky shop(위스키 가게)이나 (옛날에는) whisky house(위스키 하우스)에서 whisky bottle(위스키 병)을 사서 whisky decanter(위스키 디캔터)에 옮겨 담은 whisky(위스키)를 whisky glass(위스키 잔)에 따른다. 그리고 whisky sodden(위스키에 흠뻑 취한)하거나 whisky voice(목이 쉰 듯한 위스키 소리)를 낼지 모른다. 그렇지만 용법 확장에 대해서라면 앵글로색슨족을 당할 수 없다. 이제는 whisky seat(위스키 좌석), whisky path(위스키 공장으로 가는 길), whisky joy(위스키가 주는 즐거움)에 대해 얘기하는 사람은 드물다.

중세 시대 브리튼에서 벌꿀술의 사회적 위치는 달라졌다. 포도주가 상류층의 음료로 자리잡으면서 벌꿀술은 에일, 사과주와 함께 가난한 이들의 음료가 되었다. 그나마 훨씬 만들기 쉬운 에일과 사과주에게 자리를 내주고 2순위로 밀려났다. 셰익스피어의 작품에도 ale(에일)은 15번 등장하지만 mead(벌꿀술)는 한 번도 사용되지 않는다.

하지만 벌꿀술은 서서히 다시 유행했고, 이따금 새로운 용법과 의미 변화도 생겨났다. 17세기에는 모든 달콤한 음료를 지칭했다. 1632년 로버트 버튼은 러시아식 음주 관행을 지칭하면서 mead-inn(주로 벌꿀술을 파는 선술집)이라는 용어를 사용했다. 18세기 영국인들은 mead wine(벌꿀술 와인)을 마셨다.

미국에서 이 이름은 전혀 다른 의미로 사용되어 사르사 뿌리로 맛을 낸 달콤한 탄산음료를 가리켰다. 오늘날에도 미국인들은 벌꿀술에 관심이 많다. '국제 벌꿀술 협회'가 있어 매년 콜로라도에서 축제를 연다. 관련된 단어도 계속 만들어진다. Meadfest(벌꿀술 축제)는 물론, 수많은 meadery(벌꿀술 양조장)와 mead-lover(벌꿀술 애호가)가 그 예다. 원하면 meadmaking(벌꿀술 제조) 코스를 듣거나, meading(시음회)에 참여하거나, meadzine(벌꿀술 잡지)을 읽을 수도 있다.

끝으로 주의할 점이 있다. '술'을 의미하는 mead와 몇 세기 후에 영어에 나타난 meadow(초원)의 축약 형태를 혼동하면 안 된다. meadflower(초원의 꽃), meadsweet(조팝나뭇속 식물), meadwort(meadsweet를 뜻하는 폐어) 같은 단어는 모두 초원에 핀 꽃을 뜻하며, 술과는 아무 관련이 없다. Meadway라 불리는 길 역시 나중에 생긴 단어로 '초원'이라는 뜻이다. '술'을 의미하는 mead는 영어의 기원을 들여다보는 창문이라는 점에서 언어학자들을 매혹시킨다.

8 Merry

살아남은 방언 📜 9세기 　　　　　즐거운

이 단어가 처음 등장한 것은 9세기 말 알프레드 왕에 의해, 또는 그를 위해 쓰여진 고대 영어 수서본에서다. 하지만 실제 merry라는 철자는 보이지 않는다. 수서본에 적힌 단어는 myrige로, mi-ree-yuh라고 발음했으리라 짐작한다.

고대 영어에는 알파벳 y가 들어간 단어가 많았다. y는 sit의 'i'처럼 입천장 아래 앞쪽에서 내는 모음 소리지만 입술을 둥글게 모아야 했다. 오늘날 많은 스코틀랜드인들이 you를 발음하거나 프랑스인들이 tu라고 말할 때 이와 비슷한 소리가 난다. 중세 무렵 입술 모으는 걸 그만 두었는데 필경사들이 이 단어를 'i'로 쓰기 시작한 탓이었다. 중세 영어 수서본에서는 miri와 mirye와 같은 철자들을 볼 수 있다.

앵글로색슨어 수서본에는 muri, meri 같은 철자도 등장한다. 영국에 다른 사투리 발음이 있었다는 뜻이다. 필경사가 살던 지역을 살펴보면 방언의 패턴이 보인다. 남부 윈체스터 근처의 필경사들은 i를, 더 서쪽 지역에서는 u를 사용했다. 남동쪽 켄트의 필경사들은 e라고 적었다.

중세에 merry의 철자는 어지러울 정도로 다양했다. 기록된 것만 무려 50가지가 넘는다. I, e, u를 포함한 버전이 우후죽순처럼 나타났다. 그러다 결국 런던과 남동부 표준 발음을 반영해 e가 들어간 철자가 승리를 거두었다.

고대 영어에서 merry는 무슨 뜻이었을까? 이 단어는 원래 '즐거움을 유발하는 것'을 뜻했다. 따라서 모든 종류의 흥겨운 일과 사건에 사용되었다. 노래, 새, 하프, 오르간, 목소리, 이 모든 것이 merry할 수 있었다. 날씨, 시골, 낮, 바람, 냄새도 예외가 아니었다. 책과 이야기도 merry했다. 옷과 장신구도 마찬가지였다. 해와 별, 그리고 나라도. Merry England(살기 좋은 영국)라는 별칭의 기원은 1400년경까지 거슬러 올라간다.

하지만 이 단어가 사람에 적용되기 시작한 것은 14세기 들어서의 일이다. 그러면서 놀랍도록 다양한 쓰임새로 발전했다. 참으로 Merry England가 된 것이다! 우리는 모든 생동하는 즐거움에, 그리고 그 즐거움에 술 내음이 풍길 때 이 단어를 사용한다. 기분 좋게 취한 사람을 두고 merry하다고 말한다. 이런 용법은 중세 시대까지 거슬러 올라가는데 당시에도 취한 사람을 merry-drunk라고 했다. 16세기에는 도수가 높은 에일을 merry-go-down이라 불렀다.

어떤 단어가 제대로 자리를 잡았다는 한 가지 신호는 관용구, 책 제목, 별명, 합성어에 모습을 드러내는 것인데, 14세기부터 다양한 문구에서 merry를 볼 수 있다. 관용어구로는 make merry(즐겁게 놀다)와 the more the merrier(많을수록 좋다), 책 제목으로는 《The Merry Wives of Windsor(윈저의 명랑한 아낙네들)》[5], 〈The Merry Widow(유쾌한 미망인)〉[6], 별명으로는 The Merry Monarch(유쾌한 군주, 찰스3세)와 Merry Men(무법자들, 로빈후드), 합성어로는 지극히 묘사적인 merry-totter(그네)와 merrythought(새가슴의 창사골)가 있다. merry-totter는 중세 시대에 아이들이 타던 그네나 시소를 가리키는 말이다. 오늘날에도 특히 요크셔 같은 일부 지역 방언에서 이 단어를 쓴다. 16세기에 merrythought는 새의 흉골 앞에 붙은 두 갈래 뼈(wishbone)로, 두 사람이 이 뼈를 잡아당겨 부러뜨리면서 소원을 빌었다고 한다.

[5] 셰익스피어의 희극 제목.
[6] 헝가리 작곡가 F. 레하르가 작곡한 오페레타의 제목.

이후 몇 백 년간 이런 과정이 계속되었다. 18세기에는 축제 마당에 merry-go-round(회전목마)가 등장했다. 19세기에는 merry and bright[7]와 going on their merry way(여정을 즐겁게 계속하다)라는 표현이 사용되었다. merry-go-up은 코담배를 일컫는 속어였고, 영국 해군은 Merry Andrew(메리 앤드류)라고 불렸다. 20세기에는 밀크 초콜릿 캐러멜부터 가정 청소 서비스까지 다양한 기업 이름에 merry maids(즐거운 아가씨)라는 표현이 쓰였다. 미국과 카리브해에서 merry는 동사로서 인기를 얻었다. 누군가 merry oneself(흥겨워하다)하거나, 술을 마신 다음에 merry up(취기가 오르다)하거나, 방이 칙칙해 보일 때 merry up(밝게 만들다)할 수도 있었다.

뭐니뭐니 해도 merry라는 단어가 최고의 자리에 앉게 된 계기는 16세기에 연중 가장 중요한 행사를 맞이하는 인사말로 쓰이면서다. Merry Christmas(메리 크리스마스)! Happy에게 그 자리를 빼앗기기까지 한동안은 Merry New Year(메리 뉴 이어)도 사용되었다. 원래 켄트주 방언이었던 단어로서 제법 출세한 셈이다.

[7] 조명을 뜻하는 코크니 압운 속어.

9 Riddle

언어로 놀기 📜 10세기   수수께끼

인간은 언어가 존재한 시간만큼 단어를 갖고 놀았다. 우리는 단어로 장난치기를 좋아한다. 단어를 거꾸로 말하거나, 터무니없는 말장난을 하거나, 제대로 발음하기 어렵게 다른 단어와 합친다. 이런 장난기에서 십자말풀이와 스크래블처럼 수많은 게임과 시합이 탄생했다. 그리고 영어에서 이런 기질이 처음 나타난 것은 수수께끼의 형태를 통해서였다.

   Riddle이라는 단어가 수수께끼란 의미를 갖기까지는 오랜 시간이 걸렸다. 이 단어는 라틴어를 번역한 초기 형태로 고대 영어에 처음 등장했는데, read에 -els라는 어미를 결합해 rædels('reah-dels'라고 읽었다)로 썼다. 처음에는 뭔가에 대한 '판단' 또는 '의견'이란 뜻이었다. 그러다 점차 뭔가에 대한 '해석'으로 확대되었다가, 흥미롭게 방향을 틀어 '쉽게 해석할 수 없는 말', 즉 수수께끼가 되었다. 이런 현대적 의미가 자리를 잡은 것은 10세기에 이르러서다.

   단어의 형태도 바뀌었다. 고대 영어에서는 -els라는 어미가 꽤 흔했는데, gyrdels(girdle거들), byrels(tomb무덤, buriels를 생각해보라)가 그 예다. 하지만 14세기 무렵 명사에 -s 어미가 붙으면 복수로 간주한 탓에 모두가 혼란에 빠지고 말았다. 많은 사람이 redels라는 단어(중세 시대에는 철자를 이렇게 썼다)를 보면 복수형이라고

9 Riddle

여겼다. 15세기에 서서히 -s가 탈락되면서 단수 형태의 riddle이 탄생했다.

고대 영어로 된 최고의 앵글로색슨 시가집 《엑시터 북(Exeter Book)》은 10세기 말에 편찬되었다. 이후 레오프리지 주교가 엑시터 대성당에 소장하기 위해 수집한 까닭에 그런 이름을 얻었다. 이 책에는 30편이 넘는 시와 90편이 넘는 운문 형식의 수수께끼가 담겨 있다. 주제 또한 무기, 책 제작, 동물, 일상적인 물건 등 앵글로색슨의 생활 방식을 폭넓게 반영한다.

각각의 수수께끼는 주제를 알쏭달쏭 헷갈리게 제시하면서 답을 요구한다. 일부는 현대의 '야한 농담'과도 비슷하다. 답이 '열쇠'인 수수께끼는 이렇게 시작한다. '남자의 허벅지 옆에 경이로운 뭔가가 달려있다…' 아래는 R. K. 고든이 번역한, 건전한 수수께끼다.

소를 먹이는 여러 고을에서 이것을 봤다. 이것은 이빨이 많다. 부리의 쓸모가 뛰어나고 먹이를 찾을 때 아래쪽을 가리킨다. 점잖게 먹이를 약탈한 뒤에는 집으로 돌아간다. 또한 경사면을 뒤져서 약초를 찾는다. 언제나 흙에서 쉽게 뽑히는 약초를 찾아낸다. 뿌리를 확실히 내린 채 제자리에서 바람을 이기고 쑥쑥 자라며 빛을 발하는 튼실한 약초는 그대로 남겨둔다.

이 수수께끼의 정답은 '갈퀴'다.

이야기는 여기서 끝나지 않는다. 14세기에 riddle은 '어려운 문제'나 '미스터리'라는 일반적인 의미로 발전했다. 사람에게도 적용되어 이렇게 쓰였다. 'He's a complete riddle; I don't understand him at all!(그는 완전히 수수께끼 같아. 당최 이해를 못 하겠다니까!)' 16세기에는 명사가 동사가 되면서 '수수께끼 같은 말을 하다'는 의미를 갖게 되었다. 셰익스피어의 《한 여름 밤의 꿈》에서 허미어는 이렇게 말한다. 'Lysander riddles very prettily(말씀을 참으로 교묘하게 하는군요).'

그러다 매우 흥미로운 일이 벌어졌다. 몇몇 사람이 동사와 명사로 함께 사용하기 시작한 것이다. 한 16세기 작가는 'Riddle me a riddle(날 위해 수수께끼를 풀어주세요)'이라고 적었다. 아예 명사를 없애고 동사를 두 번 사용하기도 했다. 'Riddle me, riddle me(이 수수께끼를 풀어봐요).' 분명 운율과 소리가 매력적이라고 생각했으리라. 그건 아이들도 마찬가지였던 모양이다. 결국 인기 동요의 한 구절이 된 걸 보면 말이다.

    Riddle me, riddle me, ree;
    A little man in a tree;
    A stick in his hand,
    A stone in his throat,
    If you tell me this riddle
    I'll give you a groat.[8]
    수수께끼를 맞춰봐요,

---

[8] 고전 수수께끼로 정답은 체리다.

9 Riddle

한 작은 남자가 나무 위에서,

손에는 막대기를,

목구멍에는 씨앗을 품고 있네.

이 수수께끼를 맞추면,

내 그대에게 은화를 주지.

Riddle-me-ree는 수수께끼 모음집의 단골 제목이 되었고, 어린이 동화에도 자주 등장했다. 베아트릭스 포터의《다람쥐 넛킨 이야기(The Tale of Squirrel Nutkin)》에도 이 문구가 실려 있다.

10 What
초창기의 감탄사 ▧ 10세기 뭐라고

이런 장면을 떠올려 보라. 사람들 앞에서 발표나 연설을 할 참인데 객석이 시끄럽다. 일부 청중은 술을 거나하게 마신 것 같다. 일단 조용히 시켜야 한다. 그런데 책상에 대고 두드릴 망치도, 잔에 대고 부딪칠 숟가락도 없다. 당신이 가진 건 목소리뿐이다. 최소한 소리는 칠 수 있잖은가. 하지만 뭐라고 해야 할까? 신사 숙녀 여러분? 제발 조용히 해 주세요? 실례합니다만? 어딘지 약해 보인다.

앵글로색슨 음유시인들도 연회장에서 같은 문제를 겪었다. 음유시인은 scops('shops'라고 발음했다)라고 불렸는데, 한자리에 모인 전사들에게 게르만 족의 영웅담을 들려주는 것이 주된 역할이었다. 음유시인들의 기억력은 놀라웠다. 서사시 〈베오울프〉는 총 3,182행으로 셰익스피어의 《로미오와 줄리엣》과 같은 분량이다. 중간에 끊지 않고 한 번에 암송해도 3시간은 족히 걸렸을 것이다. 그런 대장정을 시작하려면 먼저 사람들의 주의를 끌어야 했다. 그래서 이들은 암송을 시작하기에 앞서 외마디 단어를 외쳤다. Hwæt! 문학적 존재감을 드러낸 최초의 영어 구어체 감탄사다. 아홉 개의 고대 영시가 이 단어로 시작한다.

Hwæt은 어떻게 발음했을까? æ라는 글자는 영국 북부 출신이 발음하는 현대 영어 cat의 단모음 a와 비슷하다. H는 w를 기식음, 즉 숨소리를 섞어 발음했음을 보여준다. 오늘날 whales와 Wales를 구분해 발음하는 사람이 있다면 예전의 hw 소리를 낼 것이다. 이 단어 전체를 현대식 철자로 변형하면 What!이 된다.

Hwæt은 청각적으로 강렬한 인상을 준다. 학자들은 이 단어를 Lo!(하!), 아니면 Well now(자, 이제), So(그래서)처럼 말문을 여는 표현으로 번역하지만, 그 어떤 것도 Hwæt!의 짧고 날카로운 효과를 포착하지 못한다. 광모음과 아주 높은 마지막 자음 덕분에 목소리로 손뼉을 치는 효과가 난다. 좌중을 사로잡는 그 소리에 전사들로 가득한 연회장이 고요해지는 장면을 상상하기란 어렵지 않다.

What!은 중세 시대 내내 감탄사로 사용되었고, 철자가 현대적인 방식으로 바뀌며 점차 의미가 확장되었다. 놀라움이나 충격을 표현하고, 오늘날의 hello!처럼 누군가를 환영하거나 맞이할 때도 사용되었다. 소환의 의미로도 쓰였다.《템페스트(The Tempest)》에서 프로스페로는 충직한 하인을 부를 때 이 단어를 사용한다. 'What, Ariel! My industrious servant, Ariel!(이봐, 에어리얼! 내 부지런한 하인, 에어리얼!)'

이젠 what을 더이상 인사나 소환의 의미로 사용하지 않는다. 가장 근접한 용법은 영국에서 20세기까지 남아있던 What ho!(허, 뭐라고!)인데 아직도 가끔 들을 수 있다. 상류층에서 유행했던 이 말은 P. G. 우드하우스의 《나의 집사 지브스(My Man Jeeves)》(1919)에서 솜씨 좋게 풍자되기도 했다.

'허, 뭐라고(What ho!)' 내가 말했다. '허, 뭐라고(What ho!)' 모티가 말했다. '허, 뭐라고! 허, 뭐라고! (What ho! What ho!)', '허, 뭐라고! 허, 뭐라고! 허, 뭐라고!(What ho! What ho! What ho!)', 그 후론 대화를 계속 이어 나가기 어려울 것 같았다.

What!은 오늘날에도 여전히 놀라움이나 경악의 감탄사로 쓰이는데, 짜증이나 분노가 섞인 경우가 많다. What the devil! What the dickens! What on earth!처럼 강조하는 문구와 함께 써서 표현을 확장할 수도 있다. 감정에 압도당해 말문이 막혔을 때는 뒤의 문장을 그냥 공백으로 남겨두기도 한다. What in the name of …!(도대체가…) What the…!(어째서…)

모든 물자가 부족했던 제2차 세계대전 시기에 what은 wot이라는 철자로 둔갑해 감탄사로 이목을 끌었다. 작고 둥근 머리에 코가 길쭉한 남자가 담벼락 위로 두 손을 올린 채 훔쳐보는 그림이 유럽

이름은 다양하지만 얼굴은 똑같다.
20세기 그래피티 중에 가장 널리 퍼진 작품 축에 든다.
채드, 푸, 킬로이라는 이름의 기원에 대해서는 다양한 설이 있다.
그 밖에 다른 이름도 있는데, 영국군에서는 '스눕스 이병(Private Snoops)'이라고 불렀다.

전역에 출몰했다. 그의 이름은 '미스터 채드'로 언제나 물자가 부족하다고 불평했다. 'Wot, no eggs?(모, 계란이 없다고?)', 'Wot, no petrol?(모, 석유도 떨어졌어?)' 채드의 이름은 미국에서 '킬로이'로 변했다. 만화 캡션도 'Kilroy was here(킬로이 왔다 감)'가 되더니, 호주에서는 다시 'Foo was here(푸 여기 왔다감)'로 변했다.

채드의 기원은 불확실하지만 만화가 조지 에드워드 채터턴의 별명 챗(Chat)에서 유래했다고 추정한다. Wot은 유행어가 되었고 전시 물자 부족에서 벗어난 뒤로도 오랫동안 인기를 끌었다. 그리고 여전히 우리 곁에 남아 있다. 최근에 누군가 휴대폰 연결이 불량하다고 담벼락에 불평 어린 낙서를 남긴 것을 보았다. 'Wot, no signal?(모, 신호가 안 잡힌다고?)'

11 Bone-house

그림처럼 생생한 묘사 🕮 10세기   육체

Bone-house라는 단어를 들으면 무엇이 떠오르는가? 동물 뼈인지, 사람 뼈인지 몰라도 뼈가 한가득 쌓여 있는 건물이 연상될 것이다. 벨기에에서 오래된 수도원 교회를 방문한 적이 있다. 지하실에 내려가보니 선반마다 수세대에 걸쳐 수도승들의 두개골을 보관해 두었다. 그야말로 뼈를 모신 집(bone-house) 같았다. 어떤 식으로 보든 bone-house는 죽은 자들을 위한 곳이다. 요즘은 이런 곳을 charnel-house(납골당)라고 부르는데 육체(flesh)를 뜻하는 라틴어 carnis에서 유래한 단어다. 다시 말해 육체의 집(flesh-house)이다.

앵글로색슨족도 이 단어를 사용했다. 당시 철자는 Ban-hus('bahn-hoos'라고 발음했다)였다. 하지만 단어의 의미는 정반대로 '살아있는 인간의 신체'를 가리켰다. 의미를 그림처럼 생생히 묘사한 것이다. '뼈로 된 집(bone-house)', 그게 삶의 마지막 날에 우리 모두의 모습 아닌가.

시인들 역시 그런 매력적인 개념을 받아들여 bone-hall(뼈의 집)[9], bone-vessel(뼈의 그릇)[10], bone-dwelling(뼈의 거처)[11], bone-enclosure(뼈를 둘러싼 것)[12] 등 신체를 뜻하는 단어들을 만들었다. 한편 인간의 정신 또는 영혼은 '뼈의 집의 수호자, 또는 감독'을 의미하는 banhuses weard였다.

이런 생생한 묘사는 앵글로색슨족의 시 곳곳에서 발견된다. 영문학에서 비유적 표현을 만들고픈 충동을 보여주는 초창기 징후 중 하나다. 이런 충동은 영어에만 국한되지 않았다. 바이킹어, 고대 스칸디나비아어 등 다른 게르만어의 초기 시에서도 유사한 조어법을 볼 수 있다. 하지만 앵글로색슨 시인들은 이 방식에 진심이었다. 고대 영어 서사시 〈베오울프〉에는 그런 묘사어가 천 개 넘게 나온다.

---

[9] bansele, bahn-selluh라고 발음했다.
[10] ban-fæt, bahn-fat이라고 발음했다.
[11] ban-cofa, bahn-cohvuh라고 발음했다.
[12] ban-loca, bahn-lockuh로 발음했다.

11 Bone-house

이런 신조어를 kenning(완곡대칭법)이라고 불렀는데, 이는 고대 아이슬란드어로 '알다'를 뜻하는 동사 kenna에서 온 단어로 신조어가 일개 단어보다 훨씬 통찰력 있는 의미를 담고 있음을 잘 포착하고 있다. 스코틀랜드 영어와 일부 영국 북부 방언에서는 ken을 여전히 동사로 사용하며, beyond our ken(이해력 밖의)처럼 명사로도 쓴다.

시인들은 완곡대칭법을 사랑했다. 영웅이 전투를 벌이는 길고 긴 이야기를 다양하게 묘사할 기회를 주었으니 그렇지 않겠는가? 이런 이야기에는 전투, 연회, 군대가 바다를 건너는 등 비슷한 사건이 반복적으로 등장한다. 이야기꾼이 '그래서 그는 배를 타고 바다를 건넜습니다'라는 문장을 세 번, 네 번, 아니 열 번씩 말한다면 이야기가 얼마나 지루했을까? 신선하고 생생하게, 특히 운문의 리듬을 살리면서 다른 시어의 운에 맞춰 구연하면 훨씬 멋지지 않겠는가?

그러면 배는 어떻게 표현할 수 있을까? 아마 wave floater(파도를 타는 것), sea goer(바다에 나가는 것), sea-house(바다 위의 집), sea steed(바다 위의 말)가 될 것이다. 그렇다면 바다는? seal bath(바다표범의 목욕탕), fish home(물고기의 집), swan road(백조의 길), whale way(고래의 길)쯤 되지 않을까? 무엇이든 완곡대칭법으로 설명할 수 있다. 여자는 peace-weaver(평화를 짜는 사람), 여행자는 earth-walker(땅을 걷는 사람), 검은 a wolf of wounds(상처를 입히는 늑대), 태양은 a sky candle(하늘의 촛불), 하늘은 curtain of the gods(신의 커튼), 피는 battle sweat(전투의 땀) 또는 battle icicle(전투의 고드름)로 쓰면 되지 않을까.

완곡대칭법은 시 외에는 많이 사용되지 않았고 앵글로색슨 시대와 함께 사라졌다. 하지만 이와 비슷한 시적 충동은 수많은 합성어에 숨어 있다. 요즘에도 과학자를 egghead(대머리)로, 범죄자를 lawbreaker(범법자)로, 권투선수를 prize-fighter(상금을 걸고 싸우는 사람)라고 부른다. 하지만 앵글로색슨족만큼 생생한 대체 묘사어를 창조하고 즐기지는 않는 것 같다.

어쩌면 그래야 할지도 모른다. 예를 들어 해설자가 완곡대칭법을 사용해 축구 경기를 중계한다고 해보자. net-aimer(골대를 노리는 사람)와 ball-striker(공을 차는 사람)가 어쩌고저쩌고 떠들다가, 경기가 흥미진진해지면 score-cuddle(점수 내고 껴안기), card-off(카드 꺼내기), ref-hater(심판 혐오자) 같은 말로 찬물을 끼얹지 않겠는가? 아니면 축구 중계에서 즉흥적인 완곡대칭법을 들어놓고도 내가 기억하지 못하는 걸까? 만약 그렇다면 우리도 모르는 새 bone-house가 천년의 전통을 이어나가는 중인 게다.

12 Brock

켈트어의 도착 📜 10세기   오소리

11세기에 의학적 특성과 관련해 동식물의 명칭을 기록한 책이 여러 권 나왔다. 서기 1천 년경에 쓰인 최초의 책 중 한 권에는 이렇게 적혀 있다. 'Sum fyðerfete nyten is, ðæt we nemnaþ taxonem, ðæt ys broc on Englisc.' 번역하자면 이렇다. '네 발로 걷는 동물이 있으니 우리는 taxonem이라고 부른다. 영어로는 brock이다.'

Brock은 badger(오소리)의 옛 영어 이름이다. 16세기까지는 일상적으로 사용되었으나, 그 후로 badger가 표준 영어가 되었다. 바뀐 이유는 뭘까? 아마 brock이 여러 가지 불쾌한 연상작용을 일으켰기 때문이지 싶다. 서기 1600년 무렵에는 더럽거나 음흉하게 행동하는 사람을 stinking brock(악취나는 오소리)이라고 했다. 오늘날 skunk(스컹크, 꼴 보기 싫은 놈)라는 단어를 쓰는 것과 비슷하다. 셰익스피어의 《십이야(Twelfth Night)》에서 토비 벨치 경은 말볼리오가 편지 내용을 골똘히 생각하는 것을 보고 'Marry, hang thee, brock!(맙소사, 목을 매고 뒈져라, 이 비열한 오소리 같은 놈!)'이라고 말한다. 말볼리오는 실제로 오소리처럼 냄새를 잘 맡는다. 하지만 토비는 그를 stinker(기분 나쁜 인간)라고도 부른다.

반면 badger는 16세기에 긍정적인 연상작용을 일으켰다. 이 단어는 badge(식별 표지)에서 온 것으로, 오소리의 가장 두드러진 특징인 머리의 흰색 자국을 가리킨다. Badge는 주로 기사들이 사용하던 badge of arms(문장, 紋章)와 관련돼 아주 긍정적인 이미지로 각인되었다. 또한 16세기 성경 번역본에서 '특징적인 신호'라는 의미로 쓰이기도 했다. 따라서 오소리에 대해 아무 감정 없이 말하고 싶으면 badger를 택하는 편이 나았을 것이다.

하지만 brock은 사라지지 않았다. 영국 제도 전역의 지역 방언에 오소리를 가리키는 일상적 명칭으로 남았고, 특히 영국 북부에서 널리 쓰였다. 그러다 다시 표준 영어 속으로 살금살금 돌아오기 시작했다. 다름아닌 Brock the badger(브록이라는 이름의 오소리)란 이름이다. 이 표현은 자연주의자들이 오소리에 대해 호의적으로 설명할 때 수없이 쓰였을 뿐 아니라 어린이 동화책 제목에도 단골로 등장했다. 가장 유명한 것이 앨리슨 어틀리의 책[13]이다. 그 어떤 방언도 brock만큼 주목받은 적은 없다.

Brock은 너무 영어스러운 단어라서 앵글로색슨어가 아니라는 사실을 알면 조금 놀라게 된다. 사실 이 단어는 켈트어다. 아일랜드어, 스코틀랜드 게일어, 맨스어에서는 broc으로, 웨일스어와 콘월어에서는 broch로, 브르타뉴어에서는 broc'h라고 쓴다. 게르만어에서는 이름이 완전히 다른데, 덴마크어로는 grævling, 독일어로는 Dachs다(닥스훈트는 오소리 사냥개로 길러졌다). 이 단어는 앵글로색슨족과 함께 건너온 것이 아니라, 고대 브리튼인이 사용하던 켈트어에서 고대 영어로 넘어온 몇 안 되는 단어 중 하나다. 이 점이 언어학적으로 흥미로운 이유다.

어떤 고대 영어도 켈트어와의 연결 지점이 그리 명확하지 않다. 영국에는 명백히 켈트족에서 유래한 지명이 아주 많다. Avon(에이본), Exe(엑세), Severn(세번), 그리고 Penzance(펜잔스), Penrith(펜리스)처럼 pen(언덕)으로 시작하는 모든 지명이 그렇다. 하지만 일상 단어로 국한해보면 brock 외에 crag, wan, dun(grey-brown, 회갈색), bannock(piece of a loaf or cake) 등 십여 개뿐이다. puck(장난꾸

---

[13] 《Brock the Badger》(1941)를 의미한다.

12 Brock

러기 요정)과 crock(그릇)도 켈트어에서 유래했을지 모르지만, 스칸디나비아어에도 비슷한 단어가 있으므로 단정할 수 없다.

왜 앵글로색슨족은 켈트어를 무시했을까? 사방에서 들려왔을 텐데 말이다. 서로 모순되는 여러 가지 설명이 존재한다. 두 민족의 삶의 방식이 너무 비슷해 앵글로색슨어에 이미 필요한 모든 단어가 있었을지도 모른다. 아니면 켈트족이 로마 제국 시대 영국에서 발전시킨 생활 방식과 앵글로색슨족이 유럽 대륙에서 발전시킨 생활 방식이 너무 달라서 켈트어를 빌려 올 동기가 없었을지도 모른다. 그도 아니면 의식적으로 켈트어를 피했을지도 모른다. 일각에서 믿는 것처럼 켈트족이 침략자들에 의해 영국에서 축출됐다면 켈트족의 모든 것, 특히 켈트어가 혐오의 대상이 됐을 수도 있다. 한편 일부 앵글로색슨 귀족은 자식들에게 Cerdic(케르딕)이나 Cedd(케드) 같은 브리튼인다운 이름을 지어줬다. 예를 들어 《앵글로색슨 연대기(Anglo-Saxon Chronicle)》에 따르면 685년 웨섹스의 왕은 Cædwalla(캐드왈라)로 분명한 웨일스어[14] 이름이었다.

이유가 무엇이든 켈트어는 고대 영어에서 부재하기 때문에 이목을 끈다. brock, crag 등 몇 개의 단어만 흥미로운 흔적으로 남아 있을 뿐이다.

---

14 웨일스는 브리튼 남서쪽으로 쫓겨난 켈트계 브리튼인들이 수립한 국가다.

13 English

언어의 이름 ▨ 10세기   영어

브리튼의 초창기 역사에 대한 우리의 지식은 730년경 노섬브리아 왕국의 수도사 비드가 라틴어로 집필한 《영국민의 교회사(The Ecclesiastical History of the English Nation)》를 바탕으로 한다. 이 책에서 그는 5세기에 '독일에서 가장 강력한 세 나라였던 색슨족, 앵글족, 주트족'이 어떻게 브리튼 제도에 도착했는지 설명한다. 하지만 그들이 정확히 어디에서 왔는지는 물론, 비드가 주장하듯 심지어 국가적으로 서로 뚜렷이 구별되었는지도 알 수 없다. 한 가지는 분명하다. 그중 두 나라가 Anglo-Saxon(앵글로색슨)이라는 이름을 선사했다는 사실이다.

이 이름은 8세기에 라틴어를 쓰는 저자들이 쓴 글에서 처음 발견됐는데 이들은 (유럽 대륙의) Old Saxons가 아닌 (브리튼의) English Saxons를 가리키기 위해 Angli Saxones(앵글리 색소네스)이라는 표현을 사용했다. 그들에게는 Angli라는 부분이 나름 중요했다. 다른 색슨 종족이 아니라 'English' Saxons라는, 중요하고 대조적인 요소를 나타내기 때문이다. 나중에야 이 표현은 브리튼의 게르만 민족을 통칭하는 의미로 쓰이게 되었다.

9세기에 이 이름은 의미가 확장되었다. 880년경 알프레드 대왕과 덴마크 지도자 구트룸이 맺은 웨드모어 조약에서 English가

글을 쓰고 있는 필경사는 비드로 추정된다.
영국 북동부에서 12세기에 집필된 책에 실린 그림이다.
《성 커스버트의 생과 기적(The Life and Miracles of St Cuthburt)》

Danish에 반대되는 의미로 사용되는 걸 볼 수 있는데, 이는 단순히 앵글족이 아니라 덴마크인이 아닌 모든 인종을 가리킨 것이다. 비슷한 시기에 English는 언어를 지칭하는 용어로도 사용되었다. 고대 영어로 번역된 비드의 책을 보면 몇몇 구절에 라틴어 이름을 적은 다음 '이 장소는 영어로 이렇게 불린다'면서 해당하는 영어 이름을 기록해 놓았다.

그러니 English(영어)가 먼저 생겼고, 그 뒤에 England(잉글랜드)가 생겼다. 한 세기가 지나서야 Engla lande가 잉글랜드 전체를 지칭하는 표현이 되었다. 그 후 오랫동안 Engle land, Englene londe, Engle lond, Engelond, Ingland 등의 형태를 띠고 다양한 의미로 사용되었다. England라는 철자가 등장한 것은 14세기로 곧바로 표준어로 자리 잡았다.

수백 년이 지나 English에 희한한 일이 벌어졌다. 영어가 미국, 호주, 남아프리카로 퍼져나가면서 American English(미국 영어), Australian English(호주 영어) 등의 표현이 쓰이기 시작한 것이다. 잉글랜드(브리튼이 아니라)에서 쓰는 영어에 대해 이야기하려면 English English라는 별난 반복 형태를 써야 했다는 뜻이다. 20세기 초반에는 다양한 국가에서 사용되는 영어를 포괄하는 의미로 Englishes라는 복수형이 탄생했다. 이제는 싱가포르와 나이지리아 같은 국가에서 쓰는 new Englishes(새로운 영어들)에 대해 얘기하는 형편이다. 영어의 방언이지만 크게 보면 영어이기 때문이다.

English는 England와 관련된 모든 것에 형용사로 쓰였다. 15세기와 16세기에는 치명적인 발한병(인플루엔자의 일종이지 싶다)을

English sweat(영국의 땀)이라 불렀다. 18세기에 외국인들은 유독 기운이 없거나 기분이 우울한 사람을 English malady(영국병), English melancholy(영국식 우울증)에 걸렸다고 했다. 베이컨, 달걀, 소시지 등 따뜻하게 조리한 음식으로 구성된 푸짐한 식사를 가리키는 English breakfast(영국식 아침)도 거의 같은 시기에 등장했다. 다른 유럽 국가들이 continental breakfast(대륙식 아침)를 먹는 것과 대조적이었다. 19세기에도 비슷한 대조적 표현이 나타났는데 continental Sunday(대륙식 일요일)와 달리 모든 점포가 문을 닫는 English Sunday(영국식 일요일)였다. 미국에서는 당구장과 포켓볼 게임에 흥미로운 용법을 사용했다. 플레이어가 공의 중앙이 아닌 옆쪽을 쳐서 회전시킨 뒤 다른 공에 튕겨 영향을 미치는 방식을 put English on the ball이라 표현한 걸 보면 원래 영국에서 유래한 기술임에 틀림없다.

English라는 단어를 다루는 법에는 다소 혼란이 있었다. 17세기에는 어떤 단어를 영어로 번역하는 것을 Englify 또는 Anglify라 불렀다. 18세기 초에는 Anglicise라고 썼다가 18세기 후반에는 Englishify와 Englishise를 모두 사용한 걸 보면 이 용법이 모두를 만족시키지는 않은 모양이다. 오늘날에는 Anglicise로 정착한 듯하지만 여전히 다양한 용법이 존재한다.

Anglo-(앵글로-)와 그 파생어들이 주류가 되었지만 여전히 Saxon(색슨)이라는 용어는 확장될 여지가 남아 있다. 켈트어 사용자들은 때로 영국인을 Saxons(색슨족), 그들의 언어를 Saxon(색슨어)이라고 부른다. Sassenach(세서나크, 영국인)라는 익살스러운 스코틀랜드 고지의 게일어에도 이 단어가 숨어 있다. 라틴어 및 로마어가 아니라 게르만어에서 유래한 영어 단어를 Saxon word(색슨 단어)라 부르기도 한다. 이 오래된 단어는 아직 죽지 않았다.

14 Bridegroom
대중 어원 ▤ 11세기 　　　　　　　　　　　　　　신랑

결혼을 코앞에 둔 남자가 말을 돌보는 사람[15]과 무슨 상관이 있을까? 몇 가지 말도 안 되는 설이 있다. 남성 우위 사회라서 남자가 아내를 말처럼 돌본다고(grooming) 여겼다거나, 여자의 몸값이 말 한 필의 가격이었다거나, 좀 더 낭만적으로 접근해 남자가 아내를 말에 태웠기 때문이라는 것이다. 진실은 이 설들만큼 흥미롭지는 않지만 언어학적으로 당시에 대해 많은 것을 알려준다.

　결혼을 목전에 둔 남자, 또는 막 결혼한 남자를 지칭하는 단어가 처음 눈에 띄는 것은 요한복음 앵글로색슨 버전에서다. 하지만 brydguma라는 낯선 형태를 띠고 있다. 이는 bride와 guma의 합성어로 guma는 고대영어에서 man을 다소 시적으로 표현한 단어다. 그렇지만 반세기 후 윌리엄 틴데일이 번역한 요한복음에서는 brydegrome으로 등장한다. 이렇게 바뀐 이유는 뭘까?

---

[15] groom이라는 단어가 '동물의 털을 손질하다'는 의미를 가지고 있다는 점을 지적하는 것이다.

중세 영어 시대에 guma라는 단어는 수명을 다했다. 용례가 있긴 하지만 전부 매우 문학적인 기록인 걸 보면 대부분의 사람이 전혀 쓰지 않은 게 분명하다. 그러니 누군가 결혼할 때 brideguma라는 단어를 듣는 것은 이상한 경험이었을 것이다. Bride는 모르는 사람이 없었지만, guma는 수수께끼 그 자체였다.

그래서 무의식적으로 이 단어를 더 친숙한 말로 바꾸었다. 그 변화는 한 세기 이상이 걸린 것 같다. 《옥스퍼드 영어사전》에서 brideguma가 마지막으로 사용된 사례(bredgome로 표기)는 1340년, bridegroom이 맨 처음 등장한 것(brydegrome로 표기)은 1526년이다.

왜 gome이 groom으로 바뀌었을까? 두 단어의 음과 의미가 매우 흡사했기 때문이다. 13세기 영어에 처음 등장했을 때 groom은 단순히 '남자아이', '소년'을 의미했다. 그러다 의미가 확장되어 성인에게 적용되었고 곧 특정한 부류의 성인 남성, 즉 집안에서 지위가 낮은 남성을 가리키는 말로 국한되었다. 16세기 무렵 '하인'이라는 의미는 '말을 돌보는 종자'라는 뜻으로 더욱 좁혀졌고, 이것이 오늘날의 주된 의미가 되었다. 그렇지만 궁내관(Groom of the Chamber) 같은 영국 왕실 직원의 일부 직함에서는 아직도 옛 용법을 접할 수 있다.

그러니 중세 영어 말기에 guma가 사라지자 '남자'를 의미하는 groom이 자연스레 그 자리를 대체했고, 결국 '신부의 남자'라는 의미만 지닌 현대적인 형태가 탄생한 것이다.

영어의 역사에는 이런 식의 발전 사례가 수없이 많다. 이를 '대중' 또는 '민간' 어원[16]이라 한다. 낯선 단어를 접했을 때 사람들은 종종 아는 단어와 연결지어 의미를 이해하려고 한다. 많은 사람이 비슷하게 추측하면 새로운 형태가 언어에 편입되기도 한다. Buttone-hole[17]이라는 표현 역시 민간 어원이 작동한 것으로, 우리는 기억하지 못하지만 원래는 button-hold이었다. asparagus(아스파라거스)를 sparrow-grass(스패로우의 그래스)라고 익살 맞게 부르는 것도 마찬가지다.

15 Arse

무례한 단어 📃 11세기　　　　　　　엉덩이

영어에 처음 등장했을 때 arse는 무례한 단어가 아니었다. 그저 동물의 엉덩이를 뜻하는 단어로 서기 1000년경부터 사전, 시, 학술서 같은 온갖 진지한 글에 등장했다. 14세기에 한 작가는 엄숙하게 '치핵은 엉덩이(arse)에 뻗어 있는 미세한 정맥이다'라고 했다. 16세기에는 설교에서도 언급되었다. '모든 사람이 자신의 이익만 추구한다면 이 얼마나 그릇된 일인가(arseward)!' 여기서 상스러움이라고는 눈곱만큼도 찾아볼 수 없다.

하지만 상황은 달라졌다. 아니나다를까, 인간의 엉덩이를 가리

---

16 주로 민간에서 속설로 믿는 어원으로, 어형의 유사성으로 어원을 설명하는 것을 의미한다.
17 사무실을 나서려는데 누군가 멈춰 세우고 말을 거는 것을 의미한다.

15 Arse

키는 의미로 사용되기 시작하자마자 동물 및 배설을 연상시키는 탓에 '더러운 단어'로 변질된 것이다. 이는 대중이 좀 더 공손한 표현을 찾는 데서도 알 수 있다. 14세기에 bum과 buttock가 등장했고, 후자는 곧 butt로 축약되어 훗날 미국에서 널리 쓰이게 되었다. 16세기에는 backside, 곧이어 posterior가 등장했다. 18세기에는 예의를 중시하는 풍조로 인해 bottom과 behind 같은 몇 가지 대안이 나타났다. 과학적으로 접근한 gluteus maximus(대둔근), 보다 세련된 derrière(둔부)도 등장했다. 19세기 미국에서는 발음이 보다 점잖은 ass가 도입되었다. 예의 바른 단어가 점점 늘어나면서 arse가 의미하는 무례함의 수준도 높아졌다.

초반에 이 단어는 사람 자체를 의미했다. 1500년대에 heavy arse는 게으른 사람을 뜻하는 말로 기록에 등장했다. 영국 본토와 아일랜드에서는 어리석은 사람을 지칭하는 속어로 쓰였다. 'I made a right arse of myself(내가 바보짓을 했다).'와 같은 표현이 갈수록 많아진 데서 알 수 있듯이 이 용법은 20세기에 큰 인기를 끌었다. 동사 역시 널리 사용되었다. arse about/around는 fool about/around(빈둥거리다)의 조금 더 무례한 버전이다.

또한 20세기 영국 제도에서는 감탄사로도 인기를 끌었다. Arse!는 Damn!(제기랄!)보다는 좀 더 강하고 Oh no!(그럴 리가!)보다는 훨씬 강한 짜증의 표현이다. My arse!라는 형태는 누군가의 의견을 경멸하듯 거부하는 표현으로, 보통 상대방이 사용한 단어에 붙여서 쓰기 때문에 Nonsense!(말도 안 돼!)보다 훨씬 명확하고 무례하다. 누군가 'You seem a bit nervous(너 좀 초조해 보인다).'라고 말하면 'Nervous my arse!(초조는 개뿔!)'라고 응수하는 식이다. 꽤 강한 표현이므로 의미는 유지하되 무례함은 피하고 싶다면 My foot!(기가 막혀서!)으로 바꿀 수 있다.

arse는 영어의 '금기어' 중 하나로, 논란에도 불구하고 일상 대화에서 매우 중요한 역할을 하기 때문에 어떤 어휘 목록에서든 제대로 수록해야 한다. 하지만 금기어를 대하는 태도가 시대와 장소에 따라 매우 다르다는 점을 알 필요가 있다. Arse 같은 단어가 얼마나 무례한지를 놓고도 의견 차가 매우 크다.

몇몇 표현은 여전히 힘을 유지한다. 허세 부리는 사람에게 He's up his own arse(웃기고 자빠졌네), 거절을 당해 모욕감을 느꼈을 때는 Kiss my ass!(우라질!), Up your ass!(엿먹어라!)라고 하는 것이 좋은 예다. 아주 무례한 의미의 합성어로 arse-licking(알랑방구), arsehole(재수없는 놈)도 널리 쓰인다. 반면 boring the arse off someone(토 나올 것처럼 지루함)이나 working my arse off(똥구멍이 빠지게 일함) 같은 강조 표현은 그보다 덜 쓰인다. 물론 나이 어린 독자일수록 이런 용법을 봐도 시큰둥할 것이다.

많은 사람이 관용구에서 arse의 힘이 약해졌다고 느낄 뿐 아니라 arse-over-tip(위아래가 거꾸로)이나 arse about face(앞뒤가 거꾸로) 같은 20세기 표현이 전혀 무례하지 않다고 여긴다. 동사적 용법도 I arsed up my essay(나는 에세이를 망쳤다)처럼 비슷하게 취급한다. 1500년대에 인기 있었고 오늘날에도 간간이 쓰이는 arsie-versie(위아래가 뒤집어진)나 arsy-varsy(앞뒤가 바뀐)에서는 arse의 정체성이 거의 사라졌다. 사실 이런 표현은 vice versa를 유머러스

15 Arse

하게 비튼 것이다(16세기에는 versa를 'varsa'라고 발음했다).

　영어권 국가마다 용법이 다양한 것도 불확실성에 한몫한다. 미국 영어에서는 arse 대신 ass를 쓰는데, 미국 영화와 TV 프로그램을 통해 도처에서 접하다 보니 영국 영어에서는 두 가지 형태를 모두 사용하게 되었다. 예의를 차리기 위해 대화에서 arse를 절대 사용하지 않는 영국인이라면 강조를 위해 I was working my ass off(뼈빠지게 일했다)를 사용하거나 누군가를 smart-ass(건방진 녀석)라 부를 수도 있다. '완전히 잘못된, 앞뒤가 뒤바뀐'을 의미하는 ass-backward(s)라는 색다른 표현 역시 갈수록 존재감이 커졌는데, 특히 토머스 핀천이 《중력의 무지개(Gravity's Rainbow)》에서 마음껏 가지고 논 것이 계기가 되었다. 여기엔 특이한 점이 있다. 소설 속 인물이 말하는 것처럼 ass(엉덩이)는 이미 뒤를 보고 있으므로 이 표현이 '방향이 잘못됐다'는 의미를 나타내려면 실은 ass-forwards(엉덩이가 앞을 향한)가 되어야 한다는 것이다. 현재는 오히려 '매우'를 뜻하는 새로운 강조 용법이 생겨나고 있는데, 역시나 ass o'clock처럼 속어로 사용된다(이를테면 'I gotta get up at ass o'clock tomorrow', 나 내일 미친듯이 일찍 일어나야 해).

　형용사형인 arsy는 특히 조심해야 한다. 영국에서 이 단어는 '성질이 고약한' 또는 '거만한'이란 뜻이다. 예컨대 'We get the occasional arsy customer in here(가끔 그 진상 고객이 여기 온다)'처럼 쓴다. 하지만 호주에서는 'That was an arsy goal(운 좋게 들어간 골이었지.)'처럼 '운 좋은'을 의미하는 긍정적인 단어로 발전했다. 'You're an arsy bastard!'가 무슨 뜻인지 파악하려거든 화자가 누구인지에 주의를 기울이는 게 현명하다.

16 Swain

시적 표현 📜 12세기   시골 젊은이

왜 어떤 단어는 오직 시에만 쓰일 운명을 타고날까? 때로는 행에서 특정 리듬을 유지해야 한다는 사실과 관련이 있다. 어떤 시에 한 음절 단어가 필요하다면 over는 o'er로, ever는 e'er로, often은 oft로 바꿀 수 있다. 하지만 왜 시인들이 일상 대화에서 거의 들을 수 없는 lea(2장 참고), dewy(이슬 맺힌), dusky(어스름한), darksome(어스레한) 같은 단어와 사랑에 빠졌는지는 확실하지 않다. '연인'이나 '애인'을 의미하는 swain의 변천사 역시 굉장히 이상한데, 이 단어의 기원 어디에도 언젠가 시인의 단어가 될 거라고 암시하는 징후가 없기 때문이다. 오히려 그 반대다. 고대 영어에서 swan(swahn이라고 발음)은 swine(돼지)을 돌봤으니 말이다.

하지만 이 단어는 중세 초기에 훨씬 세련된 의미를 향한 여정을 시작했다. 사회적 지위가 낮은 젊은 남자는 누구든 swain이라 부를 수 있었지만, 하위직에도 높고 낮음이 있는 법. 특히 이 단어는 기사의 하인에게 사용되었는데, 종자나 종복보다 밑인 말단직이었음에도 젊은 사내들에게는 매력적이었다. swain은 점차 수행원이나 종자인 모든 남성을 지칭했다가 점점 의미가 확대되었다. 초료 가루를 넣는다. 밀가루 반죽으로 무화과 반죽을 감싸고 기름에 튀긴다.

프랑스어를 모르면 레시피대로 요리하기 어려웠을 것이다. 고대 영어로 된 용어는 grind와 dough뿐이다.

비록 시작은 우아한 요리 이름이었지만, 그 뒤로 pork가 걸어온 역사는 그만큼 상쾌하진 않다. 중세 영어 시대에 이미 형용사 porkish가 뚱뚱한 ('돼지 같은') 사람을 일컫는 무례한 단어로 사용되었다. 비만이거나 탐욕스러운 사람은 porkling이라 불렀다. 18세기에 등장한 porky는 돼지를 닮은 모든 사람 및 사물을 가리키는 뜻으로 사용되다가 과체중인 사람을 비하하는 일반적인 표현이 되었다. 1930년대에 워너 브라더스가 만든 〈루니툰즈〉 시리즈에 말을 더듬는 만화 캐릭터 Porky Pig(포키 피그)가 등장하면서 이 표현은 어느 정도 체면을 회복했다. 하지만 전체적인 추세는 반대 방향으로 흘러갔고 pork는 계속 부정적인 이미지를 연상시켰다.

20세기에도 이런 경향은 계속되어 lie(거짓말)를 대신하는 표현으로 코크니 압운 속어 pork pie가 등장했다. Porky pie도 비슷한 방식으로 사용되다가 1980년대에는 porky로 줄었다. 'Don't tell such porkies(뻥치지 마라)'라고 할 때 porky는 '거짓말'의 강도를 익살스럽게 누그러뜨리는 완곡어법이다.

설상가상으로 1930년대에 미국에서 남자 성기를 뜻하는 속어로 사용되면서 pork의 위상은 급격히 추락했다. 그렇게 변한 이유는 뭘까? 기원은 17세기로 거슬러 올라간다. 돼지 도축업자들이 쓰는 도구를 통속적으로 pigsticker(대형 주머니칼)라 불렀는데 이 용어는 곧 모든 종류의 날카로운 도구, 특히 무기로 사용되는 도구를 일컫는 속어로 쓰였다. 돼지를 연상시킨다는 이유로 porker 역시 검을 가리키는 속어가 됐고, 그 모양과 언어적 유사성(sword thrust, '검으로 찌르기'처럼)으로 인해 pork와 pork sword 모두 남성의 성기를 지칭하는 용어로 사용되었다. 프랑스 궁정 사람들이 알면 기겁할 일이다.

18 Chattels

법적 단어 📜 13세기   동산

중세 시대 영국에서 변호사 노릇을 하기란 꽤 힘든 일이었을 것이다. 원래 모든 법률 서적은 라틴어로 쓰였다. 그러다 13세기에 들어 프랑스어로 쓰이기 시작했다. 뒤이어 영어로 된 서적이 탄생했다. 변호사들은 갈등에 빠졌다. 법적 문제를 얘기할 때 어떤 언어를 사용해야 할까? 영어로 사건을 설명해야 할까, 아니면 같은 의미를 지닌 프랑스어나 라틴어를 써야 하나? 그나저나 그 단어들의 의미는 같을까? 영어 단어와 프랑스어 단어는 미묘하게 의미가 달라서 법정에서 뜻이 완전히 다르게 전달될 수도 있었다.

그러면 어떻게? 어떤 사람이 친척에게 유산으로 자신의 모든 소유지와 재산을 남기기로 했다고 치자. 그는 법률 서류에 고대 영어

18 Chattels

단어인 goods를 사용해야 할까, 아니면 고대 프랑스 단어인 chattels를 사용해야 할까? 변호사들은 기발한 해결책을 생각해 냈다. 둘 다 쓰는 것이다! 서류에 goods and chattels라고 기입하면 모든 경우에 대비할 수 있을 것 아닌가? 그리고 goods and chattels라는 표현은 여전히 법률 용어로 사용되고 있다.

법률과 관련된 많은 이중어가 이런 식으로 만들어졌다. 그중 일부는 널리 사용된 끝에 일상 영어로 편입되었다. fit and proper(적절한) 또는 wrack and ruin(황폐한)이라고 말할 때마다 우리는 법률 용어에서 영어와 프랑스어를 함께 쓰던 방식을 소환하는 것이다. peace and quiet(평온함)는 프랑스어와 라틴어, will and testament(유언)는 영어와 라틴어가 결합된 표현이다.

이런 방식은 인기를 끌었다. 이제 변호사들은 '동일한' 언어에서 단어쌍을 모으기 시작했다. cease(중단시키다)와 desist(그만두다)의 의미가 동일한지(둘 다 어원은 프랑스어다)를 놓고 논쟁이 생기는 것을 피하기 위해 그냥 cease and desist(정지 명령)라고 썼다. 어떤 상황을 두고 null and void(무효)라고 하거나, 누군가 범행을 저지르도록 aid and abet(방조)했다고 말하는 것도 그런 이유에서다. 영어 단어들이 결합해 have and hold(보유하다), each and every(한 사람도 빠짐없이), let or hindrance(장애물) 같은 표현이 생겨났다. 때때로 변호사들은 give, devise and bequeath(유증하다)처럼 동의어를 길게 나열하기도 했다. 이것이 법률 영어가 장황한 이유 중 하나다. 물론 변호사들이 글자 수대로 돈을 받은 것도 중요한 이유이지만.

chattels(동산)에는 흥미로운 친척들이 많다. 이 단어에 해당하는 프랑스어는 라틴어 capitalis에서 발전했는데, 여기서 오늘날 쓰이는 capital이 탄생했다. 별로 관련성이 없어 보이지만 cattle도 여기서 비롯되었다. 오늘날 cattle이라고 하면 암소, 황소, 송아지 및 기타 솟과 동물들을 떠올린다. 하지만 16세기까지 cattle은 더 일반적인 의미로 사용되었다. 즉, 재산으로 소유하거나 식량 혹은 번식을 위해 사육하는 모든 종류의 살아 있는 동물을 cattle이라고 불렀다. 따라서 말, 양, 염소, 돼지, 가금류('깃털 달린 가축'), 심지어 낙타에도 이 단어가 사용되었다. 1589년에 한 작가는 이렇게 말했다. '그대의 가축(cattle)이 그대를 쏘지 않도록 조심하라.' 여기서 cattle은 벌이란 뜻이다.

19 Dame

호칭 📜 13세기　　　　　　　　　　　데임

사람들은 타인이 자신을 어떤 호칭으로 부르는지에 매우 예민하다. 선택지도 다양하거니와 각 호칭마다 미묘한 차이가 있기 때문이다. 다음 호칭을 들으면 이들의 관계에 대해 많은 것을 추측할 수 있다.

　　　안녕하세요, 존스씨

안녕, 제인

안녕, 제이니

안녕하세요, 제이 부인

안녕, 아가씨

안녕, 디디

제인이 어릴 적 가족들이 디디라고 불렀다는 걸 아는 사람은 손에 꼽는다.

특정 호칭을 사용할지 말지에 대한 선택은 아주 짧은 기간에 바뀔 수 있다. 요즘 젊은 사람들은 초면에 이름을 부르는 것에 거부감이 훨씬 덜한 데다, 전화 상담원이 친밀하게 부르며 인사를 건네도 불쾌해하는 경우가 드물다. 그러니 호칭이 수세기를 거치며 달라졌다는 건 놀라운 일이 아니다. 하지만 dame만큼 파란만장한 역사를 가진 호칭은 드물다.

오늘날 dame은 아주 제한적인 경우에만 사용된다. 이 단어는 영국의 명예 작위 제도에서 기사 훈장을 수여받은 기사에 준하는 여성을 일컫는데, 데임 주디 덴치처럼 유명한 사람이 작위를 받을 때나 그런 단어가 있었음을 의식하게 된다. 준남작 부인과 일부 은퇴한 여성 판사들도 데임이라 부를 수 있다. 영국 사회에 널리 퍼져 있던 작위의 마지막 흔적이다.

13세기에 프랑스어에서 유입된 dame은 곧장 계급이 높은 숙녀, 그리고 수녀원의 원장이나 부원장처럼 공동체를 책임지는 여성에 사용되었다. 하지만 빠르게 대중화되어 16세기 무렵에는 (대지주나 소지주처럼) 어느 정도 사회적 지위가 있는 사람과 결혼한 여성도 dame이라 불렀다.

 동시에 이 단어는 '가정의 안주인', 즉 주부를 부르는 일반적인 표현으로 사용되었다. 사회적 지위에 상관없이 모든 어머니를 가리키는 말로 사용되기까지는 한달음이었다. 14세기에는 mother tongue(모국어)을 dame's tongue이라 불렀다.

 프랑스어에서 유래한 dame은 원래 모음의 발음이 현대 영어의 dam(댐)과 비슷했기에, 머지않아 dam, dame, damme이 함께 사용되었다. 하지만 dam은 동물 암컷을 지칭할 때도 사용되면서 부정적인 의미를 띠기 시작했다. 인간의 어머니를 가리킬 때는 보통 조롱이나 경멸의 어조를 띠었다. the devil and his dam[20]이란 표현이 등장하자 이런 의미가 한층 강해졌다.

 20세기 초반 dame은 더욱 격하되었다. 특히 미국에서는 여성을 지칭하는 일상적인 속어가 되었다. 'There is nothin' like a dame(여자만큼 근사한 존재는 없다)'이라는 후렴구가 (남태평양에서) 유행할 정도였다. 그러다 영국에서 아주 흥미로운 변화가 일어났다. 무언극에서 전통적으로 남성이 연기하는 우스꽝스러운 중년 여성 캐릭터에 이 단어가 사용되기 시작한 것이다. 이런 우스꽝스러운 뉘앙스는 그 유명한 데임 에드나 에브리지(일명 베리 험프리스)[21]처럼 다른 코믹한 배역에도 스며들었다. 애초에 상류층을 지칭하던 것

---

[20] 셰익스피어의 《오셀로》에서 'Let the devil and his dam haunt you'라는 구절은 '마귀와 그 어미나 네 놈 주변을 맴돌라지!'라는 뜻이다.
[21] 호주 배우 베리 험프리스가 연기한 중년의 남장여자 캐릭터.

19 Dame

과는 멀어도 너무 멀어진 것이다.

호칭은 사회적 지위가 높아질수록 더욱 엄격하게 적용된다. 최고 계층인 왕자, 공작, 남작 부인, 회장, 교수, 추기경, 판사, 시장 등의 호칭만 정리해 놓은 설명서가 따로 있을 정도다. 특히 영국의 호칭이 복잡하다. 공작은 Your Grace(각하)라고 불러야 할까, My Lord(나리)라고 불러야 할까? 백작, 후작, 남작은? 제대로 답하려면 대부분 설명서를 뒤져야 할 것이다. (공작을 빼고 전부 My lord라 불러야 한다.) 국왕의 아들은 Your Royal Highness(전하)라고 부르는 게 맞나? 그렇다. 그러면 국왕의 아들의 아들은? 역시 그렇다. 그러면 국왕의 아들의 아들의 아들은? 그렇지 않다. 잘못 사용하면 어떤 집단에서는 끔찍한 실례(faux pas)가 될 것이다.

20 Skirt

이중어 13세기   치마

두 문화가 만나면 각 언어에 속한 단어들은 생존 경쟁을 벌인다. 영어사 초기에 덴마크가 영국을 침략하고 나서 이런 과정이 진행된 바 있다. 덴마크 사람들은 고대 스칸디나비아어를 사용했는데, 이 언어에는 고대 영어와 형태가 흡사한 단어들이 많았다. 사람들은 결국 어떤 단어를 선택했을까? 덴마크 정착민이 고대 영어 단어를 수용했을까? 아니면 앵글로색슨들이 고대 스칸디나비아 단어를 받아들였을까?

사람들은 양쪽 모두를 선택했다. 중세 영어 시대를 거치며 스칸디나비아어 egg와 sister가 고대 영어 ey와 sweoster를 몰아냈지만, 고대 영어 path와 swell은 스칸디나비아어 reike와 bolnen에 승리를 거두었다. 세 번째 해결책도 있었다. 각각의 단어에 다른 의미를 부여해 고대 영어와 스칸디나비아어를 모두 살리는 방식이었다. skirt와 shirt가 여기에 해당한다.

'남녀 모두 착용하는 짧은 의복'이라는 의미의 shirt는 고대 영어 후기에 종종 눈에 띈다(scyrte라고 썼다). 고대 스칸디나비아어에서 파생된 skirt는 1300년대에 생겨난 단어다. 주로 여성의 의복, 특히 원피스나 드레스의 치마 부분을 가리켰지만, 남자의 예복이나 외투의 아랫부분을 지칭하기도 했다. '뭔가의 아랫부분'이라는 개념 때문에 가장자리 또는 경계를 의미하기에 이르렀고, 여기서 outskirt(변두리)와 skirting board(굽도리널) 같은 단어가 탄생했다.

중세 영어 시대에 shirt와 skirt는 다른 길을 갔다. shirt는 남성의 의복, skirt는 여성의 의복만을 가리키는 경우가 점점 늘었지만, 구분이 엄격하진 않았다. 오늘날까지도 여성 패션에 shirts가 포함되고, skirts는 많은 나라에서 남성의 일상복이다(서양 문화에서는 킬트를 빼고는 찾아보기 어렵다). 티셔츠 같은 의류만 봐도 성 중립적이지 않은가. shirt가 들어간 대부분의 관용구도 마찬가지다. 남녀 구분없이 bet their shirt(돈을 몽땅 걸다)하고, the shirt off their back(가진 모든 것)을 나눠주고, keep their shirt on(냉정을 지키다) 할 수 있다.

20 Skirt

shirt/skirt처럼 양쪽 모두 살아남은 단어를 이중어(doublet)라고 한다. 영어에는 이런 이중어가 많다. 덴마크인들이 정착한 때부터 살펴보면 고대 스칸디나비아어 dike(도랑)와 고대 영어 ditch(도랑)를 비롯해, hale(흠 없는)과 whole(온전한), scrub(덤불)과 shrub(관목), sick(병든)과 ill(아픈) 등 셀 수 없을 정도다. 지역 방언에는 훨씬 많다. 고대 영어가 표준어가 되고, 고대 스칸디나비아어는 지역 방언으로 남은 경우다. church(교회)와 kirk(스코틀랜드 교회), yard(마당)와 garth(안뜰), write(쓰다)와 scrive(쓰다) 등이 그렇다. no(아니)와 nay(아니다)는 방언도 널리 사용된다는 점에서 특히 흥미롭다.

21 Jail

경쟁하는 단어들 ▤ 13세기   감옥

영어 어휘의 두드러지는 특징 중 하나는 특히 1066년 노르만 침공 이후 프랑스어 단어를 대거 차용했다는 점이다. 그중 일부는 pork와 chattels(17, 18장 참고) 이야기의 한 켠을 차지한 요리 및 법률 용어에 잘 드러난다. 누구나 그렇게 짐작할 테지만 이 단어들은 대개 한 번만 차용되었다. 하지만 몇몇 단어는 두 번 차용되기도 했다.

왜 한 단어를 두 번 차용했을까? 이미 그 단어를 사용하고 있는데 왜 또 빌렸을까? 답은 차용한 사람들의 사회적, 언어적 배경이

다르다는 데 있다. 처음 차용한 사람들은 주로 노르망디 지역의 프랑스어 방언을 구사한 반면, 나중에 차용한 이들은 파리의 프랑스어, 즉 표준어가 된 '고급' 방언을 사용했다. 두 방언의 몇몇 단어는 형태가 달랐다. 노르만족 버전이 먼저 차용되었고, 파리 버전이 나중에 들어왔다. 그리고 영어는 두 버전을 모두 보존했다.

이것이 영어에 gaol과 jail이 모두 존재하는 이유다. 먼저 13세기에 gayhol과 gayll처럼 g로 시작하는 철자가 등장했고, iaiole와 iayll처럼 j로 시작하는 철자는 나중에 생겨났다(중세 영어 시대에는 i와 j를 다른 문자로 구분하지 않았다). 분명 어떤 형태를 사용해야 할지 혼란스러웠을 것이다. 심지어 17세기까지도 사람들은 머리를 긁적였다. 1668년에 정치 작가 로저 레스트레인지는 사람들이 'Jayl과 Gaol, 둘 중 뭐라고 말해야/적어야 할지' 헷갈려서 느끼는 '분노'에 대해 썼다.

하지만 이 경우 적어도 의미는 똑같이 유지되었다. 그 밖의 수많은 '이중 차용어'는 두 단어가 각기 다른 의미로 발전했다. 오늘날 convey(전달하다, 노르만 프랑스어에서 유래)는 convoy(호위하다, 파리 프랑스어에서 유래)와 뜻이 다르다. 노르만어인 reward(보상하다), warden(관리인), warrant(영장), wile(책략)도 파리 프랑스어인 regard(여기다), guardian(수호자), guarantee(확약), guile(교활)과 다른 의미다.

350년이 지났지만 영국 영어에는 gaol과 jail의 문제가 아직 남아있다. 미국은 18세기에 jail을 선택해 문제를 해결한 덕에 현재 이 형태만 사용한다. 하지만 영국은 두 형태를 모두 지켰다. 공식 법률

21 Jail

모노폴리 게임에서 게임 참가자는 gaol이 아니라 jail로 직행한다.
현재까지 지역별로 문구를 달리한 100개 이상의 다른 버전이 라이선스를 받았다.
여기서 파생된 주사위 게임의 이름은 'Don't Go To Jail(감옥에 가지 마세요)'이다.

문서에서는 gaol이란 철자를 선호했고, 영국과 아일랜드에서 감옥을 지칭하던 단어도 원래 철자에 따른 gaol였다. 오스카 와일드는 〈Ballad of Reading Gaol(레딩 옥사의 노래)〉라는 시를 지었다. 물론 대화에서는 차이가 없다. 둘 다 'jail'이라고 발음하기 때문이다.

영국에서는 법원 관련 업무만 빼면 이제 일상적 글쓰기에서 gaol을 구경하기 힘들다. 하지만 호주 등 일부 국가에서는 여전히 일상적으로 쓰인다. 2010년 구글 조회수를 비교했을 때 jail은 5,200만 건인 반면 gaol은 겨우 200만 건인 걸 보면 전반적으로는 힘이 약한 것이 사실이다. 언제부터 jail이 gaol을 대신하는 추세가 시작되었는지는 알기 어렵다. 어떤 사람은 미국에서 개발한 인기 보드게임 '모노폴리'가 원인이라고 한다. 1930년대에 이 게임은 런던을 제외한 칸들이 '번역되지' 않은 채 영국으로 수입되었다. 그런 연유로 누가 봐도 미국인처럼 생긴 경찰관이 'Go to Jail(감옥으로 가시오)' 칸에 있게 되었다. 그러면서 느닷없이 영국인 게임 참가자들도 'directly to jail(감옥으로 직행)'하고 있다.

22 Take away

구동사 📖 13세기　　　　　　　　　　　가져가다

1750년대 초반 《영어사전(Dictionary of the English Language)》을 집필하기 위해 알파벳을 찬찬히 연구하던 사무엘 존슨은 T로 시작하는 단어에 이르러 매우 놀랐을 것이다. 위대한 프로젝트의 종착지가 얼마 남지 않은 상황에서 놀랄 정도로 뜻이 많은 동사 take와 맞닥뜨렸으니! 그 전에도 복잡한 동사를 다룬 적은 있었다. come은 뜻이 56개였고, go는 68개, put은 80개였다. 하지만 take는 전례 없이 많은 124개가 기다리고 있었다.

take의 뜻이 많은 건 in, off, up, out처럼 한 단어, 또는 take up with처럼 두 단어와 결합된 형태가 많은 탓이었다. 현대 문법 용어로는 '구동사'라고 한다. 단어가 둘 이상 결합하면 새로운 의미를 띠게 된다. 이를테면 take off는 '이륙하다', '성공하다', '제거하다' 등의 의미를 가진다. take off 하나로 항공기는 '이륙'하고, 프로젝트는 '성공'하고, 옷은 '벗을' 수 있다.

중세 시대에 구동사는 영어 어휘의 중요한 특징이 되었다. take away는 1300년경 '제거하다', '철수하다'라는 일반적인 의미로 기록에 처음 등장했고, 곧이어 색다른 의미로 응용되었다. 누군가 take away 당했다고 하면 죽거나 살해당했다는 의미였다. 하인이 take away한다면 식사가 끝난 뒤 식탁을 치운다는 뜻이고, 뭔가 성과를 take away한다면 성과를 폄하한다는 뜻이었다. 현대에 들어서는 다른 의미도 등장했다. 1930년대 후부터는 식당에서 식사를 하는 것 외에도 다른 곳에 '가져가서(take away)' 먹게 되었다.

일부 구동사는 명사로서 새로운 삶을 얻었다. 뭔가를 hand out(나눠주다)한다면 그때 주는 것을 hand-out(구호품, 지원금, 유인물)이라고 한다. 누군가에게 go ahead(계속하다)하라고 한다면 그 일을 go-ahead(승인)하는 것이다. 이런 변화는 take away에도 일어났다.

영국에서는 음식을 포장해 갈 수 있는 음식점을 takeaway(테이크아웃 전문점, 하이픈을 붙여서 take-away라고 쓸 때도 많다)라 부르는데, Chinese takeaway(중국 테이크아웃 전문점), Indian takeaway(인도 테이크아웃 전문점)처럼 특징을 설명하는 형용사와 함께 쓴다. takeaway curry(테이크아웃 커리), takeaway hamburger(테이크아웃 햄버거)처럼 형용사로도 쓴다. 1970년대부터 이 단어는 식사 자체를 일컫는 말에도 적용되었다. 'We're having a takeaway tonight.'이라고 하면 '오늘밤엔 테이크아웃 음식을 먹으려고요.'라는 뜻이다. 하지만 모든 영어권 국가에서 takeaway를 쓰는 것은 아니다. 말레이시아와 싱가포르 영어에서는 중국어인 '타파우(음식)'란 단어를 사용한다. 미국 영어에서는 takeout과 carryout 같은 다른 구동사를 쓴다.

23 Cuckoo

음성상징어 📜 13세기　　　　　　　　　　뻐꾸기

대부분의 단어는 그것이 가리키는 사물과 닮지 않았다. Table(책상)이라는 단어의 모양에서 다리가 네 개이고 표면이 평평한 물체를 찾아볼 수 없고, commotion(소동)이란 단어의 소리에서 격렬한 소란의 기미가 느껴지지는 않는다. 하지만 cough(콜록), knock(똑똑), murmur(중얼중얼), zoom(쌩), crunch(아작아작), bang(쾅),

23 Cuckoo

clatter(달가닥달가닥), teeny(아주 작은), babble(와글와글), splash(첨벙), plop(풍덩) 등 그 대상과 닮은 영어 단어도 꽤 많다. 지칭하는 대상의 소리를 흉내 낸 이런 단어를 흔히 의성어(onomatopoeic, '단어 생성'을 의미하는 그리스어에서 유래한 용어다)라고 하는데, 특히 시가 자아내는 음성적 효과를 이야기할 때 자주 사용한다. 언어학자들은 이를 '음성 상징'이라고 한다.

cuckoo는 음성상징어의 훌륭한 사례다. 많은 언어에서 이 새의 이름은 울음 소리와 닮았다. 뻐꾸기를 가리키는 고대 영어 단어 geac에서는 그런 느낌을 찾기 힘들지만, 중세 시대에 쓰인 cuccu라는 형태에서는 분명히 드러난다. 이 단어가 최초로 기록된 것은 13세기 중반으로, 그 유명한 〈Cuckoo Song(뻐꾸기의 노래)〉 가사에서다. 이 노래는 영어로 된 최초의 '돌림' 노래라고 알려져 있다.

> 봄이 왔다. 뻐꾸기가 큰 소리로 노래하는구나!
> Sumer is icumen in, Lhude sing cuccu

중세 영어에는 봄을 지칭하는 단어가 따로 없었다. 계절 이름으로 spring(봄)을 사용한 기록은 16세기 들어서야 등장한다. summer(여름)라는 단어는 춘분점과 추분점 사이의 기간 전체를 가리키는 단어로 사용되었다.

음성상징어조차 뜻이 변하고 원래 연상시키던 의미를 잃을 수 있다. cuckoo도 그런 과정을 거쳤다. 16세기 들어 사람을 지칭하게 된 것이다. 뻐꾸기는 울음소리가 단조롭고 다른 새의 둥지에 알을 낳는 탓에, 같은 행동을 따분하게 반복하거나 어리석은 행동을 하는 사람을 cuckoo라 불렀다. 그리스의 희극시인 아리스토파네스의 〈새(Birds)〉가 19세기에 영어로 번역되었는데, 이 작품에서는 뻐꾸기들이 신과 인간의 영역을 구분하기 위해 왕국을 세우고 Cloudcuckooland(구름뻐꾹나라)라는 이름을 붙인다. 그 후로 이 단어는 말도 안 되게 비현실적인 세상을 가리키게 되었다. 이를테면 'You're living in cloudcuckooland(넌 구름뻐꾹나라에 사네?)'라고 말하는 식이다. 이 표현은 cuckoo land(뻐꾸기 땅)라는 줄임말로도 쓰였다. 20세기 미국 영어는 한발 더 나아갔다. 정신 나갔거나 황당한 제안을 하는 사람을 그냥 cuckoo라고 부른 것이다. 누구든 제대로 미쳤다는 의심을 받게 되면 1975년에 제작된 영화에서 잭 니콜슨이 그랬듯 뻐꾸기 둥지(cuckoo's nest)에 떨어지는 신세가 될 수 있다.

24 Cunt

금기어 📜 13세기 　　　　　　　　여자의 성기

금기어는 개수가 많기 때문이 아니라 악명 때문에 모든 언어에서 중요한 구성 요소다. 어떤 단어도 금기어만큼 대중의 감정과 언론의 관심과 입법 활동을 자극하지 못한다. 하지만 단어집이 한 언어에 속한 어휘의 모든 측면을 설명하고자 한다면 반드시 금기어를

수록해야 한다. 게다가 금기어는 언제나 매혹적인 이야기를 선사한다. 일부 독자들은 불편해할지라도.

연구에 따르면 많은 전통적 금기어가 점점 대중에게 허물없이 다가가고 있지만, cunt는 여전히 사람들이 가장 불쾌해하는 단어 목록의 상위권에 머물러 있다. cunt는 머리글자로 불리는 몇 안 되는 단어 중 하나다. f-word(욕설)라는 표현은 1950년대에, c-word(c로 시작되는 금기어)는 1970년대에 등장했다. 오늘날 이런 용법은 인종(nigger를 의미하는 n-word)이나 죽음(이때 c-word는 cancer라는 의미다)과 관련된 다른 종류의 금기어로 확장되었다.

bloody(47장 참고) 같은 일부 금기어는 영어사 후반에 등장했지만, cunt 같은 단어들은 아주 일찍부터 사용된 것 같다. 하지만 이 단어가 정확히 언제 어디서 왔는지는 아무도 모른다. 고대 스칸디나비아어에 같은 의미를 가진 kunta라는 단어가 있으므로 바이킹과 함께 들어온 게 아닌가 싶다. 고대 영어에는 보이지 않고 중세 영어에도 드물게 눈에 띄는 것으로 보아 당시에도 민감한 단어였으리라 짐작된다. quaint처럼 덜 직접적인 형태(완곡 표현)로 대체한 용례도 많다. cunny, quim, 그리고 놀랍게도 quoniam('since'를 가리키는 라틴어)과 같은 대체어도 등장했는데 이는 학자들의 농담에서 비롯된 것이다. 영국 중부의 리치필드에 Quonians라는 거리가 있는데 역시 이 대체어에서 유래했을 가능성이 높다.

count(백작)와 countess(백작부인)에 얽힌 이야기 역시 시사하는 점이 있다. 귀족에 붙이는 이 칭호는 노르만족이 프랑스에서 들여온 단어다. 하지만 countess는 곧장 수용된 반면(12세기의 기록이 남아있다), count는 그렇지 못했다. 대신 앵글로색슨족의 단어인 earl(백작)이 계속 사용되었다. 발음이 cunt를 떠올리게 해서 기피했다는 설명이 가장 그럴싸한데, 이는 count의 모음을 짧게 발음했기 때문이었다(초기 고대 프랑스어 철자가 cunte인 데서 알 수 있다). 하지만 16세기 무렵 상황이 달라졌다. 사람들의 비웃음을 사지 않고 쓸 수 있도록 발음이 확연히 달라지자 이 호칭은 자주 사용되었다. 셰익스피어의 작품에서도 Count Orsino(오르시노 공작), Count Claudio(클라우디오 백작)를 비롯해 다양한 count를 만날 수 있다.

사실 중세 시대 초기에는 이 단어에 담긴 금기의 힘이 오늘날처럼 강하지 않았다. 당시의 다양한 의학 교과서에는 이 단어가 여성의 해부학적 구조를 설명하는 일상적 용어로 등장한다. John Fillecunt(존 필컨트)와 Bele Wydecunthe(벨 와이드컨트)처럼 사람의 성(姓)에도 사용됐고, Gropecuntlane(그로프컨트레인)처럼 유명한 거리 이름도 있었다. 이 단어가 널리 사용되었음을 시사한다. 오늘날에는 이런 거리명을 찾을 수 없다. 오래 전에 무해한 버전으로 대체되었기 때문이다. 하지만 혹시 그로프가(Grope Street)나 그레이프가(Grape Street)에 들어선다면 한때 매춘이 성행하던 거리였을 수 있음을 알아두자.

이 단어가 욕설로 사용되기까지는 훨씬 오랜 시간이 걸렸다. 1500년대에 사람들이 서로 욕을 하면서 이 단어를 사용한 흔적이 간간이 남아있긴 하지만, 정말 심각한 모욕적 표현(you cunt!)이 기록된 것은 20세기 초다. 처음에는 여성에게, 그 다음에는 남성에

24 Cunt

게도 적용되었는데 주로 영국에서 사용되었다. 언제 이런 용법이 시작되었는지는 확실하지 않다. 수위 높은 금기어가 된 뒤로는 거의 글로 적지 않아 기록이 없기 때문이다. 사전에서도 대개 배제되었다. 몇몇 작가가 용기를 내어 이 단어를 사용했으나 대시나 별표를 붙이는 것이 일반적이었다.

지금은 대부분의 사전에 이 단어가 실려 있다. 하지만 신문은 여전히 다양한 방식으로 표기한다. 축구선수가 심판을 '컨트'라고 부르는 경우가 종종 있는데, 그때는 여러 신문에서 c---, c***, cunt 등 세 가지 버전을 모두 보게 된다. 50년 전과 비교하면 이 단어가 신문 지면에 실리는 것 자체가 큰 변화다. 하지만 더 이상 신문은 규범의 척도가 아니다. 이 단어가 2천만 번가량 사용되는 현장을 보고 싶다면 인터넷에서 검색만 하면 된다.

25 Wicked

급진적 변화 13세기   사악한

단어의 의미가 변할 때, 특히 새로운 의미가 기존 의미와 매우 다를 때는 사람들의 놀라움을 자아내게 된다. 20세기 후반 수십 년간 아이들이 wicked[22]를 강한 칭찬의 의미로 사용하기 시작하자

---

[22] '아주 좋은, 죽여주는'이라는 속어적 의미로도 쓰인다.

부모들은 깜짝 놀랐다. 사실 그런 변화가 딱히 이상할 건 없다. 어떤 단어가 원래 의미와 정반대로 쓰인 것이 처음도 아니니까.

wicked는 13세기에 형용사로 등장했다. 고대 영어에서 wizard를 뜻하는 wicca와 witch를 뜻하는 wicce에서 유래한 것으로, 초기에는 악마와 사악한 초능력을 지닌 존재를 연상시켰다. The Wicked One은 사탄을 뜻하는 단어가 되었고, 연극에 등장하는 악마 캐릭터에는 흔히 이런 별명이 붙었다. 오늘날에는 〈짓궂은 요정(Wicked Fairy)〉과 〈사악한 입맞춤(Wicked Stepmother)〉 등 무언극이 이런 전통을 잇고 있다.

머지않아 이 단어는 의미를 확장해 모든 종류의 나쁜 상황에 적용되었다. 인간이든 동물이든 잔인하고 사납고 공격적이면 wicked라고 했다. 해롭거나 위험하거나 극도로 불쾌한 사건도 마찬가지였다. 냄새가 안 좋으면 공기가 wicked한 것이고, 맛이 나쁘면 음식이 wicked한 것이었다. 길이 험해도 wicked하다고 할 수 있었다.

16세기 말이 되자 좀 더 가벼운 분위기를 가리키는 의미가 등장했다. 사람을 두고 wicked tongue(험한 입)이나 wicked eyes(음흉한 눈빛)를 가졌다고 하거나, 어린아이에게 wicked imp(짓궂은 악동)라고 부르는 식이었다. 여기서 wicked는 짓궂은, 교활한, 버릇없는 등의 뜻으로 특유의 유머러스한 어조로 사용된다. 이후에는 'no peace/rest for the wicked!(악인에게 평화/휴식은 없다)'라는 성경 구절(이사야)을 응용해 사람들이 자신을 설명할 때 쓰기도 했다.

이로부터 '놀라운', '훌륭한', '뛰어난' 같은 20세기적 의미로 발전하기까지는 한달음이었다. 일찍이 1920년대에 미국 속어로 실제로 이런 용법이 사용되었다. 물론 wicked만 그런 것은 아니었다. sick, mad, insane, crazy 등이 모두 칭찬의 의미로 발전했다. 내가 보기에 가장 이상한 것은 horroshow다. 이 단어는 앤서니 버지스가 〈시계태엽 오렌지(A Clockwork Orange)〉에서 창조한 단어다. '훌륭한'이라는 뜻의 러시아 단어를 소리 나는 대로 쓴 것으로, 이 책을 통해 영어 속어로 편입되었다. 누군가 '《100단어로 본 영어의 역사》란 책은 horroshow하다'고 말해준다면 나로선 정말 기쁠 것이다.

26 Wee

스코틀랜드에서 온 단어 📜 14세기   아주 작은

1955년 프랭크 시나트라는 〈In the Wee Small Hours(이른 새벽)〉라는 앨범을 발표했다. 이 앨범의 타이틀 곡 〈In the Wee Small Hours of the Morning(아주 이른 새벽에)〉은 대중의 마음에서 지워지지 않고 여러 가수들에 의해 재녹음되었다. 하지만 wee는 현대 신조어가 아니다. 고대 스코틀랜드어를 조상으로 둔, 영어사에서 중요한 한 줄기를 보여주는 단어다.

  할리우드 녹음실에 도착하기까지 wee는 길고 긴 여정을 거쳤다. 이 단어는 1300년대 잉글랜드 북부에서 a little wee와 같은 표현으로 처음 쓰이다가 곧 스코틀랜드로 전파되었다. '어린 아

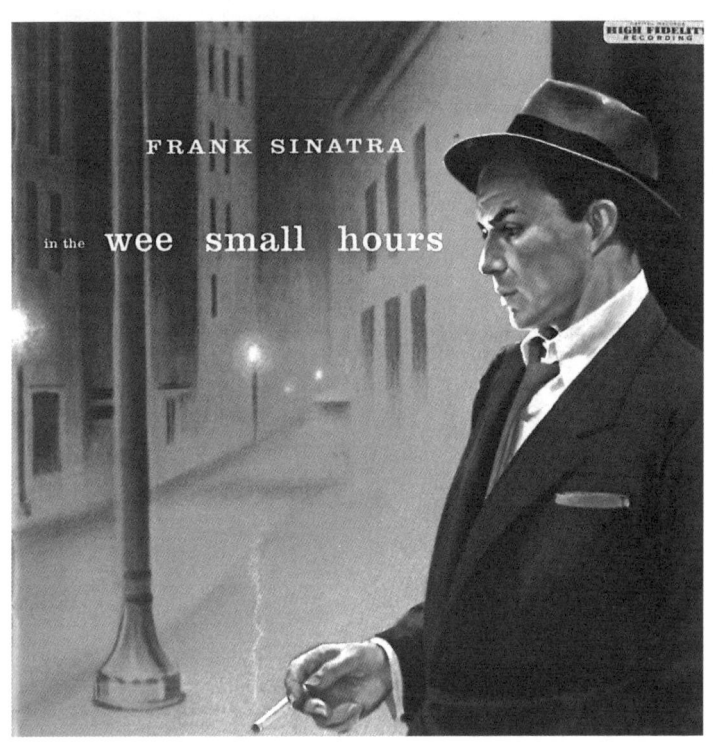

1955년 발매한 프랭크 시나트라의 앨범 표지.
동요 〈Wee Willie Winkie(위 윌리 윙키)〉가 비스코틀랜드인 아이들 사이에서 이 단어를 널리 알리는 데 큰 역할을 했다.

이', '소량', '짧은 거리나 시간' 등 여러 가지 의미가 있었는데 전부 '양(量)'과 관계가 있었다. 고대 영어 단어 weigh와도 관련이 있다.

 결국 wee는 '아주 작은', '코딱지만 한'을 뜻하는 형용사가 되었다. 하지만 주로 '작은(little)'이라는 보다 일반적인 의미로 사용되었다. 즉, wee bairn이라고 하면 '(작은) 어린아이'를 의미했다. 그러다가 흥미로운 변화가 일어났다. Wee가 애정을 표현하는 용어(상냥하게 환대하는 의미)로 변한 것이다. 그러면서 크기와 관련된 의미를 잃기 시작해 결국 오늘날의 뜻이 되었다. 만약 스코틀랜드 사람이 당신을 초대하면서 '간단하게 한 잔(a wee drink)'하자고 하면 조심하라! 정말 간단하게 끝나지는 않을 테니.

 스코틀랜드 영어는 아주 초기부터 매우 특색 있는 방언으로 등장했다. 모든 것은 1066년 노르만족이 잉글랜드를 침략하고 잉글랜드를 지지하던 사람들이 스코틀랜드로 피신하면서 시작되었다. 그들은 환대받았고 13세기 무렵에는 영어가 스코틀랜드 남동부 저지대의 지배적 언어가 되었다. 그러다 1296년 잉글랜드의 에드워드 1세가 스코틀랜드를 침공하면서 300년에 걸친 전쟁이 시작되었다. 스코틀랜드의 정체성이 위태로워진 상황에서 영어가 트위드 강 남쪽과 완전히 다른 지역적 특색을 띠는 방향으로 진화했다는 건 이상할 게 없다.

 오늘날 스코틀랜드 영어는 다양한 방언과 gang(go 가다), richt(right 옳은), bonnie(pretty 예쁜), mickle(great 대단한) 같은 수천 개의 지역 어휘 속에 생생히 살아 숨쉰다. 일부 단어와 표현은 스코틀랜드 밖으로 전파되었다. 그중 하나가 wee다. 하지만 외부로 나가서 가장 성공한 스코틀랜드 표현에 상을 준다면 전통적으로 새해에 부르는 로버트 번스의 시 〈Auld Lang Syne〉에 돌아가야 할 것이다. 이는 'old long since'의 방언으로 '옛날을 위해'라는 뜻이다. 그 가사와 곡조는 빌리 조엘, 바비 다린 같은 가수들의 마음을 사로잡고 수십 편의 영화에도 등장했다. 영국의 일개 지역 방언으로서는 나쁘지 않은 성과다.

27 Grammar

놀라운 연관성 📜 14세기   문법

문법(grammar)이 매력적(glamorous)이라고? 학창 시절 영어 문법 시간에 복잡한 문장의 구와 절을 분석하고 어디 쓰는지도 불확실한 규칙과 용어를 배웠던 때를 떠올리면 이렇게 생각하기란 쉽지 않을 것이다. 문법은 매력과는 거리가 멀지 않나?

  정말 안타까운 일이다. 제대로 배운다면 문법만큼 신나고 흥미로운 과목도 드물다. 문법은 문장 구성 방식, 의도하는 바를 말하는 방법, 단어의 순서를 달리할 때 전달되는 다양한 효과를 연구하는 것이다. 요컨대 우리가 의미를 만드는 방식을 보여준다. 문법을 많이 알수록 언어가 작동하는 법을 더 잘 이해할 수 있다.

  이 책은 문법의 구조가 아니라 단어에 대한 책이다. 하지만 grammar라는 단어의 기원을 탐구해보면 깜짝 놀랄 사실들을 발견하게 된다. 마법이나 초능력이라도 등장할까? 계속 읽어보시라.

 grammar는 라틴어 grammatica에서 왔으며 결과적으로 글로 적은 기호, 즉 문자를 뜻하는 gramma에서 파생된 것이다. 원래 글로 적힌 모든 것(언어뿐 아니라 문학까지)에 대한 연구를 망라했는데, 의미가 확장되어 읽고 쓰는 능력을 통해 얻는 지식을 가리키게 되었다. 글을 읽고 쓸 수 있는 사람은 엘리트였다. 엘리트에는 승려와 학자뿐 아니라 점성술사와 마법사도 포함됐다. 여기서 초능력이 등장한다. 중세 유럽에서 grammar라는 단어는 종종 주술에 대한 연구를 일컫는 말로 사용되었다. 그리고 14세기에 이런 의미를 지닌 채 영어로 유입되었다. 여기 새로운 단어가 등장했노라! 그리하여 '주술에 대한 지식', 즉 '강령술'을 의미하는 gramarye[23]란 단어가 사람들의 입에 오르내리게 되었다.

 이런 마술적 의미는 glamour(매력)라는 단어를 낳았다. 18세기 스코틀랜드 사람들이 '마법' 또는 '주문'을 의미하는 grammar라는 단어를 받아들여 발음을 바꾼 것이다. 악마와 마법사는 보는 이의 눈을 매혹하는(cast the glamour) 존재로 여겨졌다. 얼마 안 있어 이 단어는 누군가 또는 뭔가를 둘러싼 신비롭고 황홀한 매력을 의미하게 되었다. 그리고 20세기에 이르러 '매력'과 '마력'이라는 의미로 발전했다. 1930년대에는 전시의 젊고 잘생긴 영국 공군을 지칭하는 glamour boys라는 표현이 대중적인 인기를 끌었다. 나중에 특히 영화를 통해 glamour girls라는 표현이 대중화되고 핀업 사

---

[23] 고어로 '마술, 주술'이라는 의미다.

진이 널리 퍼지자 결국 이 형용사는 여성에게 주로 쓰이게 되었다.

1950년대에 나체이거나 상의를 벗은 모델을 묘사하는 완곡한 표현으로 사용되면서 이 단어는 예기치 못한 방향으로 흘러갔다. 누군가 glamour photograph(글래머 사진)를 찍자고 제안한다면 옷을 거의 걸치지 않은 사진을 찍자는 뜻이었다. 《더 선(The Sun)》 3면을 장식하는 부류의 여성을 glamour model(글래머 모델), 이들을 홍보하는 에이전시나 이벤트는 glamour circuit(글래머 계통)이라고 불렀다. 이 용어는 여전히 이런 식으로 널리 사용된다.

grammar와 glamour의 예상치 못한 연관성은 단어사의 보편적 핵심을 잘 보여준다. 어원이 같으리라 짐작도 못 할 정도로 전혀 다른 뜻으로 발전하는 단어가 많다는 것이다. 샐러리(salary), 소시지(sausage), 소스(sauce), 샐러드(salad)의 어원이 같다고 누가 짐작이나 하겠는가? grammar가 glamour처럼 세간의 이목을 끄는 화려한 자식을 낳을 줄 누가 예상했겠는가? grammar는 아직 그 정도로 눈부신 인기를 얻지 못했지만 나는 희망을 버리지 않는다.

28 Valentine

단어가 된 이름 📜 14세기   밸런타인

해마다 2월 14일이면 많은 사람이 사랑의 증표로 카드나 꽃다발, 작은 선물을 보내 밸런타인데이를 기념한다. 누군가에게는 짝사랑을 고백할 좋은 기회이기도 하다. 사람들은 무엇을 보내면 좋을지, 그것을 보내는 게 맞을지 고민을 거듭한다. 하지만 자신이 보내는 선물의 언어적 특성에 대해서는 잠시도 생각하지 않는다.

Valentine은 사람의 이름이 일반 명사로 사용된 예다. 이런 관행은 의외로 흔하지만 대개 전문용어나 속어다. 특정 종류의 사과, 배, 데이지, 까치, 물고기를 마가렛(Margaret)이라 부르거나, 특정 종류의 깃발(Blue Peter[24])과 카드 기술(휘스트나 브리지), 금전 등록기, 감옥, 음경을 피터(Peter)라 부르기도 한다.

이름은 때로 일반적인 관용구에도 쓰인다. Jack of all trades(팔방미인), simple Simon(얼간이), a proper Charlie(바보 같은 사람), taking the Mickey(놀리기), every Tom, Dick or Harry(보통 사람) 등이 그 예다. 호주 영어에서 쉴라(Sheila)는 회화체로 젊은 여자를, 존(John)은 경찰을 가리킨다(경찰관을 의미하는 프랑스어 gendarme에서 유래한 것으로 영어화하면 johndarm이다). John은 미국 영어에서 화장실을 의미하기도 한다. 문학에서도 비슷한 사례를 찾을 수 있는데 셜록(Sherlock)은 탐정을, 롤리타(Lolita)는 성적으로 조숙한 소녀를 뜻한다. 성경에 나오는 아담(Adam)은 정원사를, 삼손(Samson)은 힘센 남자를, 솔로몬(Solomon)은 지혜로운 사람을 의미한다. 천재지변에 사람의 이름을 붙이는 경우도 있다. '제2의 (허리케인) 카트리나(Katrina)를 만나고 싶지 않다.' 이런 일반적인 관용구에서는 대개 그 이름이 어디서 왔는지 알 수 없다. 찰리는 찰

---

24 배의 출항을 알리는 깃발을 말한다.

리 채플린(Charlie Chaplin)일지 모르지만, 잭(Jack)이나 쉴라(Sheila)는 누구란 말인가? 아무도 모른다. Valentine도 알쏭달쏭하다. 2월 14일은 두 명의 이탈리아 기독교 순교자를 기념하는 축일인데 둘 다 이름이 Valentine이다. 둘 다 낭만적인 사랑과 뚜렷한 연관성이 없다. 연애를 연상시키는 의미가 처음 전면에 등장한 것은 1380년대 초반 제프리 초서가 쓴 《새들의 의회(The Parliament of Fowls)》로, 새들이 짝을 선택하기 위해 모임을 소집하는 이야기를 통해 자연의 법칙에 대해 말하는 시다.

어쨌든 이 날과 관련해 다양한 관습이 생겨난 걸 보면 사람들이 그런 생각을 좋아한 건 분명하다. 흔한 것이 밸런타인 복권이다. 이름이 적힌 종이를 접어서 냄비에 넣은 뒤 추첨해 짝이 된 사람들에게는 이듬해 특별한 관계로 이어질 기회가 주어졌다. 그 종이 자체를 valentines라 불렀는데, 여기서 밸런타인 쪽지에 이어 밸런타인 카드를 주는 관행이 발전했다. 19세기에는 제조업체들이 레이스와 리본으로 장식한 화려한 제품을 생산하면서 거대한 사업이 되었다. 아이들은 밸런타인데이에 작은 선물을 얻기 위해 집집마다 돌아다녔으니, 이를 valentining(밸런타이닝)이라 했다.

하지만 언어의 변화 과정을 예측하는 건 불가능한 법. 결국 valentine의 의미는 낭만과 전혀 상관없는 쪽으로 풀려나갔다. 16세기에는 왕실이 범법자에 대한 체포 명령을 봉투에 넣고 봉해 지주에게 보낸 서신을 valentine이라 불렀다. 제2차 세계대전 때는 16톤짜리 중화기 보병 탱크에 Valentine이란 이름을 붙였다. 이유가 뭘까? 1938년 2월 14일에 탱크 생산이 승인되었기 때문이다.

29 Egg

어떤 방언을 선택할까 📜 14세기   계란

영어사 연구에서 유명한 단어 중 하나가 바로 eggs다. 전적으로 1476년 잉글랜드에 인쇄술을 도입한 윌리엄 캑스턴 덕분이다.

캑스턴은 심각한 문제와 마주했다. 저마다 다른 훈련을 받은 여러 지역의 필사자들이 수백년 동안 영어를 기록했다. 그러다 보니 철자를 표기하는 방식이 천차만별이었다. 예컨대 여러 수서본에 표기된 might의 철자는 micht, mycht, myght, mihte 등 30가지가 넘었다. 캑스턴은 선택의 기로에 놓였다. 어떤 철자를 써야 최대한 많은 사람이 이해할 수 있을까?

철자만 문제가 아니었다. 각지에서 사람들이 같은 대상을 다른 방언으로 부르는 것도 문제였다. 여기서 eggs가 등장한다. 캑스턴은 자신이 출간한 책의 서문에서 한 무리의 선원이 템즈강 어귀에 발이 묶여 다시 바람이 불 때까지 육지에서 기다리기로 한 일화를 들려준다. 한 선원이 카페(오늘날 우리가 말하는 카페다)에 들어가 eggs를 주문했다. 카페 여주인은 프랑스어를 못한다고 답하며 뭘 달라는 건지 모르겠다고 한다. 선원은 화가 났다. 나도 프랑스어를 못 한다구요! 그저 eggs를 달라는데 그걸 못 알아듣다니! 그때 옆에 있던 사람이 주인에게 선원이 원하는 게 실은 eyren이라고 말했다. 그제야 주인은 알아들었고 선원은 계란을 얻었다.

이 이야기는 캑스턴의 혼란스러움을 잘 보여준다. '오호라! 작금의 사람이라면 eggs와 eyren 중 뭐라고 쓰는 게 옳을까?' 그는 이렇게 말을 잇는다. '언어의 다양성과 변화 때문에 모든 사람을 만족시키기 어렵다.' 인쇄물에 계란에 대한 내용을 실으려면 이 단어 중 하나를 선택해야 했다. 그런데 어떤 단어를 고른단 말인가? 언어학자가 아니라 사업가였던 캑스턴으로서는 혼란스러울 수밖에 없었다.

그런데 왜 단어가 두 개였을까? eggs는 당시 잉글랜드 북부에서 주로 사용되었다. 원래 고대 스칸디나비아어로, 수백 년 전 바이킹이 침략하면서 잉글랜드에 들어온 것으로 추정하지만 14세기까지는 문헌에 등장하지 않았다. eyren은 잉글랜드 남부에서 사용되었는데 앵글로색슨족이 사용하던 단어가 발전한 것이다. 이미 알듯이 이제 eyren은 사라지고 eggs가 일상적으로 사용된다. 카페 주인이 진짜 몰랐는지, 아니면 배고픈 선원을 놓고 장난을 했는지는 알 수 없다. 하지만 이 이야기는 사람들이 전국적으로 통용되는 영어의 필요성을 느끼기 시작했음을 보여준다. 현대의 표준화된 영어가 어떻게 시작되었는지 엿볼 수 있는 것이다.

29 Egg

30 Royal

세 쌍둥이 단어 📜 14세기   왕실의

앵글로색슨 시대의 군주는 regal(제왕의) 또는 royal(왕실의)할 수 없었다. 그런 단어가 없었기 때문이다. 오직 king-like(왕다운) 또는 queen-like(여왕다운)하는 것만 가능했다. 14세기 들어 프랑스어와 라틴어에서 엄청나게 많은 어휘가 유입되면서 regal과 royal이 생겨났고 kingly/queenly와 함께 그 이름도 귀여운 '세 쌍둥이(triplets)' 단어 무리가 생겨났다.

  영어 사용자들은 왜 이 단어들을 반겼을까? 어쨌거나 이 세 단어는 기본적으로 '왕 같은/왕비 같은'이라는 뜻이다. 하나면 족할 텐데 왜 세 개나? 그 답에서 영어의 한 가지 특성이 드러난다. 세 쌍둥이 단어는 이게 전부가 아니다. 비슷한 예를 얼마든지 들 수 있다. 이를테면 게르만어인 ask, 프랑스어인 question, 라틴어인 interrogate가 같은 뜻이며, 게르만어인 fire, 프랑스어인 flame, 라틴어인 conflagration도 동일한 현상을 지칭한다. 게르만어인 holy, 프랑스어인 sacred, 라틴어인 consecrated도 마찬가지다. 예가 쌓이면 패턴이 보인다. 게르만어 단어는 짧고 현실적인 반면, 라틴어는 길고 학구적이며, 프랑스어는 나머지 둘과 또 다른 뉘앙스를 풍긴다.

어떤 단어와 함께 쓰이는지를 보면 그 단어를 알 수 있다고 한다. regal과 royal은 처음부터 다른 방향으로 나아갔다. regal은 throne(왕좌), government(정부), power(힘)처럼 '권위'를 나타내는 단어, 그리고 demeanour(행실), figure(풍채), look(외관)처럼 '외모'를 나타내는 단어와 함께 쓰이며 개념적 의미를 띠었다. royal은 blood(핏줄), birth(출생), family(가문) 등 '혈통'을 나타내는 단어와 더불어 princess(공주), majesty(폐하), highness(전하)와 같이 '지위'를 나타내는 단어와 함께 쓰이며 개인을 수식했다. 학구적인 라틴어는 정중한 프랑스어의 대안적 표현방식으로 쓰였는데 둘 다 앵글로색슨 단어보다 더 우아하고 세련되고 교양 있었다.

이런 경향은 오늘날에도 뚜렷하다. regal은 수세기 동안 비교적 변화가 덜했다. 아직도 일반적으로 우월하거나 뛰어나다는 의미를 함축한다. 뭐든지 regal하다고 하면 '왕족에 어울린다'는 뜻이다. 따라서 자동차(Buick regal, 뷰익 리갈), 위스키(Chivas regal, 시바스 리갈), 건물(Regal Cinema[25], 리갈 시네마), 특별히 위엄 넘치는 대고모님의 방문(visit from an especially magisterial great-aunt) 등에 사용한다.

대조적으로 royal은 사용 범위가 매우 넓다. 왕족의 활동 및 관련 단어(royal charter 칙허장, royal visit 왕의 방문, royal assent 국왕의 재가, royal command 왕명, royal warrant 왕실 조달 허가증에 이어 'We are not amused 짐은 즐겁지가 않구나'의 'royal we[26]' 등)뿐 아니라 사

[25] 미국의 유명 극장 체인점 이름이다.
[26] 과거 왕은 자신을 가리킬 때 I 대신 We를 사용했다.

30 Royal

회적 집단(Royal Navy 영국 해군, Royal Borough 왕립구, Royal Society 왕립협회), 그리고 교통수단(Royal Scot 로얄 스코트[27]), 색상(royal blue 로얄 블루), 카드 게임(royal flush 로얄 플러시)처럼 개인과 관련된 다양한 활동에도 사용되었다.

이 단어들은 서로를 바꿔 쓸 수 없다. 로얄 메일(Royal Mail)은 리걸 메일(Regal Mail)이나 퀸리 메일(Queenly Mail)이 될 수 없다. 농담이면 모를까, 리걸 셰익스피어 컴퍼니(Regal Shakespeare Company)[28]나 킹리 앨버트 홀(Kingly Albert Hall)[29]이라 부를 수도 없다. Regal의 구글 조회수는 2천만, royal은 2억인 데 반해 kingly와 queenly는 수십만 건인 걸 보면 사실상 이 단어들은 사라지고 있는 게 아닌가 싶다.

하지만 미래는 절대 예측할 수 없다. 어휘와 관련해서는 더욱 그렇다. 언젠가 royal이 bloody처럼 일상 대화에서 강조어로 사용될 줄 중세 시대의 어느 누가 생각이나 했겠는가? 하지만 19세기에 그런 일이 벌어졌고 여전히 그렇게 사용되고 있다. 최근 누군가 'He's a royal pain in the neck(그 자는 지독한 골칫거리야)'라고 말하는 걸 들었다. 그러니 다음에 축구에서 자신이 응원하는 팀이 경쟁 구단을 물리치면 이렇게 위엄 있는 말로 상황을 요약해보자. 'They got a right royal hammering(놈들을 완전 대파했다).'

---

[27] 1862년 운행을 시작해 2003년 운행을 마친, 런던 유스턴과 글래스고 사이를 오가던 기차 이름이다.
[28] 원래 로얄 셰익스피어 컴퍼니(Royal Shakespeare Company)다.
[29] 원래 로얄 앨버트홀(Royal Albert Hall)이다.

31 Money

생산적 관용구 📜 14세기   돈

어휘는 단어로만 구성되지 않는다. 수천 개의 관용구, 즉 특별한 의미를 지닌 단어들의 조합도 어휘에 포함된다. 말을 하다 보면 at the drop of a hat(주저하지 않고)와 get cold feet(주눅이 든다), a heart of gold(너그러운 성품) 같은 표현을 쓰게 된다. 유난히 관용구로 자주 쓰이는 단어들도 있다. 그중 하나가 money다. 14세기에 프랑스에서 유래한 이 단어는 특히 관용 어법에서 널리 애용된다. 얼른 떠오르는 것 몇 가지만 적어본다.

    give a run for one's money(치열한 경쟁을 벌이다)
    see the color of a person's money(돈을 낼 능력이 있는지 확인하다)
    get one's money's worth(돈 낸 만큼 보상을 얻다)
    have money to burn(돈이 남아 돈다)
    spend money like water(돈을 물 쓰듯 하다)
    not made of money(주머니가 넉넉하지 않다)
    for love nor money(무슨 일이 있어도)
    money for old rope(손 쉬운 돈벌이)
    money for jam(수월한 돈벌이)
    money is no object(돈은 문제가 아니다)
    burn a hole in your pocket(돈이 술술 새어 나가다)

31 Money

put one's money where one's mouth is(자신이 한 말을 실제 행동으로 보여주다)

money talks(돈이 좌우한다)

속담으로 눈을 돌리면 money is the root of all evil(돈은 모든 악의 근원이다), money doesn't grow on trees(백날 땅을 파도 돈은 안 나온다), money makes the world go round(돈이 세상을 굴러가게 한다)라는 표현도 있다. 심지어 문법을 어긴 표현조차 관용구로 살아남을 수 있다. You pays your money and you takes your choice(어느 쪽을 선택하든 큰 차이가 없다)가 대표적이다.

돈 같은 포괄적인 단어만 관용구로 쓰는 건 아니다. 동전과 지폐도 그 문화의 화폐이므로 관용구가 된다. 미국 영어에서는 대화 중에 feel like a million dollars(몸 상태가 매우 좋다), make a fast buck(손쉽게 부자가 되다), bet their bottom dollar(가진 것을 몽땅 걸다), put in one's two cents worth(자기 의견을 분명히 말하다)라고 말한다. 어디서나 쓰는 구어체 표준 영어이다 보니 관용구를 번역해 쓰기도 하는데, 영국 영어에서는 위의 표현을 feel like a million quid, put in one's two pence worth로 바꿔 사용한다.

화폐 체계나 돈의 가치에 변화가 생기면 언어에 빠르게 반영된다(86장 참고). 페니(penny)와 펜스(pence)는 수 세기 동안 널리 통용되었지만, 관용 표현은 물건값이 페니(penny) 단위이던 시절을 반영한다. 옛 인쇄물을 뒤져보면 penny dreadful(통속 소설), penny

영국 웨스트 요크셔 브래드포드에 있는 19세기 요크셔 페니 은행 건물.
1페니 정도의 적은 금액도 예치할 수 있다는 개념에서 착안한 이름이다.
규모가 큰 은행에서는 허용하지 않던 관행이었다.

bun(페니 번)[30], penny bank(페니 은행), penny arcade(오락장)[31], penny whistle(장난감 피리), penny novelette(싸구려 중편 소설) 같은 표현을 찾을 수 있는데, 일부는 아직 살아있다. 여전히 저렴한 물건은 ten a penny, 비싼 물건은 pretty penny라고 하며, 무슨 생각을 하는지 궁금할 땐 a penny for your thoughts라고 묻는다. 신기술의 시대임에도 슬롯머신에 1페니를 집어넣던 1930년대에 생긴 the penny dropped(이제 알아들었다)라는 관용구를 쓴다. 1페니를 넣고 공중화장실을 사용하던 시절이 사라진 지 한참인데 나이 든 사람들은 여전히 spend a penny(화장실에 간다)라고 완곡하게 말한다. 요즘엔 최소한 20페니, 때로는 그보다 훨씬 많은 돈을 지불하는데도 말이다. 언젠간 영국 영어에 이런 관용구가 생길지도 모르겠다.

I have to spend a pound.

32 Music

철자 혁명 📜 14세기   음악

음악(music)의 철자는 몇 가지나 될까? 오늘날에는 딱 하나다. 하지만 영어사 전반에 걸쳐 40가지가 넘는 철자가 발견된다. 이 단

---

[30] 1페니에 팔던 작은 빵을 말한다.
[31] 1페니면 사용할 수 있는 오락 시설이 즐비한 곳이다.

어는 14세기에 프랑스어에서 유래했다. 초기 철자에는 그 기원이 반영돼 있다. musiqe, musyque, musique에 쓰인 프랑스어 q를 보라. musyk, musik, musike에는 영어식 k가 등장한다. 일부에서는 c를 택해 musice, music이라고 썼다.

불확실성은 이상한 조합으로 이어져 15세기에는 musycque, mewsycke, musick, musicke 등의 철자가 등장했다. 16세기 일부 작가들은 어찌할 바를 몰라 하다가 비난을 피하기 위해 musickque처럼 자음 세 개를 모두 사용하기도 했다. 또한 사람들이 저마다 다른 식으로 발음한 탓에 moosick, mwsick, maisick, masic, meesic, misic처럼 모음까지 다양하게 쓰였다.

존슨 박사가 1755년 사전을 출간했을 때는 이런 변형이 거의 사라졌지만 현대식 철자는 아직 등장하지 않았다. 존슨은 철자에 대해 확고한 견해를 가지고 있었으니, '영어 단어는 절대 c로 끝나지 않는다'는 것이었다. 그래서 그의 사전에는 musick를 비롯해 comick, critick, physick, publickly가 등장한다. 하지만 존슨 박사의 권위만으로 철자를 정할 수는 없는 노릇. 결국 미국에서 노아 웹스터를 비롯한 사전 집필자들이 미국 영어를 변화시키던 움직임의 일부로 어미의 k를 탈락시키기 시작했다. 채 수십 년도 안 되어 영국 영어에서도 어미의 k가 탈락한 걸 보면 이런 변화가 보편적으로 받아들여진 게 분명하다.

여전히 영어에는 철자가 다른 단어가 많다. 일부는 영국식 영어와 미국식 영어의 차이에 기인하며(colour/color, litre/liter), 일부는 인쇄 전통의 차이에서 비롯했다(judgment/judgement, organise/

organize). 하이픈 사용도 아직 통일되지 않았다(washing machine, flower pot). 게다가 미국식 철자가 영국식 철자에 갈수록 큰 영향을 미치는 탓에 상황이 끊임없이 변한다. encyclopaedia, paediatrics, archaeology 같은 단어는 종종 대서양 양쪽과 태평양에서 encyclopedia, pediatrics, archeology로 표기한다. 이건 시작에 불과하다. 인터넷 때문에 수 세기에 걸쳐 영어에 스며든 일부 불규칙한 철자들이 사라지고 있다.

14세기 영어에서 rhubarb(대황, 담황색)란 단어가 생겨났을 때에는 h가 없었다. rubarb와 rewbarb 같은 철자만 존재했다. h는 이 단어의 고대 기원을 보여주려는 작가들이 한참 후에 추가했다. 오늘날 사람들은 키보드를 통해 투표권을 행사한다. 구글에서 rubarb를 쳐보면 조회수가 30만에 그친다[32]. 50년 후에는 어떨까? 어쩌면 그때는 rhubarb가 지금의 Ye Olde Tea Shoppe(The Old Tea Shop의 고어)만큼이나 구식으로 보일지 모른다.

33 Taffeta

초기 무역 용어 ▨ 14세기   호박단

1724년 7월 14일 동인도회사의 물품을 실은 화물선단이 긴 항해

---

[32] 2024년 기준, 반면 rhubarb는 6천만이 넘는다.

끝에 영국에 도착했다. 화물선에 실린 화물 목록에는 addaties 1,846개, alliballies 1,279개, baftaes 1,997개를 비롯해 다양한 수의 carridarries, chillaes, cushtaes, doofooties, emerties, ginghams, lacowries, nillaes, romals, taffeties 등이 있었다.

아는 단어가 몇 개나 있는가? 대개 ginghams(깅엄)는 알아볼 것이다. 직물의 역사에 훤하다면 몇몇 단어를 더 알지 모른다. 하지만 대부분의 사람들에게 이런 용어는 픽셔너리(Fictionary)나 콜마이블러프(Call My Bluff) 같은 단어 맞추기 게임에서 승리를 위한 무기로 쓰일 때 말고는 현실감이 없다. 사실 이것들은 인도 현지에서 불리던 용어 또는 원산지의 지명(cushtaes의 원산지는 방글라데시의 쿠시티아다)이 반영된 면, 린넨, 실크들이다. 일부 이름은 비단이나 면으로 된 보자기나 수건을 가리키는 로말(romals)처럼 제품 유형을 일컫기도 한다.

우리는 영어 어휘의 역사에서 너무 전문적이라는 이유로 이런 단어들의 중요성을 과소평가한다. 일반 사전에서 볼 수 있는 단어는 몇 되지 않는다. 하지만 영국 같은 나라에서 쓰는 영어는 수많은 단어가 해외 무역의 결과로 유입되었다. 그리고 calico(옥양목), chintz(친츠), khaki(카키) 등 이국적 기원을 드러내는 독특한 철자를 유지하는 단어도 부지기수다.

taffeta가 처음 기록된 건 1373년이다. 앞서 말한 화물 목록에는 taffetie라고 적혀 있는데 현대적 형태로 정착하기 전에 많이 사용한 철자법 중 하나다. 이 단어는 수 세기 동안 다양한 종류의 직물을 지칭하며 계속 의미가 변했는데, 주로 호화롭고 광택이 흐르

33 Taffeta

는 비단에 쓰였다. 이후 taffeta는 꼭 직물이 아니라도 장식이 많고 화려한 물건을 가리키는 단어로 의미가 확장되었다. 셰익스피어의 《사랑의 헛수고(Love's Labour's Lost)》에 등장하는 배론은 숙녀에게 마음에도 없는 '번드르르한 말'로 구애하지 않으리라 말한다. 그때 쓴 표현이 taffeta phrases다.

본래 taffeta는 페르시아에서 건너온 말이다. 보통 영어 어휘의 출처로 생각하지 않는 지역이다. 하지만 오랜 세월 페르시아어는 직간접적으로 영어에 놀랄 만치 많은 단어를 제공했다(48장 참고). 한 번이라도 scarlet(진홍색)이나 lilac(연보라색) shawl(숄)을 두르거나, caravan(이동식 주택)의 divan(긴 의자)에 앉거나, couscous(쿠스쿠스)를 먹거나, chess(체스)를 두다가 rook(루크)에 checkmate(체크메이트)를 당하거나, 〈자칼의 날(The Day of the Jackal)〉을 본 적이 있다면 이미 페르시아어의 세계에 발 들인 것이다. 당연히 숄은 taffeta(호박단)로 짠 것이라야겠지.

34 Information(s)
(불)가산 명사 📜 14세기   정보

외국어로 영어를 배울 때 가장 흔히 저지르는 실수 중 하나가 불가산 명사를 가산 명사로 쓰는 것이다. 주로 이런 식이다. 'I want to buy some furnitures(가구를 사고 싶습니다)', 'I'd like some advices(조

언 좀 해주세요)', 'Do you have any informations about that?(정보 좀 있어요?)' 또는 a furniture, an advice, an information처럼 단수 형태로 만든다.

교사들은 왜 이런 실수를 하는지 안다. 학생의 모국어가 간섭하기 때문이다. 이를테면 프랑스어에서 '소식'을 뜻할 때는 information을 복수로 쓰기 때문에 프랑스 학생들은 영어에서도 똑같이 복수일 거라 짐작한다. 교사들은 이 문제를 해결하기 위해 a piece of information 등의 표현을 쓰게 한다. 그리고 영어에서 '가산' 명사(eggs, chairs, elephants 등)와 '불가산' 명사(information 등)의 차이에 관심을 유도한다.

하지만 이것이 불변의 법칙이라고 생각해서는 안 된다. 사실 information은 14세기에 프랑스어에서 유입된 단어로, '고소'나 '고발'이라는 의미일 때는 가산 명사로도 사용되었다. make informations(고소하다)라고 쓸 수 있었다는 말이다. 이런 가산 명사적 용법은 오늘날 법률 분야에 다양한 기술적 의미로 남아있다.

이 단어는 일상 영어에서 '조언'이나 '소식'을 의미할 때도 가산 명사로 사용되었다. 초서는 wise informations and teachings(현명한 조언과 가르침)라는 표현을 썼고, 커버데일의 성경에는 informations and documents of wisdom(지혜로운 조언과 글)이라는 구절이 등장한다. 현재까지도 원어민들이 작성한 인쇄물에서 reliable informations(믿을 만한 정보)와 latest informations(최신 정보) 같은 용법을 찾을 수 있다. 물론 information은 이렇게 가산 명사로 쓰이는 동시에 불가산 용법으로도 발전했는데, 이것이 오늘

34 Information(s)

날 정보화 시대(information age)에 가장 일반적으로 사용되는 용법이다.

메시지는 분명하다. 어떤 의미로 쓰느냐에 따라 단어는 가산이 될 수도, 불가산이 될 수도 있다. 20세기 이전에 tea와 coffee는 어떤 종류인지를 확인하는 특수한 상황을 제외하고는 불가산 명사였다. 하지만 최근에는 'Would you like tea/coffee?'에서 'Would you like a cup of tea/coffee?'로, 다시 'Would you like a tea/coffee?'와 'Two teas/coffees, please'와 같은 용법으로 발전했다. 또한 'I like tea/coffee'와 'Would you like some tea/coffee'라고도 말한다. 오늘날에는 이 단어들을 두 가지 용법으로 쓰는 것이다.

수많은 단어가 이런 식으로 전환한다. 우리는 cake와 a cake를 먹고, piano와 a piano를 치고, noise와 a noise를 듣고, a light를 켜거나 light가 들어오게 한다. 그 반대도 가능하다. 가산 명사는 불가산 명사가 될 수 있다. 나방 가족이 오늘 점심 식사로 무얼 먹을지 상의하는 동화를 한번 상상해보자. '난 코트를 먹을 거야(I'm eating coat)'라고 한 녀석이 말한다. 그러자 다른 녀석이 말한다. '어제 좀 먹어봤는데 맛이 별로더라고. 난 개인적으로 모자가 더 좋아.(I tried some coat yesterday, and it wasn't very nice. I prefer hat, personally.)'

뭐, 이런 대화가 오가지 말란 법이 있겠는가?

35 Gaggle

집합 명사 📜 15세기   시끌벅적한 무리

일은 이렇게 진행되지 않았을까 싶다. 15세기의 어느 춥고 어두운 겨울 저녁, 한 무리의 승려가 시간을 보낼 방법을 궁리하다 단어 놀이를 발명한다. '사물의 집합을 가리키는 단어를 생각해보는 겁니다.' 누군가 말한다. '소떼는 뭐라고 부를까요?' 'A herd.' '벌떼는요?' 'A swarm.' '거위떼는요?' 'A flock.'

   herd와 swarm 같은 집합 명사는 앵글로색슨 시대부터 존재했다. 그렇지만 수가 많지 않아서 모든 종류의 사물에 몇 안 되는 단어를 적용시켰다. cranes(학), wrens(굴뚝새), deer(사슴), swans(백조), gnats(각다귀)에 전부 herd를 붙였다. 놀이가 얼마 안 돼 시시해졌을 건 안 봐도 뻔하다. 그때 누군가 번뜩이는 아이디어를 제시했다. '좀 더 나은 단어를 생각해봅시다. 거위에 붙일 만한 기막힌 단어가 없을까요?' '꼬꼬댁거리는 거위들(A cackle of geese?), 어떤가요?' '나쁘지 않지만 암탉에 더 어울리는군요. 꽥꽥(gaggle)은 어때요? G가 있으니 거위의 g와도 잘 어울리잖아요? 다들 어떻게 생각하세요?' '동의합니다! 존 형제님, 그렇게 적으세요.'

   존 형제는 받아 적었다. 어쩌면 줄리아나 수녀였을지도 모르겠다. 그녀는 하트퍼드셔의 세인트 알반스 근처에 있는 솝웰 수녀원의 원장 수녀로 1486년에 인쇄된 사냥, 문장학, 민속학에 대한 자료

집 《세인트 알반스의 서(The Book of St Albans)》에 이름이 올라 있다. 영어로 인쇄된 최초의 책 중 하나인 이 책에는 200개의 집합 명사가 수록돼 있다. 일부는 herd처럼 전통적인 표현이지만 대부분 새로 만들어진 것으로 보인다. a muster of peacocks(한 떼의 공작), an unkindness of ravens(한 떼의 까마귀), a watch of nightingales(한 떼의 나이팅게일), a charm of goldfinches(한 떼의 오색방울새)를 비롯해 수십 가지의 표현이 등장한다. 동물만 있는 것도 아니다. a diligence of messengers(한 무리의 배달원), a superfluity of nuns(수많은 수녀), a doctrine of doctors(한 무리의 의사들), a sentence of judges(한 무리의 판사들), a prudence of vicars(한 무리의 목사들), a non-patience of wives(한 무리의 아낙들)도 존재한다. 그리고 더 나아가 새로운 조합을 시도했다. '꽥꽥거리는 한 무리의 거위들이요(A gaggle of geese)?' '꽥꽥거리는 한 무리의 여자들(a gaggle of women)은 어떻습니까?' '그렇게 적으세요, 존 형제님.' 존 형제는 적었다. 'A gaggle of women(한 무리의 시끄러운 여자들)'은 1470년경 집필된 책에 기록으로 남아있으니 아주 오래된 성차별적 농담이다.

 내가 이런 일이 일어났을 거라고 상상하는 이유가 뭐냐고? 오늘날에도 사람들은 여전히 이런 놀이를 즐기며, 인간의 본성은 500년 사이에 크게 변하지 않았기 때문이다. 어떤 무리를 어떻게 하면 재미있게 설명할 수 있을까 생각하는 것은 굉장히 즐거운 일이다. 개 조련사부터 치과의사까지 무엇이든 그렇다. 정치인, 장의사, 언어학자를 지칭하는 최고의 집합 명사는 무엇일까? 경연 대회를 통해 몇 가지 훌륭한 제안이 나온 바 있다. 나도 몇 년 전 나만의 표현을 모아봤는데 수상감이 많았다. 여기 상위 10가지를 소개한다.

An absence of waiters (한 무리의 웨이터들)[33]

A rash of dermatologists(한 무리의 피부과 전문의들)[34]

A shoulder of agony aunts(한 무리의 고민 상담가)[35]

A clutch of car mechanics(한 무리의 자동차 정비사들)[36]

A vat of chancellors(한 무리의 장관들)

A bout of estimates(수북한 견적서들)

A lot of auctioneers(수많은 경매사들)[37]

A mass of priests(한 무리의 사제들)[38]

A whored of prostitutes(한 무리의 매춘부들)

A depression of weather forecasters(한 무리의 기상 캐스터들)

An exces's of apostrophes(지나치게 많은 아포스트로피)

이 밖에도 많다. 최근에는 a crash of software[39], an annoyance of mobile phones[40], a bond of British secret agents[41]도 보았다.

---

[33] 웨이터들이 어디 갔는지 보이지 않는 경우(absence)를 빗댄 것.
[34] rash는 '뾰루지'라는 뜻과 '많음'이라는 뜻이 있다.
[35] 영국에서 agony aunt는 신문 지면을 통해 독자의 인생 고민을 해결해주는 상담가를 의미한다. shoulder는 상담가의 어깨에 기대 위로를 받는다는 의미.
[36] clutch는 '자동차 클러치'와 '무리, 집단'이라는 뜻을 가지고 있다.
[37] lot은 '많음'과 '경매용 품목'이라는 뜻을 가지고 있다.
[38] mass는 '덩어리'와 '미사'라는 뜻을 가지고 있다.
[39] crash에는 '컴퓨터 시스템의 갑작스러운 고장'이란 뜻이 있다.
[40] 휴대폰이 성가시게 한다는 의미를 담고 있다.
[41] bond는 '유대'를 뜻하지만 대문자 B로 쓰면 영국 정보요원 '제임스 본드'를 의미한다.

35 Gaggle

36 Doable

언어들의 혼합 📃 15세기   할 수 있는

얼마나 많은 영어 단어를 아는가? 사람들은 자신의 어휘력을 무척 과소평가하는 경향이 있다. 보통은 고작 몇천 단어라고 생각한다. 하지만 사전을 집어 들고 죽 훑으며 아는 단어를 표시해보면 깜짝 놀랄 것이다. 모두 합쳐 최소 5만 개는 될 테니까.

새 단어를 만들기가 얼마나 쉬운지 곰곰이 생각해 보면 이 수치는 생각만큼 놀랍지 않다. 한 단어만 갖고도 하나의 어족을 만들 수 있다. happy, happily, happiness, unhappy, unhappily, unhappiness, happy-go-lucky, happy-hour, happy-dust, happy-hearted, happy-clappy, trigger-happy, slap-happy … 접두사(un-과 같은)와 접미사(-ly와 -ness와 같은)는 영어 어휘를 구성할 때 특히 중요하다. 접두사와 접미사는 고작 100개 남짓이지만 영어 단어의 거의 절반이 최소한 둘 중 하나와 결합돼 있다. 대부분 중세 시대에 라틴어와 프랑스어에서 유입된 것들로, 이 시기에 con-, de-, dis-, ex-와 같은 형태로 시작하거나 -ment, -tion, -ity, -able과 같은 형태로 끝나는 새로운 단어들이 물밀듯이 쏟아져 들어왔다.

프랑스어 접미사인 -able만 해도 수백 개의 단어를 파생시켰는데, agreeable, changeable처럼 프랑스어 외래어뿐 아니라 고대 영어 단어에도 사용되어 knowable, doable 같은 형태를 만들었다. 1400년대 중반 처음 기록된 doable은 이런 단어군을 대표하는 사례다. do는 최초의 앵글로색슨 텍스트에 등장하는 가장 오래된 영어 동사 중 하나로 프랑스어 접미사와 무리 없이 어울린다. 단어를 만드는 사람들이 기원을 가리지 않았음을 보여준다.

　14세기에 -able로 끝나는 단어들과 함께 un-으로 시작하는 단어들이 사용되면서 unknowable, unthinkable 등의 신조어가 쏟아졌다. 그러다 놀라운 일이 벌어졌다. 두 개의 요소로 이루어진 동사에 -able이 더해진 것이다. 이리하여 get-at-able, come-atable이, 이어서 unget-at-able, uncome-at-able이 생겨났다. 일부 작가는 도를 넘기도 했다. 예컨대 벤 존슨은 un-inone-breath-utterable이라는 단어를 만들었다. 하지만 기본 패턴은 큰 인기를 끌었다. 12세기부터 undryupable, unkeepoffable 등 수백 개의 신조어가 만들어졌다. 모든 신조어가 뿌리를 내린 것은 아니지만 unputdownable(내려놓을 수 없는), unswitchoffable(신경 끌 수 없는), unwearoutable(닳아서 해지지 않는)과 같은 단어는 자주 사용된다. 그중 몇몇 단어는 독자적인 언어군을 발전시켰다. 'being get-at-able'은 어떤 상태나 특징을 말할까? 19세기에 그 답이 등장했다. 바로 get-at-ability(손에 넣기 쉬움), get-at-ableness(접근이 용이함)다.

37 Matrix

틴데일이 만든 단어 📖 16세기   매트릭스

젊은이들에게 matrix(매트릭스)가 뭔지 물어보면 이렇게 답할 것이다. 근미래에 인간의 정신을 가두는 컴퓨터 시뮬레이션 현실의 이름이라고. 대문자 M으로 시작한다고 친절하게 덧붙이는 친구도 있을지 모른다. 1999년에 개봉한 키아누 리브스 주연의 SF 액션 영화를 떠올리는 것이다. 성경에 등장하는 설명과는 멀지만 언어적으로는 연결되는 부분이 있다. matrix라는 단어가 처음 분명하게 사용된 것이 1525년 윌리엄 틴데일이 영어로 번역한 누가복음(2장 23절)이기 때문이다.

  흔히 성경보다 영어 어휘에 큰 영향을 미친 책은 없다고들 한다. 동의한다. 여기서 '성경'이 1382년경 쓰인 존 위클리프 필사본부터 1611년 탄생한 킹 제임스 버전까지 모든 영어 번역본을 의미한다면 말이다. 일반적으로 킹 제임스 성경이 가장 큰 영향력을 미쳤다고 인용하는데, 어떤 면에서는 사실이다. 공식적인 지위 덕에 어떤 번역본보다 많은 영국인의 선택을 받았기 때문이다. 하지만 이 버전의 주된 역할은 성경을 대중화시킨 것이다. 일상 영어에 편입된 대부분의 단어와 구문은 기존 번역본, 특히 틴데일 버전에 이미 소개된 뒤였다. 'let there be light(빛이 있으라), am I my brother's keeper?(내가 내 아우를 지키는 사람입니까?), let my people go(내 백성을 보내라), the powers that be(권력을 가진 자), the signs of the times(시대의 징후), eat, drink and be merry(먹고 마시고 즐겨라)' 등의 구절을 떠올려 보라. 전부 틴데일 성경에 실린 표현이다.

그는 다른 성경 번역자들과 마찬가지로 어휘에 굉장히 보수적이었다. 신학자보다 민중이 자신의 번역을 이해하기를 바랐기에 일상 어휘를 사용했고 신조어도 거의 만들지 않았다. 《옥스퍼드 영어사전》을 보면 그가 처음 사용한 것으로 기록된 항목은 겨우 120개뿐이다. 그중에는 busybody(참견하기 좋아하는 사람), castaway(조난자), broken-hearted(상심한), long-suffering(참을성 있는), stumbling-block(장애물)뿐 아니라 childishness(철없음), excommunicate(파문하다), ungodliness(신앙이 없음), 그리고 matrix(행렬, 모체, 망) 같은 합성어도 포함된다.

matrix의 역사는 흥미롭다. 이 단어는 '어머니'를 의미하는 라틴어 mater에서 유래했다. 틴데일은 '자궁'이라는 의미로 사용하는데, 이는 라틴어 mater의 의미 중 하나다. 16세기에는 뭔가가 시작되는 장소, 18세기에는 뭔가가 깊숙이 박혀 있는 구조나 물질, 19세기에는 네트워크로 보이는 뭔가를 구성하는 요소로 의미가 확장되었다. 그러다 사회적 네트워크에 이 용어를 쓰기 시작했는데, 그 예가 '정치적 매트릭스(political matrix)'다. 20세기 중반에는 비즈니스 세계에서 사용되기 시작했다. 일례로 관계의 그물망을 통해 소통이 이루어지는 조직을 '매트릭스 매니지먼트(matrix management)'라고 불렀다.

그 사이에 다양한 기술 분야에서 이 용어를 차용했다. 치과의

37 Matrix

사들은 충치로 생긴 틈을 메워 임시 벽과 같은 역할을 하는 물질을 '매트릭스'라고 부른다. 사진사들은 인화 과정에, 인쇄업자들은 금속 활자를 주조하는 주형에, 전기 엔지니어들은 회로에 이 용어를 사용했다. 그리고 1990년대 들어 컴퓨팅에서 글로벌 전자 통신 네트워크를 가리키는 대중적 용어가 되었다.

키아누 리브스를 위한 무대는 이렇게 마련되었다. 이제 matrix는 한편으로 조직 네트워크를, 다른 편에선 사이버 공간을 구성하는 전자 네트워크를 의미하게 되었다. 이 단어가 공상과학계에서 사용되는 것은 시간문제였다. 그러고 보니 '시간'이라는 단어가 참으로 적절하다. 이런 장르에서 '매트릭스'를 처음 사용한 작품은 1976년에 방영한 〈닥터 후〉 시리즈[42]이니까.

38 Alphabet

쓰기에 대한 말 📜 16세기   알파벳

영어에 대해 이야기할 때 알파벳보다 대중의 머릿속에서 더 중요한 위치를 점하는 단어는 없다. 언어의 역사에서 말하기는 글쓰기보다 훨씬 앞서 일어난 일이고, 아이들은 쓰기보다 말하기를 몇 년 일찍 배운다. 하지만 소리보다 문자에 대해 이야기하는 것이 훨씬

---

[42] 외계로부터 지구를 지키기 위해 닥터가 미래와 과거를 넘나들며 싸우는 시간 여행 이야기다.

쉽다. 문자는 또렷하고 보기 좋은 모양을 갖추고 있으며 각각의 모양에 A, B, C…처럼 간단한 이름까지 붙어있어서 어릴 적 어머니의 무릎 위에서 배우기도 한다. 그렇지만 소리는 음표 문자를 이용해 음성기호로 표기하는 법을 배우지 않는 한 식별하기도, 이름을 붙이기도 쉽지 않다.

따라서 alphabet이라는 단어가 영어에 꽤 늦게, 정확히는 영어가 처음 글로 기록되고 거의 천 년이 지난 후에 등장했다는 사실을 알면 다소 놀라울지 모르겠다. 이 단어가 처음 사용된 것은 16세기로, 역사학자 윌리엄 캠든의 표현을 빌리자면 언어를 '아름답고 풍요롭게' 만들기 위해 라틴어와 그리스어에서 수천 개의 새로운 단어를 차용하던 시절이었다. 수많은 신조어 덕에 사람들은 말하고 글을 쓸 때 더욱 풍부하고 효율적으로 표현할 수 있었다. 이를테면 쉼표(comma)와 마침표(full stop)처럼 구두점을 설명하는 단어는 대개 1500년대에 처음 사용되었다. alphabet도 그중 하나다. 이 단어는 1580년도 사전에 처음 기록되었다.

지금은 알파벳이란 개념에 너무 익숙해서 그것이 없던 시절을 상상하기 어렵다. 우리는 읽는 법을 배우고 나면 지체 없이 사물을 알파벳 순서로 나열한다. 전화번호부나 색인을 뒤질 때는 알파벳 순서로 배열되어 있으리라 기대한다. 하지만 1604년 로버트 코드리가 최초의 영어사전을 출간했을 때는 서문에 '알파벳 목록'의 사용법을 설명했을 정도로 새로운 아이디어였다.

16세기의 전형적인 어린이용 글씨판이다.

(너그러우신 독자) 여러분께서 이 목록을 올바르고도 쉽게 이해하고 또 이를 통해 이익을 얻고자 한다면 알파벳, 정확히 말해 문자의 순서를 완벽히 암기해야 합니다. b는 초반에, n은 중반에, t는 후반에 있다는 식으로 문자가 어디에 있는지 알아야 합니다.

셰익스피어 시대 아이들은 문자를 쉽게 암기하기 위한 글씨판(hornbook)을 갖고 있었다. 손잡이가 길쭉한 거울처럼 생긴 글씨판은 손바닥만 한 얇은 판에 대문자와 소문자 알파벳 및 기타 읽을거리들이 적혀 있었다. 앞면이 보통 반투명한 얇은 뿔(horn)로 덮여 있어서 hornbook이라 불렸다.

18세기에 알파벳 책이 학교에 보급되자 곧 큰 인기를 누렸다. 작가들은 어린 독자들이 문자 학습에 호감을 느낄 만한 새로운 방법을 모색했다. 삽화가들과 함께 두운법과 운율을 이용해 말장난을 친 것이다. Angry Alice(성난 앨리스), Timid Tabitha(소심한 타비사)[43] 등 수많은 캐릭터가 등장하는 이야기들이 그렇게 생겨났다.

알파벳 놀이는 성인들의 관심도 끌었다. 가장 유명한 놀이는 1817년 저널리스트 알라리크 와츠가 잡지 《트라이플러(Trifler)》에 처음 실은 것이다. 이 놀이는 조금씩 변형을 거치며 수없이 재인쇄되었다.

---

[43] Angry Alice는 a로, Timid Tabitha는 t로 시작하며 두운을 맞추고 있다. 이야기를 통해 알파벳을 익힐 수 있도록 만든 것이다.

An Austrian army, awfully arrayed,

(엄청나게 많은 오스트리아 군대가)

Boldly by battery besieged Belgrade.

(포대를 이용해 베오그라드를 거세게 포위하자)

Cossack commanders cannonading come,

(코사크 사령관들이 포격을 퍼부으며)

Dealing destruction's devastating doom.

(참혹한 파멸을 초래했도다)

Every endeavour engineers essay,

(모든 분투는 글로 기록되니)

For fame, for fortune fighting – furious fray!

(명성을 위해, 무운을 위해 – 격렬한 싸움이여!)

Generals 'gainst generals grapple – gracious God!

(장군들이 장군들과 맞서 싸우도다 – 자비로운 신이여!)

How honours Heaven heroic hardihood!

(투지 넘치는 불굴의 정신 얼마나 영광스러운가!)

Infuriate, indiscriminate in ill,

(분노에 휩싸여 무차별 악행을 저지르고)

Kindred kill kinsmen, kinsmen kindred kill.

(친족이 동족을 죽이고, 동족이 친족을 죽였도다.)

Labour low levels longest, loftiest lines;

(고되고도 고결한 노동이 쉼 없이 이어지고)

Men march 'mid mounds, 'mid moles, 'mid

murderous mines;

(군사들은 둔덕을, 터널을, 무시무시한 지뢰를 지나 행군한다)

Now noxious, noisy numbers nothing, naught

(이제 잔악한 그 거대한 무리를 막을)

Of outward obstacles, opposing ought;

(외부의 장애물은 없으나)

Poor patriots, partly purchased, partly pressed,

(돈과 압력에 떠밀려온 가여운 애국자들.)

Quite quaking, quickly 'Quarter! Quarter!' quest.

(바들바들 떨면서 다급히 자비를 구한다.)

Reason returns, religious right redounds,

(이성이 돌아오고 종교적 각성이 일어)

Suwarrow stops such sanguinary sounds

(수바로프가 살육의 소리를 멈춘다)

Truce to thee, Turkey! Triumph to thy train,

(전쟁이 그쳤구나, 터키여! 그대의 군대가 승리했도다.)

Unwise, unjust, unmerciful Ukraine!

(어리석고 부당하고 무정한 우크라이나!)

Vanish vain victory! vanish, victory vain!

(헛된 승리여 사라져라! 사라져라, 헛된 승리여!)

Why wish we warfare? Wherefore welcome were

(왜 우리는 전쟁을 미화하는가?)

Xerxes, Ximenes, Xanthus, Xavier?

38 Alphabet

(왜 크세르크세스 1세, 시메네스, 크산토스, 하비에르를 환대하는가?)

Yield, yield, ye youths! ye yeomen, yield your yell!

(항복하라, 항복하라, 너희 젊은이들이여! 너희 농민들이여, 항복하라!)

Zeus', Zarpater's, Zoroaster's zeal,

(제우스, 자르파테르, 조로아스터의 열정이,)

Attracting all, arms against acts appeal!

(모든 이들을 전쟁의 반대편으로 향하게 하노니!)

여담이지만 수바로프는 러시아의 장군이다. 그리고 J행이 없다는 걸 눈치챘는가? 당시에는 J를 I의 변형이라 여겼기 때문이다.

Alphabet은 20세기 들어 컴퓨터 과학자들이 사용 범위를 확장해 숫자와 다양한 부호를 포함시키면서 새로운 경지에 도달했다. 또한 Alphabet은 말 그대로 먹을 수 있는 몇 안 되는 글자 중 하나가 되었다. 1900년경 식품업자들이 개별 알파벳 모양의 작은 파스타와 비스킷 조각이 들어있는 맑은 수프를 출시했다. 이름하여 '알파벳 수프'다. 얼마 지나지 않아 알파베티 스파게티(alphabetti spaghetti)[44]까지 등장했다.

---

[44] 알파벳 모양의 파스타면이 들어가는 스파게티를 뜻한다.

39 Potato

유럽에 들어온 수입품 📜 16세기   감자

16세기와 17세기에는 영어 어휘에 매우 눈에 띄는 변화가 일어나 영어의 모양새가 달라지기 시작했다. 프랑스에서 들어온 차용어들은 중세 초기부터 이미 자리를 잡기 시작한 터였다. 새로운 프랑스어는 새로운 프랑스식 철자를 의미했다. 하지만 르네상스라는 학문적 부흥이 일어나면서 유럽의 여러 나라와 새로 조우하게 된 영국은 과학, 건축, 요리, 예술 같은 분야의 최신 문물을 접하며 기괴해 보이는 단어와 철자를 다수 접하게 되었다.

프랑스어에서 차용한 bizarre, grotesque도 그런 단어다. moustache, colonel, vogue, naive도 마찬가지다. 그보다 훨씬 어색한 것은 어미의 발음이었다. 영어는 오랫동안 어미의 'e'를 무성 처리하고 앞부분의 모음을 장모음으로 발음하는 특성이 있었다(house, time, sore 등). 하지만 devotee, referee, repartee처럼 여러 음절로 된 단어의 어미에 -ee가 붙고 소리가 나는 건 전에 없던 특징이었다.

몇몇 새로운 차용어의 어미가 '-o'로 끝나는 것도 참으로 이상해 보였을 것이다. 이탈리아어에서는 cameo, concerto, portico, soprano, volcano 등이, 스페인어와 포르투갈어에서는 bravado, desperado, mosquito, tobacco, potato 등이 유입되었다. 일부는 남아메리카나 중앙아메리카의 인디언 언어에서 유래한 단어였다. potato는 아이티어에서 왔다고 추정하는데, 크리스토퍼 콜럼버스가 스페인에 소개했다.

potato 같은 단어들은 수많은 언어적 문제를 야기했다. 사람들은 어미가 -o로 끝나는 데 불편함을 느꼈다. 초기에 즐겨 쓰던 철자가 potatoe인 것만 봐도 알 수 있다. 이런 단어를 복수형으로 바꾸려면 어떻게 해야 할까? 흔히 영어에서 하는 방식대로 그냥 's를 붙이면' potatos가 되는데, -os로 끝나면 장모음을 잘 반영하지 못한다. 그래서 현재처럼 potatoes가 표준 철자가 되었다. 하지만 16세기에는 이 문제를 해결할 대안이 있었다. 바로 아포스트로피를 쓰는 것이었다. potato's는 오늘날 일각에서 '아포스트로피의 잘못된 사용(greengrocer's apostrophe)'이라 부르는 초기 사례에 해당한다. 그리고 지금까지 사라지지 않았다. 예나 지금이나 영어 사용자들은 어미가 유성 모음인 철자에 익숙하지 않다. potato's와 tomato's와 같은 형태가 여전히 널리 사용되는 이유다.

철자법은 그렇다 치고 potato는 언어적으로 매우 성공한 사례에 속한다. 이만큼 다양한 의미를 가진 채소는 보기 힘들다. 18세기부터 하찮거나 쓸모없는 물건 또는 사람을 potatoes라고 불렀다. 시인 사무엘 테일러 콜리지가 런던 지식인들을 little potatoes라고 부른 것은 유명하다. 미국 영어에서는 시시한 뭔가에 small potatoes라는 표현을 쓰기 시작했다. 그러다 흥미로운 변화가 일어났다. 의미가 정반대로 발전한 것이다. 이제 potato는 옳고 정확하고 훌륭한 사람이나 사물을 지칭하게 되었다. 'That's the potato!(안성맞춤이다!)'처럼 말이다. 호주 영어에서는 최고이거나 믿음직한 사람을 두고 clean potato(나무랄 데 없는 사람)라고 부른다. 미국 속어에서는 'Got the potatoes to buy it?(그거 살 돈 있어?)' 처럼 돈을 의미하기도 한다.

정말 특이한 변화는 아이들의 숫자 세기 놀이에서 발견된다. One potato, two potato, three potato, four… 어미가 복수형이 아니라는 점이 언어학적으로 매우 이례적이다. 그리고 20세기 중반 호주 영어에는 훨씬 이상한 변화가 일어났다. potato가 여자를 지칭하는 속어로 쓰인 것이다. 왜일까? 바로 압운 속어 때문이다. 압운 속어로 Potato Peeler는 Sheila를 의미한다.[45]

40 debt

철자 개혁 🗒 16세기   빚

도대체 왜 b가 있는 걸까? 원어민이든 외국인이든 불규칙 철자를 외워야 하는 영어 학습자들이 좌절과 체념 섞인 목소리로 묻는 질문이다. 한 학생은 내게 이렇게 말하기도 했다. '일부러 어렵게 만들려고 그런 것 같아요.' 음, 그렇게 보이긴 한다. 하지만 언어는 사

---

[45] potato peeler는 원래 '감자 껍질을 벗기는 도구'지만 호주의 압운 속어에서는 '여자, 아가씨'를 의미한다. Sheila는 호주 영어로 '소녀, 아가씨'라는 뜻인데 sheila와 peeler의 운율이 일치하여 이런 압운 속어가 만들어졌다.

용자가 없으면 존재하지 않는다는 점을 기억하라. debt에 b를 집어넣은 게 그 사용자들이다.

정확히는 16세기 사용자들이다. 이때는 potato에서도 본 것처럼(39장 참고) 차용어를 사용해 영어를 크게 확장하던 시기다. 문학과 교육에서의 높은 명성 때문에 특히 라틴어와 그리스어에 대한 선호도가 높았다. 많은 작가가 라틴어와 그리스 단어를 많이 사용하면 영어가 고전 언어의 수준에 도달해 훨씬 나은 매개체가 되리라 생각했다. 고전 단어처럼 보일수록 좋은 단어였다.

'빚진 것'을 의미하는 debt라는 단어는 1300년 경부터 영어에 존재했다. 프랑스에서 건너온 말로 원래 dete 또는 dette로 표기했다. 영어에서도 이 철자와 더불어 det와 dett를 사용했다. 덕분에 이 단어는 소리 나는 대로 표기하는 깔끔한 표음 방식을 갖게 되었다. 그런데 누가, 왜 철자를 바꾸고 싶었을까?

좋은 질문이다. 16세기 사람들은 사고방식이 달랐다. 학자들은 이 단어의 궁극적인 어원이 프랑스어가 아닌 라틴어이며, 라틴어로는 debitum이라고 지적했다. 그 말을 받아들인 작가들이 단어에 b를 집어넣어 더 '고전적으로' 보이게 하자, 이런 관행이 널리 퍼졌다. 그리고 debit과 dubious처럼 라틴어 자음을 발음하는 다른 차용어들 덕분에 완전히 자리를 잡았다.

debt만이 아니다. doubt도 동일한 과정을 거쳤다. 즉, 라틴어 dubitare의 영향으로 dute 또는 doute라는 철자의 영단어에 b가 더해졌다. subtle은 라틴어 subtilis에서 b를 가져온 것으로, 초기에는 sotill, suttell로 표기했다. receipt는 원래 recyt, resseit 등으로 표기했지만 라틴어 recepta에서 p를 가져왔다. baptism은 baptem, baptime으로 표기하다가 라틴어 baptismus에서 s를 가져왔다. fault는 faut 또는 faute였으나 라틴어 fallita에서 l을 가져왔다. 이런 예는 얼마든지 들 수 있다.

물론 모든 철자를 발음해야 한다고 생각하는 사람들이 있었다. 셰익스피어의 《사랑의 헛수고(Love's Labour's Lost)》에 등장하는 깐깐한 교사 홀로페르네스는 debt의 b를 발음하지 않는 사람들이 있다는 생각에 경악한다! 사실 이런 라틴어 철자를 발음하는 경우는 농담할 때를 빼고는 거의 없다. 하지만 baptism과 fault는 예외다. 오늘날에는 fault의 l을 발음하지만 18세기만 해도 faut로 발음했다. 존슨 박사는 자신의 사전에서 이렇게 말한다. 'l은 소리를 낼 때도 있지만 묵음 처리할 때도 있다. 보통은 소리 내지 않는다.' 그는 포프와 드라이든[46]의 시구를 인용하면서 fault의 운율을 thought에 맞추었다.

41 Ink-horn

홍수처럼 쏟아진 고전주의 🗒 16세기 뿔로 만든 잉크 그릇

16세기에 영어에 유입된 새로운 단어의 약 3분의 2는 라틴어에서

---

[46] 시인 알렉산더 포프와 존 드라이든을 의미한다.

유래했다. 17세기에도 라틴어는 엄청난 속도로 계속 단어를 공급했다. 이는 영어를 '개선하려는' 분위기의 일환이었다. 많은 작가가 극작가 벤 존슨의 말처럼 '그리스 로마 시대에서 빌려온 단어를 쓰면 문체가 위엄 있어지므로' 라틴어 단어를 많이 써야 한다고 생각했다.

몇몇 작가는 도를 넘었다. 영국 외교관 토머스 윌슨은 1553년 수사학에 대한 책을 쓰면서 당시 유행하던 화려하고 난해한 문체를 예로 들었다. 링컨셔의 한 남자가 구직에 도움을 받고자 쓴 편지 중 몇몇 단어는 철자를 현대화했음에도 여전히 해설이 있어야 이해할 수 있다.

> Pondering, expending ['weighing'], and revoluting ['revolving'] with myself your ingent ['enormous'] affability, and ingenious capacity, for mundane affairs, I cannot but celebrate and extol your magnifical dexterity above all other.
>
> 일상적인 일들을 처리하는 귀하의 붙임성 좋은 태도와 획기적인 능력에 대해 숙고하고 따져보고 생각해보았습니다. 무엇보다도 귀하의 뛰어난 재주를 극찬하지 않을 수 없더군요.

윌슨은 이런 종류의 글쓰기를 '기이한 영어'라고 부르며 강력하게 비난한다. 그의 말에 따르면 이들은 모국어를 잊은 사람들이며 혹여 조상이 아직 살아있더라도 자손들이 하는 말을 한 마디도 알아듣지 못할 것이었다.

비평가들은 이런 문체를 실감나게 설명할 방법으로 ink-horn 또는 ink-pot이라는 표현을 생각해냈다. 원래 ink-horn(뿔로 만든 잉크 그릇)은 이름에서 알 수 있듯이 뿔로 만든 작은 잉크 그릇이다. 라틴어에서 유래한 단어들을 경멸조로 일컫는 '잉크혼 용어(ink-horn terms)'란 말은 단어가 워낙 길어서 종이에 쓰려면 엄청난 양의 잉크를 잡아먹는다는 뜻이다. 이런 단어를 자주 쓰는 사람은 '잉크 그릇 냄새가 난다'고 했다.

논쟁은 16세기 내내 계속되었다. 고전적인 단어들이 매력적이라고 생각한 사람도 있었지만, 고대 앵글로색슨 단어들이 짧고 명료해 더 우월하다는 사람도 있었다. 학자였던 존 치크 경은 확실히 후자였다. 그는 1557년에 이렇게 적었다. '나는 우리가 쓰는 말이 외래어와 섞이지도 탁해지지도 않은 채 깨끗하고 순수해야 한다고 생각한다.'

고전적 어휘 대 앵글로색슨 어휘 논쟁은 수세기를 끌었으며, 오늘날에도 여전히 존재한다(74장 참고). 20세기에 조지 오웰은 '정치와 영어'라는 유명 에세이에서 이른바 '허세 가득한 어휘 선택(pretentious diction)'을 공격했다. 하지만 모든 것은 균형의 문제다. 다른 언어에서 빌려온 단어를 사용하지 않고 영어를 쓴다는 건 불가능하다. 치크 경조차 외래어 사용을 비판한 글에서 opinion, mix, mangle, pure 등 네 개의 외래어를 사용했다. 오웰이 '허세 가득한 어휘 선택'이라고 비판할 때 사용한 pretentious와 diction은 프랑스어를 거쳐 유입된 라틴어다.

영어 어휘에 녹아 있는 라틴어와 그리스어 차용어가 전부 난해

41 Ink-horn

한 것은 아니다. 예컨대 inveterate(고질적인)와 susceptible(민감한)처럼 16세기에 유입된 단어 중 일부는 '어려운 단어'로 남아있다. 하지만 많은 단어가 오늘날 일상적 표현으로 자주 사용되어 기원이 그리스어나 라틴어라는 것을 알아차리지도 못한다. benefit, climax, critic, explain, immediate, official, temperature처럼 말이다. 실은 fact, crisis, chaos 같은 단어를 쓸 때는 잉크도 거의 들지 않는다.

42 Dialect
지역적 변주 16세기   방언

고대 및 중세 영어로 쓰인 수많은 수서본에서 단어의 지역적 변이를 찾을 수 있다. 그런 점에서 dialect(방언)라는 단어가 16세기에야 영어에 등장했다는 건 다소 의외다. 하지만 이 단어가 널리 사용되는 데는 오랜 시간이 걸리지 않았다. 지역 방언에 대한 인식이 높아지면서 사투리 '사전'도 늘어났다.

  사전에 절대 오르지 않는 단어들을 생각해보라. 지역마다 독특한 단어와 표현이 있다는 걸 모르는 사람은 없다. 하지만 그 단어들은 특정 지방에서만 쓰인다는 이유로 대형 사전에는 등재되지 않는다. 사전은 교육 현장에서 사용되는 단어, 즉 표준 언어에 중점을 준다. 아주 드문 경우에만 일부 지역적 표현을 실을 뿐이다.

존슨 박사가 그런 편찬자였다. 그의 사전에는 mow(비뚤어진 입), sponk(불쏘시개) 같은 몇몇 스코틀랜드 방언뿐 아니라 proud taylor(오색방울새), shaw(소경목)처럼 스태퍼드셔 방언도 실려 있다. 왜 지역 방언을 실었을까? 조수 중 다섯 명이 스코틀랜드 출신이고 존슨 자신은 리치필드 출신이었다. 그러니 작은 존중의 표시였을 것이다.

대부분의 방언은 어휘광들이 수집하고 책에 실어 출간하기로 결심하기 전까지는 알려지지 않는다. 하지만 일단 출간되고 나면 얼마나 많은 방언이 존재하는지, 그것들이 언어사에서 얼마나 중요한지 알게 된다. 영국의 방언을 찾기 위한 최초의 진지한 시도로 1674년 존 레이가 출간한 《영단어 모음집(A Collection of English Words)》을 빼놓을 수 없다. 레이는 동식물을 분류하는 선구적인 작업을 통해 '영국 자연사의 아버지'로 알려졌지만, 열혈 아마추어 언어학자이기도 했다. 그는 여행을 다닐 때마다 귀로 들은 단어들을 기록했다. 컴벌랜드[47]에서는 '응접실(boor)'에 앉았고, 랭커셔에서는 '향료를 첨가한 음료(bragget)'를 마셨으며, 스코틀랜드에서는 '농담(bourd)'을 듣고 웃었다. 그의 책에는 수백 개의 방언이 실렸다.

가장 뛰어난 방언 장인은 1855년에 요크셔 노동자의 아들로 태어난 조셉 라이트였다. 그는 정식 교육을 받지 않아 열다섯이 돼서야 읽고 쓰기를 배웠으나, 학업에 정진한 끝에 옥스퍼드 대학 비교

---

[47] 영국 북서부에 위치한, 스코틀랜드에 인접한 옛 주다.

언어학 교수가 되었다. 그는 50만 건에 달하는 관찰 자료를 수집해 1898년부터 1905년까지 《영국 방언 사전(English Dialect Dictionary)》이라는 여섯 권의 방대한 책을 출간했다. 18세기, 19세기에 방언이 어떻게 쓰였는지 알고 싶다면 반드시 이 책을 참고해야 한다. 어느 지역에서 '떨림'이라는 의미로 agoggle을 사용했을까? 버크셔와 햄프셔. '어리석은 친구'라는 뜻으로 alkitotle을 사용했던 곳은? 노스 데본이다. 라이트의 사전을 펼치면 옛 언어의 세계가 우리 눈앞에 펼쳐진다.

하지만 방언이 늘 소멸되는 것은 아니다. 그로부터 70년 후 현대 방언을 조사한 《영국 언어 지도(Linguistic Atlas of England)》(1978)를 보면 놀랍도록 많은 방언들이 여전히 쓰이고 있음을 알 수 있다. '소 여물통' 또는 '구유'를 의미하는 방언 boosy를 보자. 라이트의 조사에 따르면 이 단어는 체셔와 이어포드셔 사이를 남북으로 가로지르는 웨스트미들랜드 지역에서 주로 사용되었다. 그런데 1960년대에도 그곳에서 쓰이고 있었다. 1990년대에 영국 방언 조사위가 사전을 출간했을 때도 살아있었다. 이 단어는 존 레이의 책에도, 앵글로색슨 복음서에도 등장한다. 일부 방언은 수명이 매우 길다.

43 Bodgery

신조어를 만드는 사람들 📜 16세기   어설프게 처리해 실패한 일

영어사에는 끝내 살아남지 못한 단어, 작가들이 창조했지만 큰 사랑을 받지 못한 수많은 신조어가 존재한다. Bodgery는《옥스퍼드 영어사전》에 기록된 사용 사례가 단 한 건에 불과하다. 1599년에 극작가 토머스 내시가 사용한 것으로, '어설프게 처리해 실패한 일'을 뜻한다.

16세기 시인과 극작가들은 생계를 위해 신조어들을 만든 것 같다. 내시의 작품에서 최초로 사용된 신조어는 거의 800개로 셰익스피어 다음으로 많다. conundrum(난제), grandiloquent(허풍떠는), multifarious(다채로운), balderdash(허튼소리)처럼 영구적으로 영어에 편입된 단어도 꽤 있다. 또한 그는 이후 공상 과학 소설에서 새로운 생명을 얻게 된 단어 earthling(지구인)을 만들기도 했다.

하지만 셰익스피어와 마찬가지로 그가 만든 신조어 중 상당수가 호소력이 없었다. 우리가 아는 한 아무도 사용하지 않았거나, 사용했다 해도 반짝 인기를 누리다 조용히 사라졌다. 아마 collachrymate(울음이 동반되는)나 baggagery(하찮은 오합지졸)가 사라진 것을 두고 눈물을 흘리는 사람은 없을 것이다. 하지만 bodgery(bodge와 bodger은 일부 방언에서 여전히 사용된다)와 tongueman(달변인), chatmate(소문)가 사라진 것은 개인적으로 안

타깝다.

끝내 살아남지 못한 단어들을 살펴보면 대개 의미나 형태가 특이하다. 그중 필립 시드니가 만든 단어로 disinvite(초대를 취소하다), hangworthy(걸 만한 가치가 있는), rageful(격분한), triflingness(하찮음), 에드먼드 스펜서가 만든 단어로 disadventurous(불운한), jolliment(즐거움), schoolery(학교 교육), adviceful(주의를 기울이는), 존 마스턴이 만든 단어로 cockall(완벽함), bespirtle(악으로 얼룩지다), fubbery(속임수), glibbery(미끄러운, 루이스 캐럴이 자랑스러워했을 법한 신조어다) 등이 있다. 왜 어떤 단어는 살아남고 어떤 단어는 사라졌을까? 설명하기 어려울 때가 많다. 왜 스펜서의 tuneful(선율이 아름다운)은 사랑받은 반면, gazeful(눈길이 가는)은 그렇지 못했을까?

하지만 앞으로 어떻게 될지는 또 모른다. musicry(음악)는 존 마스턴이 만든 단어로 그 외에는 아무도 사용하지 않다가 1961년 한 작가가 예술에 대한 책을 쓰면서 부활시켰다. 내시의 chatmate(말벗)는 현재 《옥스퍼드 영어사전》에 기록된 사용 사례가 한 건뿐이다. 하지만 곧 달라질지도 모른다. 채팅방과 소셜 네트워킹, 인터넷 데이트의 세상에서 우리가 찾는 게 무엇인가? 바로 chatmate[48] 아닌가? bodgery에게도 아직 희망이 있다!

---

[48] chat와 mate를 구분하여 직역하면 수다 상대다.

44 Undeaf

셰익스피어가 만든 단어 📜 16세기   귀를 뚫다

《리처드 2세(Richard II)》에서 리처드의 숙부 곤트의 존은 부디 더 현명하게 통치하기 바란다는 자신의 유언을 왕이 귀담아들었으면 하는 마음을 이렇게 표현한다. 자신이 살아있으면 귀 기울이지 않겠지만 '내가 죽기 전에 남기는 심각한 이야기가 그의 막힌 귀를 뚫어줄(undeaf) 것이다.'

  undeaf. 이 단어는 정말로 셰익스피어가 창조했다. 《옥스퍼드 영어사전》에 셰익스피어가 첫 사용자로 기록된 단어는 2천 개가 넘는다. 그 모든 단어를 그가 창조했다는 뜻은 아니다. 대부분 그는 존재하던 단어를 그저 우연히 종이에 적은, 그리고 그 사실이 알려진 최초의 사람일 뿐이다. God's blood라는 욕설을 줄여 쓴 'sblood라는 단어는 《헨리 4세(Henry IV)》의 1막에 처음 글로 기록되었다. 하지만 그 전부터 그와 비슷한 욕설이 시중에 돌았을 것이다.

  undeaf는 다르다. 당시 누구도 일상에서 이런 표현을 쓰지 않았다. 그 뒤로도 마찬가지다. 이 단어는 리처드가 자신의 유언을 귀담아들어야 한다는 간곡한 마음을 생생하게 표현한 신조어다. 셰익스피어는 이렇게 표현할 수도 있었을 것이다. '내가 죽기 전에 남기는 심각한 이야기가 귀를 열어줄(open) 것이다.' 하지만 undeaf가 훨씬 극적이다. 이유가 뭘까? 불가능하기 때문이다. 귀

가 들리지 않는 사람이 갑자기 귀가 들릴 수는 없다. 곤트의 존은 무슨 말을 해도 왕이 바뀌지 않으리라는 걸 마음 속 깊이 알고 있는 것이다.

이것이 유일한 사례라면 이 책의 한 장을 할애하기 힘들었겠지만 절대 그렇지 않다. 셰익스피어는 이런 식으로 언어를 가지고 노는 것을 좋아했다. 가끔 단어에 접두사 un-을 붙여 의미를 뒤집곤 했는데 엄밀히 말해 그런 행동을 하는 것이 불가능하다 해도 개의치 않았다. 《맥베스(Macbeth)》에서 맥베스 부인은 악령에게 자신을 탈성(unsex)시켜달라고 부탁하고, 같은 작품 뒷부분에서 말콤은 자신이 한 말을 주워담겠노라(unspeak) 단언한다. 《코리올라누스(Coriolanus)》에서는 민중에게 이미 뱉은 외침을 거두라(unshout)고 명한다.

《옥스퍼드 영어사전》을 펼쳐 사례를 일일이 세어보면 셰익스피어가 접두사 un-으로 시작하는 단어를 처음 사용한 것은 314건에 달한다. 대부분 uncomfortable, uneducated처럼 형용사지만, 기존 동사에 접두사를 붙인 것도 최소한 62건이다. 일부는 unlock, untie, unbend처럼 영원히 자리를 잡았지만 undeaf를 비롯한 몇몇은 그렇지 못했다.

오늘 셰익스피어가 뭔가를 하면 내일 전 세계가 따라한다. 실제로 un-과 같은 접두사를 붙여 새로운 단어를 만드는 관행은 창의적 영어 표현의 특징이 되었다. 고대 영어에서 un-으로 시작하는 신조어가 매우 흔했던 것을 생각하면 영어가 그 뿌리인 게르만어로 돌아가는 것처럼도 보인다. unfriend(36, 99챕터 참고) 같은 단어만 봐도 unwine('적'이라는 뜻으로 문자 그대로 un과 wine이 결합한 단어. wine은 '친구'라는 뜻으로 'wee-nuh'라고 발음했다)과 유사하다. 최근에는 uncool, unfunny, ungimmicky, unsorry, untouristy, untrendy, unwith-it, unyoung 등 수백 개의 신조어가 등장했다. unyoung(젊지 않은)이라니? 그냥 old라고 하면 될 것을? 하지만 둘은 다르다. 많은 노인들이 젊지 않다는 사실은 마지못해 수긍하면서도 늙었다(old)는 사실은 받아들이길 거부하지 않는가?

45 Skunk

초창기 미국 특유의 어법 17세기   스컹크

1585년 토머스 해리엇은 버지니아 로어노크 섬에 식민지를 개척하기 위해 월터 롤리 경과 함께 길을 떠났다. 그리고 영국에 돌아가서 《버지니아의 새로운 땅에 대한 보고서(Briefe and True Report of the New Found Land of Virginia)》를 써서 그 지역과 주민들에 대해 많은 정보를 남겼다. 그는 '토끼보다 큰 두 종류의 작은 짐승이 있는데 고깃감으로 아주 좋다'면서 그것들을 사쿼누코트(saquenúckot)와 매코웍(maquówoc)이라 불렀다.

모두가 궁금해했다. 이 동물들의 정체가 무엇일까? 너구리, 주머니쥐, 사향쥐… 아니면 스컹크? skunk라는 이름이 최초로 사용된 것은 1634년 초창기 미국에 대한 또 다른 기록에서다. 《옥스퍼드 영어사전》은 이 단어가 로어노크 섬에서 사용하던 인디언 언어에서 유래했다고 본다. 어쨌든 사퀘누코트(saquenúckot)가 skunk의 기원임은 틀림없는 것 같다.

skunk는 초창기 미국식 표현이다. 1600년대 초반 알곤킨족 언어에서 빌려온 수십 개의 단어 중 하나로, 그중 대부분은 이제 사라지고 없다. 오늘날 일부 방언을 제외하고는 누구도 sagamore(족장)나 pocosin(늪)이라는 단어를 쓰지 않는다. 하지만 caribou(카리부), moccasin(모카신), moose(무스), opossum(주머니쥐), persimmon(감), powwow(집회), tomahawk(도끼), totem(토템), wigwam(원형 천막) 등은 살아남았다. 오늘날 미국 영어와 영국 영어를 구분 짓는 단어는 수백 개에 달한다(58장 참고).

초기 기록에 등장하는 인디언 단어들은 때로 알아보기 어렵다. 인디언 언어가 유럽인이 접해본 언어들과 매우 달라서 발음을 들어도 어떻게 써야 할지 막막했다. 존 스미스 선장은 1606년 버지니아에 도착해 새로운 영토를 한참 탐험하고서 식민지 개척자들과 지역 부족의 만남을 기록으로 남겼다. 인디언 추장 파우화탄에 의해 처형당할 뻔했다가 그의 딸 포카혼타스의 도움을 받아 탈출한 이야기는 유명하다. 그는 식민지의 기록을 영국으로 보냈고, 1608년 그 기록은 책으로 출간됐다.

그의 책에는 아메리카 원주민 지명이 여럿 등장한다. 그리고 파우화탄 인디언을 방문한 대목에서 새로운 명사가 모습을 드러낸다.

웨라모코모코(Weramocomoco)에 도착하자 그들의 황제가 1피트 높이의 침상 위에 10개에서 12개쯤 되는 깔개를 깔고서 위풍당당하게 누워 있었다. 목에는 거대한 진주로 만든 목걸이들이 주렁주렁 걸려 있고, 몸에는 라후쿰(Rahaughcums)으로 만든 거대한 담요를 덮었다.

라후쿰(Rahaughcums)이 뭘까? 같은 책 뒷부분에는 Raugroughcuns라고 쓰여 있다. 영어로 raccoons(미국너구리)를 쓰려는 최초의 용감한 시도다.

46 Shibboleth

킹 제임스가 만든 단어 📜 17세기 　시험해보는 말

1611년에 출간된 킹 제임스 성경은 속표지에도 적혀 있듯이 '교회에서 예배용으로 지정되었다'는 이유로 '공인된 번역본'이라 불린다. 윌리엄 틴데일이 번역한 성경을 비롯해 그보다 이른 버전들이 영어에 수많은 새로운 단어와 관용구를 소개했지만, 킹 제임스 버전은 그 전까지 불가능했던 방식으로 그 표현들을 대중화했다.
　킹 제임스 성경을 만든 번역가들은 새로운 단어와 표현을 많이 소개하지 않았다. 서문에서 밝혔듯이 그들의 임무는 새로운 번역본을 만드는 것이 아니라 '좋은 번역을 더 좋게' 만드는 것이었다.

킹 제임스의 지침에 따라 이전 판본(비숍 성서)을 본보기로 삼아야 했기 때문에 선택의 여지가 없었다. 따라서 킹 제임스의 번역본에서 기원한 단어나 표현은 손에 꼽는다.

《옥스퍼드 영어사전》은 겨우 43개의 단어가 킹 제임스 성경에서 처음 사용된 것으로 기록한다. 그 중에는 Galilean(갈릴리 사람. 명사로 사용)과 rose of Sharon(샤론의 들꽃) 같은 종교 관련 표현뿐 아니라 battering-ram(공성망치), escaper(도피자), rosebud(장미꽃 봉오리) 같은 일상 단어도 있다. 하지만 훨씬 중요한 것은 이 번역본이 대중화한 관용구들이다. salt of the earth(아주 고결한 인물), a thorn in the flesh(걱정의 원인), root and branch(철저히), out of the mouths of babes(아이답지 않게 아주 똑똑한 소리를 하는), how are the mighty fallen(용사가 쓰러졌도다) 등 250개가 넘는다. 이런 표현들이 영어를 형성하는 데 얼마나 중요한 역할을 했는지 잊어서는 안 된다. 관용구 역시 어휘의 일부다.

Shibboleth(쉬볼렛)은 그 43개에 속하지 않는다. 모든 초기 영어 번역본에서 이 단어를 썼기 때문이다. 그럼에도 킹 제임스 번역본에 등장하는 이 단어는 어딘가 다르다. 바로 철자다. Shibboleth은 구약성서 판관기에 등장한다. 길르앗 사람들이 도망치는 에브라임족을 붙잡아 이 단어를 발음하게 한 뒤 출신 지역을 판단했다는 이야기를 들어봤을 것이다.

그에게 쉬볼렛(Shibboleth)이라는 말을 발음하게 하였다. 제대로 발음하지 못해 시볼렛(Sibboleth)이라고 하면, 길르앗 사람들이 그를 붙들어 요단강 나루터에서 죽였다.

이 단어의 철자는 초창기 번역본마다 다르다. 존 위클리프 성경에는 Sebolech 대신 Thebolech이라 적힌 걸 보면 에브라임족 사람들이 다소 혀 짧은 소리를 냈는지도 모른다. 다른 버전에는 Schibboleth과 Scibboleth이라 적혀 있다. 제네바 성경과 킹 제임스 성경에는 Shibboleth이라 돼 있는데 세상에 널리 퍼진 건 이 철자다.

하지만 심지어 성경의 단어 및 표현조차 처음대로 유지되지 않는다. 이후 몇 세기 동안 shibboleth은 관습, 습관, 표어, 교리, 가상의 오류, 근거 없는 믿음 등 여러 가지 새로운 의미를 갖게 되었다. 언어 연구를 하다 보면 shibboleth 같은 단어를 숱하게 접한다. 어떤 사람은 현대 영어에서 아무리 애용한다 해도 문장을 전치사로 끝내거나(That's the man I spoke to), 부정사를 분리하거나(to boldly go), 'h'를 '하이치'로 발음하는 건 옳지 않다고 생각한다. 이런 문제를 언어적 구별법(linguistic shibboleth)이라 하여 18세기부터 어법 논쟁에 불을 지폈다. 때로 이런 논쟁으로 감정이 격해지기는 하지만, 내가 아는 한 성경에서처럼 생사를 가른 적은 없다.

47 Bloody

욕설의 등장 📜 17세기   빌어먹을

1914년 4월 11일, 런던의 타블로이드 신문 《데일리 스케치(Daily Sketch)》에는 이런 제하의 기사가 실렸다.

    패트릭 캠블 여사는 오늘밤 상연되는 '피그말리온'으로 몇 년간 개막한 연극 중 가장 큰 돌풍을 일으킬 예정이다.

    이렇게 야단법석을 떤 이유가 뭘까? 조지 버나드 쇼의 연극에서 캠블 여사가 연기한 엘라이자 두리틀이라는 인물이 위험한 대사를 읊기로 돼 있었기 때문이다. 'Not bloody likely(빌어먹을 말도 안 돼).' 그 전까지 누구도 공적인 무대에서 그런 욕설을 뱉은 적이 없었다. 기사는 이어진다.

    버나드 쇼가 금지어를 집어넣었다.
    '패트릭 여사'가 정말로 그 단어를 입에 올릴까?

    정말로 입에 올렸다. 그리고 관객은 열광했다. 처음엔 놀라서 입을 틀어막았으나 곧이어 모두 웃음을 터트렸다.
    bloody가 그런 소동을 일으키기까지는 천 년이 걸렸다. 이 단어는 앵글로색슨족이 처음 사용했는데 당시엔 '피를 흘리는', '피로 얼룩진' 같은 뜻이었다가 살육 및 학살과 관련된 의미로 확장됐다. 이것이 셰익스피어를 감상할 때 주의할 점이다. 맥베스가 '피비린내 나는 사촌들(bloody cousins)'이 스코틀랜드에서 도망쳤다고 말할 때 bloody를 붙인 것(Macbeth, 3막 1장 29줄)은 욕설이 아니라 칼부림으로 사람을 죽였다고 비난하는 것이다.

이 단어는 17세기 말 무렵부터 '매우'라는 강조의 의미로 사용되기 시작해 점점 강도가 세졌다. 1711년 조나단 스위프트가 스텔라에게 보낸 편지에서 날씨가 bloody hot하다고 한 것은 '엄청 덥다'라는 뜻이었다. 여기에 부적절한 기미는 조금도 없다. 당시 지위고하를 막론하고 모든 사람이 일상 대화에서 이 단어를 사용한 것 같다.

하지만 18세기가 되면서 예민한 귀를 가진 귀족과 상류층이 bloody에 등을 돌렸다. 아마 난폭함과 거친 행동을 연상시켜서였을 것이다. 난동을 일으키는 상류층을 bloods라 불렀고, bloody drunk는 drunk as blood를 의미했다(오늘날 '곤드레만드레 취한 (drunk as a lord)'과 비슷하다). 피와 폭력의 역사적 연관성으로 인해 거친 행동을 일삼는 사람들이 이 단어를 즐겨 썼기에 자연스레 중산층 및 상류층의 반감을 샀다. 18세기 중반 즈음 이 단어는 '나쁜 말'이 되었다. 존슨 박사는 1755년에 쓴 《사전(Dictionary)》에서 이 단어에 '매우 저속하다'는 설명을 붙였다. 낙인이 찍힌 것이다. 강조의 의미로 이 단어를 사용하려던 사람들은 사회적으로 적절한 대안을 찾아야 했다. deuced(지독한), rattling(매우), ripping(훌류한)이 인기를 끌었다. bleeding은 1850년대에 런던 토박이들이 처음 사용했는데, 그래서인지 상류층에서는 사랑받지 못했다. 1880년대부터 사용된 blooming(지독한)은 반응이 훨씬 좋았고 ruddy(지독히)는 인기가 그에 못 미쳤다. devilish, damned, jolly, awfully, terribly 등 수십 개의 단어가 유행했다.

모두 매우 영국적인 표현이다. 미국인들은 bloody를 욕설로 사용하는 영국인의 소심함을 이해하지 못했고, 호주인들은 몰이해를 넘어 기이하게 여겼다. 호주와 미국에서는 이 단어가 강조의 표현으로만 사용될 뿐, 영국에서 오랫동안 이어져 내려온 무례함의 느낌은 찾을 수 없다.

영국의 용법은 매우 느리지만 천천히 바깥 세계에 적응하고 있다. bloody는 더 이상 b----y로 인쇄되지 않으며, 심야 TV 방송에서만 쓸 수 있는 말도 아니다. 하지만 예민한 반응이 완전히 사라지지는 않았다. 2006년 호주 관광청이 TV 광고에서 '그래서 빌어먹을(the bloody hell) 어디 있는 거야?'라는 문장을 사용했다. 영국 광고승인위원회는 수위가 너무 높다며 이 부분을 잘라냈고, 엄청난 진통 끝에 광고는 '심야용'으로 복원되었다. 그러니 가까운 미래에 BBC 일기 예보관이 이렇게 말하는 건 듣기 힘들 것이다. '오늘은 빌어먹을 정도로(bloody) 더운 날이었습니다…'

48 Lakh

인도에서 건너온 단어 📜 17세기   10만

최근 인도의 신문을 장식한 두 개의 헤드라인이다.

50만(5 lakh) 외국인 저렴한 의료 비용 때문에 인도로 모여들어

가출 아내 이혼 위자료 500만 루피(50 lakh) 지급 판결

    lakh는 힌디어로 10만을 의미한다. 따라서 5 lakh는 50만, 50 lakh는 500만이다. lakh는 몰라서는 안 되는 단어다. 신문 경제면을 펼치면 수치는 더욱 커진다. crore(1,000만)를 언급할 때도 있다.
    이 단어들은 1600년대 초반 영어에 유입되었다. 그보다 일찍 몇몇 인도어들이 이미 영어에 들어와 있었다. godown(창고)은 물건을 저장하는 곳, 즉 창고다. 1588년 한 항해자가 쓴 보고서에 이 단어가 기록된 바 있다. 기원은 말레이 단어 godong으로, 창고는 보통 지하에 있었으므로 'go down'으로 잘못 들어 이런 형태가 된 것 같다.
    1600년에 영국 동인도회사가 설립되자 인도와 영국 간의 교류가 기하급수적으로 증가했다. 이내 인도의 언어가 영어에 유입되었고, 몇몇 단어는 인도와의 문화적 연관성을 잃었다. 힌디어 같은

48 Lakh

인도유럽어를 사용하던 인도 아대륙 북쪽에서 bungalow(방갈로), dungaree(거친 무명천), guru(전문가), juggernaut(대형 버스), punch(펀치 음료), pundit(권위자) 같은 17세기 단어가 들어왔다. 타밀어처럼 드라비다어를 사용하던 남쪽에서는 atoll(환상 산호섬), catamaran(쌍동선), cheroot(궐련), pariah(부랑자), teak(티크), curry(커리) 등이 유입되었다. 극동 지역에서는 티벳어, 말레이어, 중국어, 일본어에서 ginseng(인삼), bamboo(대나무), ketchup(케첩), kimono(기모노), junk(중국 범선), chaa(차) 같은 새로운 단어가 들어왔다. 철자만 보면 바로 알아차리기 힘들지만 chaa는 tea(차, 구어체로는 char)의 어원이다.

인도로 향하는 경로가 다양해지면서 영어는 아랍어, 터키어, 페르시아어와도 접촉했다. 예를 들어 상당수 아랍 단어가 중세 영어에 들어왔는데, 특히 alchemy(연금술)와 almanac(책력) 등 과학 개념들이 눈에 띈다. 16세기 및 17세기에는 유입 폭이 매우 넓어져 대부분의 아랍 단어가 다른 언어를 통해 영어에 유입되었다. 이를테면 assassin(암살자)의 기원은 아랍어 hashshashin(해시시를 먹는 사람)이지만 이탈리아어 assassino를 통해 영어로 들어왔다.

새로운 단어는 그 지역의 삶과 관습을 반영한다. 아랍어에서는 fakir(고행 수도자), harem(첩들), jar(병), magazine(잡지), sherbet(셔벗), minaret(뾰족탑), alcove(벽감), sofa(소파)가, 터키어에서는 vizier(고관), horde(무리), kiosk(키오스크), coffee(커피), yoghurt(요거트)가, 페르시아어에서는 bazaar(상점가), caravan(이동식 주택), divan(긴 의자), shah(왕), turban(터번)이, 히브리어에서는

sanhedrin(종교 의회), shekel(셰켈), shibboleth(특유의 발음), torah(토라), hallelujah(할렐루야)가 영어에 편입되었다.

오늘날 인도 같은 국가에서 쓰이는 지역적 영어 어휘는 아주 광범위할 뿐 아니라 그 수도 계속 늘고 있다. 20세기에는 tandoori(탄두리), samosa(사모사), pakora(파코라) 등 음식과 관련된 다양한 단어가 생겨났다. 구어체 어휘로는 cushy(수월한), doolally(미친), loot(돈) 등이 있다. 컴퓨터를 이용한 새로운 생활 양식이 도입되면서 avatar(아바타)라는 단어도 탄생했다. 2000년대 인도 신문에는 speedmoney(뇌물), timepass(시간을 보내는 방법), timewaste(시간 낭비), petrol bunk(주유소) 같은 현지의 새로운 형태와 더불어 hi-fi('화려한', 'hi-fi clothes'처럼 사용)처럼 기존 형태를 응용한 용례도 나타났다. 심지어 친족을 지칭하는 용어처럼 기본적인 어휘조차 변한다. co-brother는 누구를 지칭할까? 아내의 자매와 결혼한 남자다. 그러면 cousin-sister는? 첫 번째 여성 사촌이다.

49 Fopdoodle

사라진 단어 📜 17세기   바보

fopdoodle은 17세기에 등장한 합성어로 fop은 바보, doodle은 얼간이란 뜻이다. 이중으로 바보인 셈이다. 당시에는 시골뜨기를 fopdoodle이라 불렀다. 하지만 fop에 '허영심 많은 멋쟁이'란 뜻이 추가되자 상류층 사람도 그렇게 불렸다. 존슨 박사는 두 번째 뜻이 마음에 들지 않았던 모양이다. 그가 집필한《사전》은 fopdoodle을 '바보, 하찮은 놈'으로만 정의한다.

　fopdoodle은 소멸됐다는 사실이 안타까운 단어 중 하나다. 존슨의《사전》에는 더이상 사용되지 않는 매력적인 단어가 몇 개 있다. nappiness는 '낮잠의 질', bedswerver는 '배우자에게 부정한 사람', smellfeast는 '남에게 빌붙는 사람, 성찬에 출몰하는 사람', worldling은 '이익에 눈이 먼 사람', curtain-lecture는 '침대에서 아내가 남편에게 하는 잔소리'라는 뜻이다.

　어느 세대나 신조어를 만들지만 그중 일부는 사라진다. 1960년대에 '신조어'로 각광받던 단어들에 대해 연구한 적이 있다. 그중 절반 이상이 지금은 사용되지 않는다. Rachmanism, Powellism, peaceniks, dancercise, frugs, flower people을 기억하는가? 전부 1960년대에는 자주 쓰였지만, 이제 역사 속에 묻힌 단어들이다.

　신조어가 사라지는 건 늘 있는 일이다. 하지만 사전은 단어를 좀처럼 퇴출하지 않는다. 이유는 뻔하다. 어떤 단어가 언제 고어가 되었는지 판단하기가 매우 어렵기 때문이다. 신조어를 포착하기는 쉽다. 하지만 고어가 마침내 소멸했다는 건 어떻게 알 수 있을까? grody('고약한, 더러운'의 속어)는 1970년대에 죽었을까, 아니면 아직 보스턴 뒷골목을 어슬렁거릴까?

　사전에는 대체로 기존 단어들이 그대로 수록된다. 공간 제약으로 단어를 쳐내야 하거나, 새로운 편집자가 단어 목록을 다시 들여다보고 '헤어질 결심'을 하지 않는 이상 그렇다. 2008년 콜린스 사전을 개정할 때 실제로 그런 일이 벌어졌다. 편집자들이 일부 단어가 근래 거의 눈에 띄지 않으니 아무도 사전에서 찾지 않을 거라고 판단한 것이다. 게다가 2,000개의 신조어를 수록할 공간도 부족했다. 안타깝지만 몇몇 고어들을 삭제하기로 했다. abstergent(씻어내는), compossible(양립할 수 있는), fatidical(예언적인), fubsy(땅딸막한), niddering(겁 많은), skirr(새의 날갯짓처럼 윙윙거리거나 귀에 거슬리는 소리) 등이 그때 사라졌다.

《더 타임즈》는 수긍하지 않았다. 2008년 9월 22일자에 이런 광고를 실었다. '어떻게 소중한 단어들을 망각에서 구할 수 있을까?' 사람들은 아끼는 단어들을 살리기 위해 투표를 실시했다. 콜린스 사전은 《더 타임즈》의 모기업인 뉴스 코퍼레이션의 소유였기에, 단어들이 아직도 인기가 있다는 증거가 나오면 삭제를 유예하는 데 동의했다.

한번 생각해보자. 진짜 사랑받는 단어였다면 애초에 그 목록에 올랐을까? 그럼에도 꽤 많은 사람이 반응을 보였다. 앤드류 모션은 skirr를 지지하는 뜻에서 이 단어를 계속 사용했다. 스티븐 프라이는 fubsy를 구하는 데 발벗고 나섰다. 실제로 'fubsy를 구하라'는 온라인 청원 모임이 만들어지기도 했다.

물론 표준 영어사전에서 누락된다고 해서 단어가 사라지지는 않는다. 일부 단어는 지역 방언을 통해 살아남는다. niddering과 skirr는 스코틀랜드 일부 지역 및 영국 북부에서 여전히 사용되며, fubsy('통통한'이라는 의미의 fub과 함께)는 여러 방언 책에 언급된다.

단어를 삭제하는 것은 대담한 결정이다. 언어의 미래는 예측할

49 Fopdoodle

1955년 미국 학자들이 사무엘 존슨의 《사전》 출간 200주년을 맞아 그에게 건배를 제의하고 있다. 존슨 소사이어티는 1910년 그의 고향 리치필드에 설립되었다. 리치필드의 생가 박물관에서는 그의 생애와 그 시대를 보여주는 상설 전시가 열린다.

수 없기 때문이다. 어떤 단어나 어구는 쇠퇴기에 접어들었다가도 유명인이 사용하면서 갑자기 운명이 역전된다. 단어에 대한 사람들의 태도가 변하기도 하는데, 한 세대는 그 단어를 좋아했으나 다음 세대는 싫어하고 그 다음 세대는 다시 좋아하기도 한다. 하지만 과거가 어땠든 미래의 단어들은 처지가 매우 다를 것이다. 인터넷이 모든 것을 바꾸고 있기 때문이다. 디지털 세계에서는 사전의 용량이 무한정이고, 페이지마다 시간이 기록되며, 어떤 것도 사라지지 않는다(83장 참고). 인터넷은 이미 우리가 아는 가장 거대한 언어 데이터다. 역사적으로 존재했음이 입증된 모든 말뭉치가 모두 거기에 있다. 인터넷이라는 사전에서 단어는 절대 죽지 않는다. 2011년 구글에서 8,000건이라는 초라한 조회 건수를 기록한 fopdoodle조차 목숨을 부지할 것이다. 단어가 말을 할 수 있다면 이렇게 선언하지 않을까? 늘 바라 마지않던 불멸을 마침내 이루었노라!

50 Billion

혼란스러운 모호함 📜 17세기   10억

지식의 경계가 확장되면서 과학자들은 발견한 것을 표현할 더 큰 숫자가 필요했다. 중세부터 사용된 million(백만)으로는 충분하지 않았다. billion(수십억), trillion(수조), 그 이상이 필요했다. 일반인들 사이에서도 큰 수가 쓰였다. 이미 17세기에 a million to one(백만 대 일) one in a million(백만 분의 1) 같은 표현이 대중화되었다. 그러다 인플레이션이 시작되었다. one in a billion(10억 분의 1)이 훨씬 강렬하게 다가왔다.

그런데 billion은 정확히 무슨 뜻이었을까? 영국인들은 백만 (1,000,000)에 들어있는 6개의 0을 기능적 단위라고 생각했다. 그러니 그 다음 값은 6개의 두 배(1,000,000,000,000)가 되고, 따라서 billion은 '백만 개의 백만'(a million million, 이후 '롱 스케일 시스템' 이라고 불렸다)을 의미했다. 하지만 프랑스 수학자들은 다른 방식을 채택했다. 그들은 1,000,000을 0이 3개인 묶음이 두 개라고 생각했다. 그러니 다음 단위는 0이 3개인 묶음 세 개, 즉 1,000,000,000이어야 했다. 그러므로 프랑스에서 billion은 '천 개의 백만'(a thousand million, '숏 스케일 시스템'이라 불렸다)을 의미했다.

어법의 역사는 복잡할 뿐 아니라 나라마다 천차만별이다. 영국은 '롱 스케일 시스템'을 고수했지만, 19세기에 미국은 '숏 스케일 시스템'을 채택했다. 한 세기 넘게 미국의 영어사전은 'thousand million', 영국의 영어사전은 'million million'을 추천했다. 그러다 1974년 영국이 물러났다. 당시 총리였던 해럴드 윌슨은 하원에서 이런 성명을 발표했다.

billion이라는 단어는 현재 국제적으로 10억이란 뜻으로 사용되고 있으니 영국 장관들이 다른 의미로 사용한다면 혼란이 발생할 것이다.

영국 사회는 정부의 성명을 흔쾌히 따르지 않았다. 공식적으로는 billion이 10억을 의미하지만 대중이 기존 용법을 잊지 못한 탓에 확실히 짚고 넘어가야 할 때가 많다. 나는 billion을 사용할 때마다 주석을 단다. 만약 '영어를 쓰는 인구는 2 billion(20억)이다.'라고 말한다면 오해의 소지를 줄이기 위해 '2 thousand million'이라고 덧붙인다.

일상적인 단어가 두 가지 이상의 뜻을 갖는 것은 흔한 일이다. 의미가 궁금하면 사전을 찾아보면 된다. 단어는 문장 속에서 쓰이므로 문맥을 파악하면 보통은 헷갈릴 일이 없다. bed라는 단어만 놓고 보면 아리송하다. 예를 들어 잠을 자는 장소일지, 꽃을 심는 장소일지 알 수 없다. 하지만 '나는 10시까지 침대에 머물렀다(I stayed in bed until ten)', 또는 '저 아름다운 장미 화단 좀 봐(Look at that lovely bed of roses)'를 해석하는 데는 아무 문제가 없다.

과학 용어가 billion과 비슷한 유형의 모호성을 띠는 경우는 보기 힘들다. 보통 과학자가 용어를 만들면 과학계 전체가 받아들인다. hydrogen(수소), atom(원자), pterodactyl(익룡)과 같은 단어들은 표준적 정의가 있고 미국과 영국 간에 용법 차이도 거의 없다. 하지만 billion이라는 수학 용어는 그 자체로도 헷갈릴 뿐 아니라 문장으로 사용해도 모호함이 사라지지 않는다. '그 재난으로 그 회사는 a billion 파운드의 손실을 입었다.'라는 문장만으로는 손실의 크기를 정확히 알 수 없다. billion은 언어사에 늘 존재하는 모호함의 위험을 일깨우는 단어다.

물론 대부분의 사람은 그 차이를 중시하지 않는다. 단순히 '많다'는 의미로 받아들이는 데다, 어느샌가 '신경 쓸 필요 없다'는 사고방식을 반영하게 되었으니까. -illion으로 끝나는 어미는 이제 아주 크지만 불명확한 양을 나타낸다. 20세기 중반에는 zillion(엄청난 수)과 bazillion(방대한 수), 이후에는 gazillion(엄청난 수)과 kazillion(막대한 수)이 등장했다. 엄청나게 많은 돈을 가진 사람들은 zillionaire(억만장자)라 부른다. 1990년 뉴저지 신문《더 레코드(The Record)》가 경제 위기에 대해 논하면서 -illion으로 끝나는 신조어는 새로운 정점을 찍었다.

주택저축 금융업 구제금융은 어제 기준 납세자들에게 752.6조 달러($752.6 trillion skillion)를 지불해야 했지만 오늘 기준으로는 964.3조 달러($964.3 hillion jillion bazillion)를 지불해야 한다. 크리스마스 파티 비용은 포함되지 않은 금액이다.

당연히 이 단어들은 20년 뒤 금융 위기가 닥치면서 수명을 연장했다.

51 Yogurt

철자 선택하기 ▒ 17세기   요거트

요거트(yogurt)의 철자는 뭘까? 17세기에 이 단어가 터키어에서

처음 유입되었을 때는 여러 가지 시도가 있었다. 처음 기록된 철자는 yoghurd(요거드)다. 그 다음엔 yogourt(요구르트), 뒤이어 yahourt(야후르트), yaghourt(야구르트), yogurd(요거드), yoghourt(요구르트), yooghort(요오고르트), yughard(유가르드), yughurt(유거르트), yohourth(요후르스)로 변했다. 19세기에는 단순화 경향이 생기면서 yogurt(요거트)가 선두 주자로 떠올랐다. 지금도 상황은 마찬가지다. 2011년에 이 철자는 구글에서 약 1,400만 건의 조회수를 기록했다. 반면 800만 건인 yoghurt를 비롯해 다른 철자들은 한참 뒤처진다.

하지만 선호도는 나라마다 다소 차이가 있다. 미국에서는 yogurt가 일반적이다. 영국에서는 둘 다 사용되지만 yoghurt가 yogurt보다 세 배 더 흔하다. yogourt는 프랑스어처럼 보여서 캐나다에 발붙였지만, 거기서조차 yogurt가 보편적으로 사용된다. 호주와 뉴질랜드에서는 yoghurt가 yogurt보다 흔하지만 미국 문화와 인터넷에 노출된 탓인지 yogurt가 그 뒤를 바짝 쫓고 있다. yogurt는 영국에서도 늘어나는 추세다. 사전을 참고할 때는 어느쪽을 볼지 주의하라. 일부 사전에서는 yogurt가 표제어라서 yogi와 yogic 뒤에 있지만, 또 다른 사전에서는 yoghurt가 표제어라 다른 둘보다 앞에 있다.

철자를 어떻게 쓰냐에 따라 사전에 기재된 위치가 다른 단어는 yogurt만이 아니다. 영국식 철자와 미국식 철자의 차이로 인해 단어 위치가 완전히 달라지기도 한다. 사전에 따라 콧수염(moustache/mustache)이 MO-나 MU-에, 파자마(pyjamas/

51 Yogurt

pajamas)가 PY-나 PA-에, 태아(foetus/fetus)가 FO-나 FE-에 등장한다. 단어의 첫 글자가 다르면 철자 문제가 더욱 두드러진다. 적어도 비행기(aeroplane/airplane)는 A 카테고리에, 타이어(tyre/tire)는 T 카테고리에 위치한다. 하지만 에스트로겐(oestrogen/estrogen), 미학(aesthetics/esthetics), 연석(kerb/curb)을 찾으려면 책장을 한참 넘겨야 한다. 좋은 사전은 이런 문제를 예상하고 상호 참조를 표시해 독자가 이쪽에서 저쪽으로 넘어갈 수 있게 안내한다.

요거트는 상업적 목적으로 사용되면서 결국 yogurt라는 철자로 굳어질 듯하다. 요거트 제조 과정을 들여다보면 파생된 형태를 한 무더기 마주한다. yogurt machine(요거트 기계), yogurt maker(요거트 제조기), yogurt freezer(요거트 냉장고) 같은 합성어는 물론 yogurt-like(요거트 비슷한), yogurtish(요거트 같은), yogurty(요거트를 닮은) 등의 형용사도 있다. Yogurtland(요거트랜드, 국제적인 미국 냉동 요거트 프랜차이즈 매장)처럼 멋진 신세계도 존재한다.

52 Gazette

신문기사투 ▨ 17세기   관보

1665년 런던 대역병이 창궐했다. 찰스 2세는 런던에서 옥스퍼드로 의회를 옮겼다. 그런데 의회는 어떻게 계속 런던의 소식을 접했을까? 출판인인 헨리 머디먼에게 '최초의 영국 신문'이라 불리는

The Oxford Gazette.

Published by Authority.

Oxon, Nov. 7.

THis day the Reverend Dr. *Walter Blandford,* Warden of *Wadham Colledge* in this University, was Elected Lord Bishop of this See, vacant by the death of Dr. *Paul,* late Bishop here.

Oxon, Nov. 12. This day His Majesty in Council, according to the usual custom, having the Roll of Sheriffs presented to him, pricked these persons following, to be Sheriffs for the succeeding year, in their respective Counties of *England* and *Wales.*

Berks.	Basil Brent, *Esquire.*
Bedford.	Tho. Snagge, *Esq;*
Buckingham	Simon Bennet, *Esq;*
Cumberland.	Sir William Dalston, *Baronet.*
Chester.	Sir John Arderne, *Knight.*
Cambridge.	Sir Tho. Willis, *Kt.* and *Baronet.*
Cornwal.	Tho. Dorrel, *Esq;*
Devon.	John Kelland, *Esq;*
Dorset.	Roger Clavel, *Esq;*
Derby.	Sir Samuel Sleigh, *Knight.*
Yorkshire.	Sir Francis Cobb, *Knight.*
Essex.	Sir Heneage Fetherstone, *Baronet.*
Glocester.	Sir Richard Cox, *Baronet.*
Hertford.	Sir Jonathan Keat, *Baronet.*
Hereford.	Tho. Rod, *Esq;*
Kent.	Sir Humphrey Miller, *Baronet.*
Lancaster.	William Spencer *Esq;*
Leicester.	Sir Edward Smith, *Baronet.*
Lincoln.	Sir John Brownlow *Kt.* and *Baronet.*
Monmouth.	Walter Morgan of Landillo Patholly, *Esq;*
Northumberland.	William Middleton, *Esq;*
Northampton.	Joseph Hanbury *Esq;*
Norfolk.	Sir John Hobard, *Baronet.*
Nottingham.	John Whire of Cotgrave, *Esq;*
Oxford.	Tho. Wheate of Glimston, *Esq;*
Rutland.	Charles Halford *Esq;*
Shropshire.	Sir Humph. Beggs.
Somerset.	Sir Hugh Smith, *Baronet.*
Stafford.	Fran. Leveson, *alias* Fowler *Esq;*
Suffolk.	Sir Edmund Bacon, *Baronet.*
Southampton.	Tho. Neal, *Esq;*
Surry.	Sir John Evelyn, *Baronet.*
Sussex.	Robert Fowle, *Esq;*
Warwick.	Charles Bentley, *Esq;*
Worcester.	Sir William Cooks of Norgrave *Kt.*
Wilts.	Sir John Weld, *Kt.*
Anglesey.	Rowland Bulkley, *Esq;*
Brecknock.	Hugh Powel, *Esq;*
Cardigan.	James Stedman, *Esq;*
Carnarvon.	Tho. Maderne, *Esq;*
Denbigh.	Sir Charles Goodman.
Flint.	Sir Roger Mostyn.
Glamorgan.	William Bassat of Brabeskin, *Esq;*
Merioneth.	Lewis Lloyd, *Esq;*
Montgomery.	Ed. Kynaston, *Esq;*
Pembroke.	Sir Herbert Perrot.
Radnor.	Nich. Taylor, *Esq;*
Carmarthen.	William Lloyd, *Esq;*

Paris, Nov. 14. Monsieur *de Turenne* is not yet returned, but expected here every day. Most of the Gentry of *Nivernois* & *Avergne* are said to have withdrawn themselves, and got into a place of strength: one Monsieur *de Cannillat* having been put to death by the Commissioners of the *Grands Jours :* It seems they have laid some new Taxes or Impositions on those parts, There are Troups marching against them, and it is thought they will soon be reduced. my Lord *Aubigny* Lord Almoner to her Majesty, having lain sick some time here of an Hydropsie attended with a Flux, is this week dead.

Paris, Nov. 18. The Mareschal *de Turenne* arrived here on Sunday last from the Frontiers, whence he brings account that the Succors intended against the Prince of *Munster* had passed in small parties, and that they had been received at *Maestricht* by Monsieur *Beverning* in the name of the States General.

Guernsey, Octob. 20. Yesterday came in our Road the *Unity* Frigat, Captain *Trafford* Commander, who brought in a Prize Captain *John Gisson* of *Flushing* being a Privateer of 7 Guns, and 45 Men.

Chattham, Nov. 4. Captain *Eliot* Commander of the *Saphire,* has taken 3 Busses, two of them out of 50 at the *Dogger-sands,* under the Protection of four of their Men of War. In hispassage home, 'tis said, he saw several tops of Ships, Masts, &c. which seemed to be the effects of some Wreck, which God he thanked we cannot hear to have been any of the English Ships.

Oxon, Nov. 12. Not knowing what account the Publick has hitherto received of the progress of the prince of *Munster's* Arms, we have thought it not improper without further repetition, to give an account of such places as he at present stands possest of in the enemies Country, *viz.* The Castle and Territory of *Lorcio* (being of right his own, and for many years unjustly detained from him) the Castle of *Litchtenvorde* and the Towns of *Lochem, Detrichem, Diaperheim, Gore, Enschude, Olde sel, Orthaouschen, ardenborg, Ommen, Vin, Wildenberg, Keppel Almeloe, Hengle, Gramsberg,* and *Vennebrug* and now more lately *Winschoe,* with the Fort of *Bruggensconce,* the Castle of *Wadde,* and the Cloyster of *Appel,* out of which a party of his had some time before been forced by the *Hollanders.* And it is confirmed to us by several good hands from *Brussels,* that he has taken the strong Fort of *Bourtague,* and *Reid,* a Sea-port, scituated near *Dramme* and *Delpft-Isle,* in divers of which places his Highness has left very considerable Garrisons, besides his Field Army, which consists of 18000 Foot, and 6000 Horse effective.

Deal, Nov. 8. The Wind since my last continues very High, but I hear of no harm done yet. The *Phenix* hath brought in a Prize here.

Norwich, Nov. 8. I lately received from a good hand in *Rochel* dated *Octo.* 28. a short account of the taking the Island S. *Ustache,* which for the manner of the attempt, may not be unworthy the Communication ; it was brought by a French *West-India* Ship, which came from S. *Chrystophers* about 3 Leagues from it, and runs thus, That on the 12 of *Aug.* about 300 of the Forces belonging to *Jamaica* went thither with a resolution of an artaque. There is but one landing place in the whole Island, & that of such difficult access, that but 2 at most can go abreast, and ascent to an eminent place, in the top of which was a strong Fort, which on this occasion had been well furnished with Powder & Guns left by *de Ruyter,* & Man'd with 450 soldiers, who were nevertheless so surprised at the boldness of the undertaking, that they delivered themselves up with very little resistance.

Plimouth, Nov. 9. The weather of late hath been very

《옥스퍼드 관보(Oxford Gazette)》를 제작할 권한이 주어졌다. 유행병이 끝나자 의회는 런던으로 돌아왔고, 1666년 2월 관보는《런던 관보(London Gazette)》로 이름을 바꾸었다.

gazette라는 단어는 유럽 대륙에서 건너온 것으로, 통속적인(모든 내용을 신뢰할 수는 없는) 한 장짜리 신문을 뜻했다. 어떤 논평가는 gazettes에 '별 의미 없는 소식과 허튼소리', 즉 천박한 잡소리가 담겨 있다고 말했다. 그래서인지 이 이름은 곧 newspaper라는 단어로 대체되었다(1667년 처음 등장한 기록에는 두 단어로 'news paper'라고 적혀 있다). 하지만 gazette는 다양한 공식 간행물의 이름으로 살아남았다. gazetted되었다면 공식 발표되었다는 뜻이었다. 간행물에 글을 기고하는 언론인들을 gazetteers라고 부르기도 했다.

초기 신문은 지금과 매우 달랐다. 무엇보다 1면에 대문짝만 하게 박힌 표제가 없었다.《옥스퍼드 관보》의 기사는 '파리, 11월 18일'처럼 단순히 발행 장소와 발행 날짜로 시작되었다. 큰 표제가 일간지의 특징이 된 것은 19세기 말에 들어서다.

표제를 싣는 것이 관행이 되자 곧바로 표현도 달라졌다. 표제가 눈에 확 들어오면서 흥미를 끌어야 했다. 글자를 넣을 공간이 제한되니 짧은 단어가 우위를 점했고, 새로운 어휘 스타일이 빠르게 진화했다. 타블로이드 신문이 유독 심하긴 하지만 모든 신문이 표제를 짧고 간결하게 유지해야 한다는 강박에서 자유롭지 못하다.

따라서 표제에서는 abolish(폐지하다), forbid(금지하다), reduce(축소하다), swindle(사기치다), resign(사임하다)보다는 axe(삭감하다), ban(금지하다), cut(축소하다), con(사기치다), quit(그만두다, 아니면 그냥 go)을 접할 가능성이 높다. division of opinion(의견 분열), an encouraging sign(잘 될 것 같은 조짐), an argument(논쟁), an agreement(협정)는 보기 힘들고 rift(균열), boost(부양책), row(의견 대립), deal(합의)이 자주 등장한다. fury(분노), clash(충돌), slam(쾅 닫다), soar(높이 치솟다)처럼 감정적 흥분이 실린 짧은 단어가 선호된다.

이 모든 것이 《옥스퍼드 관보》에서 영국-네덜란드 전쟁 소식을 세련되고 우아한 언어로 보도하던 모습과는 아주 거리가 멀다.

먼스터의 왕자가 이끄는 군의 전투 상황을 대중이 어디까지 아는지 모르므로 지나간 소식을 거듭 전하기보다 현재 왕자가 적국의 어느 지점에서 군을 통솔하는지 설명하는 게 적절하다고 생각한다.

이어서 기사는 왕자가 차지한 요새 및 배들을 죽 나열한다. 오늘날 신문이라면 이런 상황을 어떻게 전할까? 지난 타블로이드 기사를 보면 한 단어로 표제를 뽑았을 것 같다. 1982년 5월 4일 《더 선》지에 실렸던 제목보다 대중의 기억에 오래 남은 기사는 없을 것이다. 포틀랜드 전쟁에서 아르헨티나 순양함 '제너럴 벨그라노'가 공격받은 사건을 다룬 이 기사의 제목은 다음과 같다. "GOTCHA(잡았다, 88장 참조)"

53 Tea

사회적 단어 📜 17세기 　　　　　　　차

1660년 9월 25일, 사무엘 피프스는 일기에 적었다. '한 번도 마셔 본 적 없는 a cup of tee(중국 음료)를 사오라고 사람을 보냈다.' 차가 중국에서 유럽으로 들어온 건 17세기 초반이지만 영국은 17세기 중반에야 받아들인 것 같다. 피프스는 1650년대 액상차와 말린 차를 모두 취급했던 커피하우스에서 차를 구했을 것이다. 이 단어가 기록에 처음 나타난 것은 1655년이다.

차를 마시는 문화는 찰스 2세의 포르투갈 출신 아내 캐서린 여왕이 1661년 왕실에 소개했다. 즉시 은으로 된 스푼, 주전자, 스탠드, 집게, 차통 등의 우아한 도구를 사용하면서 담소를 나누는 의식이 유행했다. 이런 혁신적 문화는 상류층의 전유물이 아니었다. 차의 가격이 떨어지자 모든 이가 차 문화를 받아들여, 계층을 막론하고 대개 하루 두 번씩 차를 마셨다.

언어라는 결과는 기능적인 동시에 사회적이다. 이후 50년에 걸쳐 tea-pot(차주전자), tea-spoon(차스푼), tea-water(찻물), tea-cup(중국 찻잔과 달리 손잡이가 달린 찻잔), tea-dish(찻잔 받침 접시), tea-house(다방), tea-room(찻집) 등 효율적으로 차를 마시는 데 필요한 모든 요소를 설명하는 단어군이 도입되었다. 한 세기 후에는 점심과 저녁 식사 사이의 딱 알맞은 중간 지점, 즉 티타임이라는 중요한 개념이 생겨나면서 관련 단어군이 몇 배로 늘어났다.

그 뒤로도 기술은 더욱 정교해지고 의식은 더욱 복잡해졌다. tea만큼 빨리, 그토록 많은 용법으로 발전한 단어는 없을 것이다. tea-treat(다과), tea-saucer(차접시), tea-tray(찻쟁반), tea set(다기세트)가 생겨났다. 사람들은 tea-shop(차 전문점)에서 차를 사고, tea-visit(차를 마시러 방문)에 나섰다. 19세기에는 tea-bag(티백), tea-cake(티케이크), tea-towel(마른행주), tea-service(찻그릇)가 탄생했다. 상류층은 tea circle(차 모임)과 tea night(밤에 여는 차 모임)를 즐겼고, 차를 주문하고 싶으면 tea-bell(주문용 종)을 울렸다. 새로운 유행 덕분에 tea-gown(여성용 다회복)과 tea-jacket(남성용 다회복)도 생겨났다. 20세기에는 비즈니스 및 제조업계로도 확대되어 tea lady(차 시중드는 여자)와 tea girl(차 시중드는 여자)이 tea trolley(다과 운반대)와 tea wagon(차 도구 운반대)을 밀었다. 사람들은 tea break(휴식 시간)를 즐기고 tea bar(찻집)를 찾았다. 존 레논과 오지 오스본 같은 1960년대 록스타들은 teashades(금속테 선글라스)를 즐겨 착용했다.

그러는 동안 이 단어는 서서히 20세기 영어 관용구를 파고들었다. 'not for all the tea in China(그 무엇을 준다 해도 하지 않겠다)'라는 말은 호주에서 시작된 것 같다. 'tea and sympathy(말뿐인 위로)'는 1950년대 연극과 영화를 기점으로 널리 쓰였다. 가장 특이한 관용구는 'cup of tea'다. 이 표현은 'You're a nice strong cup of tea(당신은 정말 멋진 사람이다)'처럼 원래 사람에 쓰였다. 그러다 사람(He's my cup of tea, 그는 내 취향이다)과 화제(Science fiction is more my cup of tea, SF가 내 취향이다)를 아울러 관심의 대상을 지칭했다. 그 후에는 부정적인 방식(Science fiction isn't my cup of tea, SF는 내 취향이 아니다)으로, 뒤이어 비교의 표현(That's a very different cup of tea, 그건 완전히 다른 이야기다)으로 사용되었다. 이런 관용구가 어떻게 시작되었는지는 아무도 모른다. 빅토리아 시대 연예장에서 생겨난 듯 하지만,《옥스퍼드 영어사전》에 따르면 최초로 사용된 것은 1908년이다.

tea 이야기는 여기서 끝나지 않는다. 이 단어가 다양한 은어적 표현으로 계속 사용된다는 보고가 있지만 얼마나 널리 쓰이는지는 아무도 모른다. to go tea tax? 아주 화가 났다는 뜻이다. tea-brained? 둔감한 사람을 가리킨다. 2009년에는 미국에서 Tea Party가 결성되면서 심지어 정치적 약어로도 사용되었다. 여기서 TEA란? Taxed Enough Already(세금 인상은 그만)라는 뜻이다.

54 Disinterested

혼동하기 쉬운 단어 📜 17세기　　　　무관심한

interest는 문맥을 주의 깊게 살펴야 의미를 파악할 수 있다. 이 단어는 15세기에 법적 표현으로 첫 발을 내딛었다. 이때 interest는 권리라는 뜻으로, an interest in an estate라 하면 일부 재산에 대한 권리를 뜻했다. 이후 경제적인 의미가 생겨나 an interest in a company라 하면 회사에 대한 지분을 의미했다. 더 일반적인 의미도 나타났는데 have our interests at heart에서는 '안녕(good)'을 뜻하고, 정치인들이 'It's in your interest to vote for me'라고 할 때는 '이로운 점'을 뜻한다. 그러다 17세기에 들어 오늘날 가장 흔히 쓰이는 '뭔가에 대한 관심 또는 호기심'이라는 의미가 생겨났다. 'What are your interests?'는 관심사가 뭐냐는 뜻이다.

이런 모호함은 형용사형인 interested에도 스며들었다. 초창기에 기록된 interested의 의미는 호기심과 관련된 것으로, I'm interested는 '궁금하다'는 뜻이었다. 얼마 지나지 않아 '사적인 이익을 추구한다'는 의미가 더해졌다. 이제 I'm interested는 '나는 개인적 이득을 몰래 추구한다'는 뜻이 되었고, interested parties(이해관계자)라는 표현이 쓰이기 시작했다.

그러자 부정형이 탄생했다. '관심이 없다(not interested)'는 어떻게 표현했을까? un-과 dis- 두 접두사가 후보로 대두되었다. 어느 쪽이 옳을까? 16세기, 17세기 사람들은 수십 건의 실험을 감행했다. discontent와 uncontent 중 무엇이 옳은가? Discomfortable과 uncomfortable 중에서는? 때로는 dis-가(discontent), 때로는 un-이 살아남았다(unconfortable). 두 가지 형태가 다른 의미로 살아남은 경우도 있다.

interested가 흥미로운 것은 두 가지 형태가 완전히 겹치는 의미로 살아남았기 때문이다.

• Disinterested가 처음 기록에 등장한 것은 17세기 초반으로 '관

심 없는, 무관심한'이란 뜻이었다. 17세기 중반이 되자 '공정한, 편견 없는'이란 뜻이 되었다.
- Uninterested가 처음 기록에 등장한 것은 17세기 중반으로 '공정한, 편견 없는'이란 뜻이었다. 그러다 한 세기 후 '관심 없는, 무관심한'이란 의미로 발전했다.

의미론적 재앙이라고 생각할 수도 있을 것이다. 어쨌든 1750년 무렵까지 각각의 단어로 두 개의 다른 의미를 나타낼 수 있었다.

존슨 박사는 이 단어들을 구분하려고 했다. 자신의 《사전》에서는 disinterested에 '편견이 없다'('사적 이익에 영향을 받지 않는다'), uninterested에 '호기심이 없다'('관심이 없다')는 뜻을 부여했다. 사람들은 그런 구분을 지키려 애썼지만 부분적으로만 성공했을 뿐이다. 20세기에 몇 차례 조사한 바에 따르면 영국에서는 disinterested가 사용된 모든 경우를 통틀어 4분의 1 이상이 '지루한'이라는 의미로 쓰였다. 미국의 거의 두 배였다. 이런 말을 심심찮게 들을 수 있었다. '조금 지나니 축구에 흥미가 떨어져서(disinteresed) 경기에 안 가게 되더라.'

20세기 후반으로 갈수록 이런 새로운 용법은 두 단어의 중대한 구분이 없어진다고 느낀 사람들로부터 강한 비난을 받았다. 사실 문맥을 보면 어떤 뜻으로 쓰였는지 쉽게 알 수 있다. 조금이라도 구분하기 애매했다면 새로운 용법으로 쓰이지도 않았을 것이다. 게다가 헨리 파울러가 살아있을 때는 큰 문제가 아니었다. 1926년 《현대영어 용법 사전》에서 그가 이 단어를 언급조차 하지 않은 데서도 알 수 있다. 하지만 이후 수십 년 동안 우려가 커졌다. 어니스트 가워스 경은 1960년대에 파울러의 사전을 개정하면서 disinterested를 항목에 추가했고, '너무 늦지 않았다면' 둘을 다시 확실히 구별 짓자고 간청했다.

너무 늦었다. 오늘날 어법 전문가들이 그 중요도를 인식한 탓에 두 단어를 구분하는 문제는 아직 현재진행형이다. 하지만 이런 논란은 많은 이들의 의심을 낳았다. 만약 disinterested를 '공정한'이라는 의미로 쓴다면 의도한 대로 뜻이 전달될까? 아예 이 단어들은 피하고 동의어를 쓰는 게 더 낫겠다는 의견이 늘고 있다. disinterested의 미래는 여전히 불투명하다.

55 Polite

매너의 문제 📜 17세기   예의 바른

우리는 아주 어려서부터 예법에 맞게 말하는 법을 배운다. 이런 교육은 아이들이 제대로 대화를 나눌 만큼 언어를 습득하는 4세 무렵에 시작된다. 이때가 되면 부모가 훈련을 시작한다. '주세요라고 해야지.' '죄송하다고 말해야지.' '높임말을 써야지.' '입에 음식 넣고 말하면 안 돼.' 이런 식으로 아이들은 예의를 지켜야 하는 상황에서 쓰면 안 되는 단어가 있다는 것을 배운다. 이 단어들은 당연히 가장 바람직한 말이 된다!

우리는 자라면서 보다 세련된 표현들을 배운다.

정말 감사합니다.
천만에요.
별말씀을요.
도움이 돼서 기뻐요.
한 번만 더 말씀해주실래요?
방해해서 죄송합니다.
처음 뵙겠습니다.
민폐가 아니라면 부탁드릴게요.

하루의 시간대를 이용해 인사를 건네는 법(Good morning, Good night)도 배운다. 격식에 얽매이지 않는 변형된 인사법(Morning, Night-night)도 빼놓을 수 없다. 예상치 못한 신체 반응이 일어나면 이해와 사과(Bless you, Pardon me)를 덧붙인다. 문어체에서는 특별한 정형화된 문구(Yours sincerely, All the best)를 사용한다. 다양한 사람을 적절한 호칭으로 부르는 법도 배운다(19장). 허물없이 만나는 모임에서는 그들만의 인사법을 개발하기도 한다(Hi, Yo, Cheers).

어떤 사회적 집단이 어떤 단어와 표현을 공손하다고 받아들일지, 아니면 거부할지는 절대 예측할 수 없다. 확실한 건 세월이 흐르면서 이런 표현이 변한다는 것이다. 조너선 스위프트가 18세기 초에 언급했던 표현들을 보자. 그는 '아주 예의바른 가족'의 집을 방문할 때 주머니에 공책을 넣어 가곤 했다. 방문이 끝나면 '대화

중에 지나간 가장 탁월한 표현'을 공책에 적었다. 현대의 언어학자들도 이곳저곳을 돌아다니면서 비슷한 일을 한다.

스위프트가 받아적은 일부 표현은 오늘날까지 사용된다. 'talk of the devil(호랑이도 제 말하면 온다더니)'과 'it's an ill wind(아무리 안 좋은 일도 좋은 점은 있기 마련이다)' 같은 것들이다. 하지만 대부분은 사라졌다. 'You are but just come out of the ClothMarket(방금 일어났구나)'이 무슨 뜻인지 이해하는 사람이 얼마나 될까? 스위프트의 《공손한 대화(Polite Conversation)》에서 발췌한 아래 글을 보면 요지는 명확하지만 일부 표현에 주석이 필요하다.

> **Lady Smart** 저기, 숙녀 여러분, 차 한잔하면서 담소나 나누시죠 (now let us have a Cup of Discourse to our selves).
>
> **Lady Answerall** 부인의 친구인 존 스펜달 경은 어떤 분이세요?
>
> **Lady Smart** 아, 부인, 본인이 누리고 싶은 건 누리면서 살 수 있는 분이죠(his Father was born before him).
>
> **Miss Notable** 듣자하니 아내한테는 그렇게 정이 없다면서요.
>
> **Lady Answerall** 뭐, 그래도 세상에서 제일가는 아버지일 수는 있죠.
>
> **Lady Smart** 네, 부인, 사실이에요. 그런 말도 있잖아요, 악마도 제 자식에게는 상냥하다고.
>
> **Miss Notable** 듣자 하니 부인이 남편을 다루는 법을 안다더군요.
>
> **Lady Smart** 부인이 말도 못하게 노련하거든요. 정숙함이 그 반만 되면 완벽할 텐데 말이죠.

스위프트는 모든 대화가 어떤 상황에서도 거듭 사용될 수 있는 유용한 표현이라고 말한다. 그가 오늘날 사람들 사이에 오가는 공손한 대화를 관찰한다면 그때와 별반 차이가 없다는 걸 알게 될 것이다. 어떤 것들은 변하지 않는다.

56 Dilly-dally

반복되는 단어 📜 17세기   꾸물거리다

영어가 새로운 어휘를 만드는 방식은 때로 독창적이다. 하지만 한 단어를 빠르게 두 번 연속 말하면서 모음이나 자음 중 하나를 바꾸는 것만큼 독창적인 방식은 없다. 이런 현상을 음절 중복(reduplication)이라 한다.

음절 중복은 아이들이 말문을 틀 때 자연스레 터득하는 방식과 비슷하다. 생애 초기에 배우는 단어들은 대개 mama(마마), dada(다다), baba(바바), bye-bye(바이바이), night-night(나잇나잇), wee-wee(위위)처럼 음절이 반복된다. 그리고 곧 mummy, daddy, baby처럼 중복과 동시에 모음 변화가 일어난다. 여기서 한걸음만 나아가면 두 개의 단어로 음절을 중복하게 된다. 수많은 동요와 동화에서 이런 표현을 찾을 수 있다. 하늘이 무너질까 봐 겁이 나서 왕에게 고하러 달려갔던 닭 치킨 리킨(Chicken Licken)을 기억하는가? 그는 왕을 뵈러 가는 도중에 헤니 페니(Henny Penny), 구시 루시

(Goosey Loosey), 터키 러키(Turkey Lurkey), 마지막엔 폭시 록시(Foxy Loxy)처럼 음절이 중복되는 친구들을 한가득 만난다. 이야기에 따라 이름은 달라지지만(Hen Len과 Goose Loose처럼) 음절은 언제나 중복된다.

음절 중복은 재미를 위한 것이다. 음절을 반복하면 매력적으로 들리고 아이들이 이야기를 기억하기도 쉽다. 성인이 단어를 중복시킬 때는 다른 이유가 있다. 의미를 강조할 때는 대개 분노나 비판의 어조를 덧붙인다. dally가 그렇다. dally는 16세기에 '낭비하다', '지연하다'를 의미하는 동사로 이미 존재했다. 그러다 17세기 초에 음절 중복이 일어났다. 'Stop dilly-dallying!'이라고 하면 '마음을 정해!'라는 의미였다. shilly-shally도 똑같은 과정으로 '미적거리다'는 뜻이 되었다. 원래 형태는 'shall I, shall I'의 좀 더 강렬한 버전인 'shill I, shall I'다.

zig-zag 같은 음절 중복 단어가 만들어진 이유는 다르다. 이것들은 외부 세계에서 존재하는 모양이나 움직임을 상징하려는 시도와 관련 있다. 모음의 대조는 방향의 변화를 나타낸다. zig-zag는 원래 짧은 선들이 비스듬히 엇갈린 패턴을 의미했지만, 얼마 안 있어 번개부터 뜨개질 패턴까지 모든 종류의 엇갈리는 모양과 움직임을 지칭하게 되었다. 제1차 세계대전에는 군대 은어로도 쓰였다. 누군가 zig-zag하다면 취했다는 뜻이었다.

중복 단어에는 흥미로운 일이 일어나기도 한다. 심지어 각 부분으로 쪼개져서 독립된 단어처럼 사용된다. shilly-shally 대신 shillying and shallying이라고 쓸 수도 있다. 옛 보드빌 음악을 통

음절 중복의 효과를 노리는 동화

해 불멸성을 얻은 표현도 있다.

   우리 집 양반이 말했지 '밴을 따라가,
   가다가 미적거리지 말고(don't dilly dally on the way)'.
   내 짐을 실은 밴이 떠났고,
   나는 늙은 홍방울새를 따라갔지.
   하지만 난 미적거렸어, 미적거렸어(I dillied and dallied, dallied and I dillied),
   길을 잃고 배회할 곳도 모른 채…

   영어에는 음절이 중복되는 단어가 수없이 많다. 패턴을 보면 보통 첫 번째 모음은 입 앞쪽 위에서, 두 번째 모음은 입 안쪽 아래에서 소리가 난다. pitter-patter(후두둑), riff-raff(하층민), knick-knack(작은 장식품), chit-chat(잡담)처럼 모음이 i에서 a로 바뀌는 경우가 흔하다. criss-cross(십자형의), sing-song(가락을 넣어 말하기), ping-pong(주고받다), tick-tock(똑딱똑딱)처럼 i에서 o로 바뀌는 경우도 그 못지않다. helter-skelter(허겁지겁), hanky-panky(속임수), fuddy-duddy(고루한 사람), super-duper(기막히게 좋은)처럼 자음이 바뀌면서 두 단어가 운율을 이루는 패턴도 있다. 셰익스피어는 이런 단어를 즐겨 만들었다. 그의 작품에는 skimble-skamble(지리멸렬한), bibble-babble(실없이 지껄이다), hugger-mugger(난잡한), hurly-burly(야단법석)가 여러 차례 등장한다.
   일부 음절 중복은 역사가 꽤 오래되었다. willy-nilly(싫든 좋든)

가 처음 기록에 등장한 것은 17세기이지만, 훨씬 전부터 쓰이던 'will I, nill I'가 형태에 반영돼 있다. 여기서 nill은 고대 영어로, 'will not'을 의미하는 ne와 will의 합성어다. 계속 새로운 음절 중복이 탄생하는 것을 보면 이런 단어들이 사랑받고 있는 게 분명하다. 1970년대 이후에는 hip-hop(힙합), happy-clappy(기뻐서 손뼉 치는 신자), oogly-boogly(우글리 부글리)가 등장했다. oogly-boogly가 뭐냐고? 공포 영화에서 사람의 몸을 찢고 나오는 무시무시한 존재를 뜻한다. 영화 〈에일리언〉에서 케인(존 허트 분)의 배를 뚫고 나온 괴물을 기억하는가? 그게 바로 oogly-boogly다.

57 Rep

축약 17세기   대표

사람에게 rep이라고 하면 무슨 뜻일까? 17세기에 rep은 '누구'가 아니라 '무엇'이었다. rep는 reputation(명성)의 줄임말이었으니까. something upon rep이라고 하면 '그 일에 자신의 명성을 건다'는 뜻이었다.

17세기 후반 들어 이런 식으로 단어를 줄이는 일이 유행했다. incognito(익명의)는 incog로, '맞아'라는 뜻의 That's positive는 That's pos나 pozz로 줄여 말했다. 큰 무리의 사람을 mob(군중)이라 했는데, 이는 mobile vulgus라는 두 단어의 줄임말이다. '변덕스러운 무리'를 뜻하는 이 단어는 16세기 말 영어에 유입되어 17세기에는 mobile로, 뒤이어 mob으로 줄여 썼다.

　이렇게 단어 길이를 줄이는 것을 '축약'이라 한다. 수필가 조셉 에디슨은 이런 축약을 견딜 수 없었다. 1711년 《스펙테이터(Spectator)》의 어느 호에서 그는 사람들이 '일부 단어를 끔찍하게 축소한다'고 불평하면서 위의 모든 사례를 인용했다. (하지만 몇 년 후에는 그 자신도 pozz를 썼다.)

　축약은 영어사에 매우 흔하다. 단어 끝을 축약한 형태로 ad(광고), celeb(유명인), doc(의사), prof(교수) 등이 있고, 앞을 축약한 형태는 phone(전화기), burger(햄버거) 등이 있다. 앞뒤를 동시에 축약한 형태로는 flu(독감)와 fridge(냉장고)를 꼽을 수 있다. 보통 이런 축약어는 격식을 차리지 않는 자리에서 쓰였지만, 나중에는 분위기와 상관없는 일반적 표현이 되었다. 당연히 완전한 형태는 더 격식 있거나 정확하다고 여겨진다. 이를테면 fax(facsimile, 팩스), memo(memorandum, 메모), gym(gymnasium, 체육관), exam(examination, 시험), vet(veterinarian, 수의사), pub(public house, 술집), flu(influenza, 독감)를 생각해보라. bus와 cello 등 일부 축약어는 원래 형태(omnibus, violoncello)가 거의 쓰이지도 않는다. mob은 말할 것도 없고.

　물론 단어가 축약되었다고 해서 의미가 바뀌는 것을 막을 수는 없다. rep의 역사가 이를 잘 보여준다. 18세기에 rep은 부도덕하거나 타락한 사람을 의미하는 reprobate의 축약이었다. 평판이 나쁜 여성은 demi-rep(화류계 여자)이라고 했다. 동시에 대문자 R로 시작하는 축약어도 등장했는데 처음에는 Republic(공화국), 그 다음에는 House of representatives(미국 정치 시스템에서 하원의원), 19세기에는 Republican Party(공화당 의원)를 지칭했다.

20세기에는 그 의미가 더욱 다양해졌다. 1900년경부터 (repertory의) rep는 정기 연극 프로그램을 운영하는 극단을 지칭했다. 배우들은 repertory(레퍼토리), 즉 rep에 등장했다. 그러다 얼마 안 있어 모든 조직의 representative(담당자)라는 뜻이 추가되었다. 휴가 담당자(holiday rep)는 여행 중인 고객을 돌본다. 노조 담당자(uinion rep)는 노조 업무를 관리한다. 영업 담당자(sales rep)는 물건을 판다.

1930년대 이후로 rep는 repetitions(반복 횟수)의 줄임말로도 쓰인다. 반복적 활동은 수많은 스포츠 및 건강 프로그램에 필요하다. twenty reps, fifty reps(반복 횟수 20번, 50번)처럼 말이다. 근육을 강화하려면 동작을 몇 번이나 반복해야 할까? 보디빌더들은 알겠지.

58 Americanism

새로운 국가 📜 18세기   미국 영어

Americanism(미국 영어)이라는 단어는 미국이 탄생하고 5년 후에야 만들어졌다. 뉴저지 대학 총장이 된 스코틀랜드 목사 존 위더스

푼은 1781년 펜실베이니아의 한 저널 기고문에서 Scotticism(스코틀랜드 어법)에 빗대어 이 단어를 만들었다고 밝혔다. 이후 사람들은 영국에서 사용되는 용법과 조금이라도 다르면 모두 Americanism이라고 불렀다.

이 단어는 널리 퍼져 미국식 행동, 관습, 제도 등 모든 것에 적용되었다. 새로운 국가적 정체성을 만드는 과정의 일부였다. 노아 웹스터는 1806년《간추린 사전(Compendious Dictionary)》을 편찬하면서 이 단어를 '미국에 대한 사랑과 미국의 이익을 우선시함'이라고 정의해 폭넓은 의미를 강조했다.

웹스터의 책은 미국에서만 사용되는 단어를 설명한 최초의 사전으로 butternut(버터호두), caucus(간부회의), checker(계산대 직원), chowder(차우더), constitutionality(합법성), hickory(히코리), opossum(주머니쥐), skunk(스컹크), succotash(옥수수 콩요리) 등 지역적 특색을 담은 단어들을 수록했다. color, defense처럼 이내 미국식 영어의 전형적인 특징으로 꼽히게 된 철자 혁신의 징후도 이 사전에서 맨 처음 접할 수 있었다.

200년이 지나자 미국 영어사전은 지역적인 용법 변형까지 아울러 거대해졌다. 다섯 권으로 된 방대한《미국 지역 영어사전(Dictionary of American Regional English)》에는 수많은 단어가 수록되었다. 인도(sidewalk, 영국에서는 pavement)와 도로 사이에 있는 잔디밭을 뭐라고 할까? 조사팀이 찾은 단어는 boulevard, devil strip, grass plot, neutral ground, parking, parking strip, parkway, terrace, tree bank, tree belt, tree lawn 외에도 수없이 많다.

《해리 포터》 시리즈의 영국판과 미국판 표지. 언어 및 문화적 차이는 책 제목에도 영향을 미쳤다. 이런 언어적 대조는 단어뿐 아니라 관용적 표현에서도 나타난다. 영국판 《비밀의 방》에서는 해리가 론에게 'Bit rich coming from you!(네가 그런 말을 하다니 어처구니가 없네!)'라고 하지만, 미국판에서는 'You should talk!(사돈 남 말하네!)'라고 한다.

지역적 특징은 제쳐놓더라도 영국 영어와 미국 영어 사이에는 수많은 차이가 있다. 자동차 부품과 관련된 단어를 보자. 영국 영어에서는 wing mirror, number plate, petrol cap, aerial, windscreen, wing, bonnet, boot라고 하지만, 미국 영어에서는 side-view mirror, license plate, gas cap, antenna, windshield, fender, hood, trunk라고 한다. 축약이 걸림돌이 되기도 한다. CNN, BBC와 같은 축약어는 대서양을 가로지르지만 ATT, BT 같은 단어는 그렇지 않다. 영국인은 American Telephone and Telegraph Company, 미국인은 British Telecom이라고 말해줘야 알아듣는다.

관용구도 마찬가지다. 대부분의 영국인은 야구에 대해 무지하기 때문에 어떤 회사가 'hit a home run(매우 성공적인 업적을 이뤘다)'이라고 하면 멍한 표정을 짓는다. 미국인도 그 못지않게 크리켓에 무지하므로, 어떤 정치인이 'batting on a sticky wicket(곤경에 처하다)' 했다는 소리를 들으면 어리둥절할 뿐이다. 양쪽이 아주 흡사한 경우도 있다. 이를테면, 야구에서 caught off base(기습을 당하다)는 크리켓에서 caught out(뜬공이 잡혀 아웃되다)과 같다.

지금은 미국 TV 쇼와 영화가 워낙 널리 퍼져 영국인들도 미국 단어에 친숙하다. 다섯 살 난 내 손자는 벌써 faucet(수도꼭지, 영국에서는 tap), drape(커튼, 영국에서는 curtain), railroad(철도, 영국에서는 railway)에 능통하다. 〈미키마우스〉, 〈특수요원 오소〉를 비롯해 디즈니 채널에서 방영되는 다양한 콘텐츠에 반복 노출된 까닭이다. 미국의 다섯 살짜리들도 영국식 단어에 그토록 훤할지 의문이다. 미국에서 영국 영어는 주로 번역되어 전달되니 말이다.

58 Americanism

심지어 《해리 포터》도 이런 경향을 피하지 못했다. 영국판에서는 아이들이 crumpet(크럼피트)와 crisp(감자칩)를 먹지만, 미국판에서는 English muffin(잉글리시 머핀)과 chip(감자 튀김)를 먹는다. cooker(요리용 레인지)는 stove로, dustbin(쓰레기통)은 trashcan으로, jumper(스웨터)는 sweater로 번역된다. 어떤 것은 언어보다는 문화적 차이를 반영한다. 영국에서 《해리 포터와 현자의 돌(Harry Potter and the Philosopher's Stone)》이었던 시리즈는 미국에서 《해리 포터와 마법사의 돌(Harry Potter and the Sorcerer's Stone)》이 되었다.

59 Edit

역성어 18세기   편집하다

'뭐가 먼저 생겼을까?' 단어의 역사를 살피다 보면 심심찮게 이런 질문이 생긴다. 보통 단어는 시간이 지날수록 길어진다. 1300년대에 nation이 생기고, 1500년대에 national, 1700년대에 nationalise, 1800년대에 nationalisation과 denationalisation이 생겨났다. 이제 세상 어딘가에서는 anti-denationalisation도 쓰인다. 예상된 패턴이다. edit는 이와 반대 패턴을 거쳤다는 점에서 살짝 놀랍다.

1500년대에 edition이 등장했다. 한 세기 후 editor가, 또 한 세기 후 editorship이 탄생했다. 여기까지는 평범하다. 그러다 1790년대에 edit가 나타났다. Editor의 끝부분이 떨어져 나가 동사가 만들어진 것이다. 이런 식으로 생겨난 단어를 언어학자들은 역성어라고 한다.

역성어가 나타난 것은 오래전이지만 지난 200년간에 더욱 보편화된 듯하다. 18세기에는 edit와 함께 swindler에서 swindle이, gambler에서 gamble이 생겨났다, 19세기에는 shoplifter에서 shoplift가, sculptor에서 sculpt가 생겨났다. 20세기에는 automation에서 automate, babysitter에서 babysit, television에서 televise 등 수십 개가 등장했다. 역성어가 생기기까지는 꽤 오랜 시간이 걸리기도 한다. burglar는 13세기부터 존재했지만 burgle은 1870년대에 나타났다. housekeeper의 시작은 1440년대로 거슬러 올라가지만 housekeep은 400년 뒤에야 모습을 드러냈다. 2000년대에 '집에서 보내는 휴가(stay-at-home vacation)'라는 뜻의 staycation이 등장하자, 사업이 타격받을 것을 염려한 한 여행사가 즉시 이런 구호를 내걸었다. '휴가를 갈 수 있는데 왜 집에서 보내는가?(Why staycate when you can vacate?)'

모든 역성어가 바로 수용되는 것은 아니다. helicopt(헬리콥터로 가다), caretake(돌보다), therap(치료하다)는 비판을 받았다. 심지어 동사로서도 helicopt보다 helicopter가 더 선호된다. 하지만 사람들은 늘 익살스러운 신조어를 만들 준비가 되어 있기에 역성어가 탄생하는 것은 자연스러운 일이다. 가끔 누군가 예의 바르다고(couth, 무례하다는 뜻의 uncouth의 반대) 말하는 소리를 듣는다.

59 Edit

dishevelled(단정치 못한)나 insipid(풍미가 없는)에서 나온 shevelled와 sipid는 또 어떤가? disgruntled(불만스러워하는)의 반대말은? 당연히 P. G. 우드하우스가 창조한 gruntled다.

주제에서 살짝 벗어난 이야기지만 말미에 덧붙이면 좋을 것 같아 적어본다. 전에도 editor의 여성형인 editress(여성 편집자)와 마주친 적이 있는지 모르겠지만, edit의 역사를 샅샅이 훑는 도중에 이 단어를 발견했다. 19세기에는 editrix(여성 편집자)와 더불어 꽤 인기가 좋았던 모양이다. 지금은 둘 다 사라지고 없지만, 몇몇 웹사이트 제목에서 editress나 editrix를 찾을 수는 있다. 대개는 우스개로 쓴 게 아닌가 싶다.

60 Species

분류하기 📜 18세기   종

영어에는 얼마나 많은 단어가 있을까? 어떤 것을 단어로 여기는지에 따라 대답하기 어려울 수도 있다. flower pot(화분)은 한 단어일까, 두 단어일까? washing machine(세탁기)은? 축약어도 전부 단어로 쳐야 할까? 'Meet me at 4 pm outside your HQ for a G&T?(4시에 본사 앞에서 만나 진토닉 한잔 할까?)' 는 몇 개의 단어로 된 문장인가? 자연계를 분류하는 수천 개의 라틴어 및 그리스 단어는 어떻게 세야 할까?

18세기에 카롤루스 린네는 자신이 고안한 방법으로 약 2백만 종의 생물을 명명했다. 이는 동식물이 어떤 종에 속하는지를 최초로 식별한 체계로, 종 다음에는 속(genus)으로, 속 다음에는 과(family)로 분류했다. 대부분 '속'과 '종'만으로도 대상을 식별하기에 충분하다.

이를테면 다양한 종의 튤립은 튤립속(Tulipa)에 속하면서, 다른 속들(수선화, 백합 등)과 함께 백합과(Liliaceae)를 이룬다. 종으로 따지면 야생 튤립(Tulipa sylvestris), 레이디 튤립(Tulipa clusiana) 등으로 구분한다. 마찬가지로 다양한 종의 고양이는 고양이속(Felis)에 속하면서 호랑이, 치타 등 다른 속들과 함께 고양이과(Felidae)를 이룬다. 종으로 따지면 집고양이(Felis catus), 야생 고양이(Felis sylvestris) 등으로 나뉘고, 여기서 더 나아가 샴 고양이(Felis catus siamensi), 맹크스 고양이(Felis catus anura)처럼 품종으로 구분한다.

이것들은 전부 일상적 명칭에서 발생하는 모호함을 해결하기 위한 전문 용어다. 블루벨(bluebell)이라는 이름은 영국과 스코틀랜드에서 각기 다른 식물을 지칭한다. 당연히 다른 언어로 번역될 때는 완전히 다른 이름으로 불린다. 하지만 라틴어 용어는 항상 같은 방식으로 사용하므로 국가를 초월해 모든 정원사들이 헷갈리는 상황을 피해 보다 원활히 소통할 수 있다. 진지한 식물학자로 대접받고 싶다면 그중 일부는 알아야겠지만, 대부분의 사람은 학명을 쓰지 않는다.

이런 이름도 영어에 포함될까? 이 명칭들을 무시할 수는 없다. 화훼 전시회에 가면 이따금 이런 대화를 듣는다. '정원에 튤립 타

60 Species

르다(Tulipa tarda)가 잔뜩 피었는데 엄청 예뻐요.' 로도덴드론(rhododendron, 철쭉)과 퓨시아(fuchsia)처럼 일부 전문적 이름은 실제로 일상생활에서도 쓰인다. 마찬가지로 동물원이나 자연사 박물관에 가보면 동물들의 학명을 접하게 되며 호모 사피엔스(Homo sapiens, 지혜로운 인간), 티라노사우루스 렉스(Tyrannosaurus rex, 난폭한 도마뱀의 왕) 같은 학명은 널리 알려져 있다.

알려진 종이 200만 개라면 초대형 사전에 등재를 기다리는 이름이 200만 개다. 이건 시작에 불과하다(We ain't seen nothin' yet). 생물학자들에 따르면 수백만 개의 종이 아직 발견도 되지 않았다.

61 Ain't

옳고 그름 18세기　　　　　　　　　am not의 축약형

20세기에 언론에서 툭하면 혹평을 받았던 단어치고 ain't는 글쓰기와 말하기에서 놀랄 정도로 많이 등장한다. 틀린 문법이라고 크게 비난받았지만 모든 부류의 사람이 이 단어를 사용한다. 단순히 지역 방언에서만 발견되는 게 아니다. 표준 영어를 구사하는 사람들도 'If it ain't broke don't fix it.(못 쓸 정도가 아니면 그냥 써라)', 'Ain't it the truth.(당연한 거 아냐)', 'Ready it ain't.(준비가 덜 됐어)', 'Things ain't what they used to be.(상황이 예전 같지 않다)' 같은 표현을 쓴다. 자신의 말이 꾸밈없고 현실적이며 감칠맛 나게 들리도

록 비표준적 형태를 사용하는 것이다.

글이라고 예외는 아니다. 이전 장 말미에 등장한 문장에서도 쓰였는데(we ain't seen nothin' yet), 혹시 눈치챘는가? 내 글이 출판물에서 이 표현을 사용한 최초의 사례는 물론 아니다. 2002년 출간된 책의 제목은 이렇다. 《이건 시작에 불과하다: 미디어의 미래와 글로벌 전문가 시스템(You Ain't Seen Nothing Yet: The Future of Media and the Global Expert System)》. 그뿐인가. 《나쁜 버릇 고치기: 반려견을 위한 행동 교정 안내서(Ain't Misbehavin': A Good Behaviour Guide for Family Dogs)》, 《반드시 그렇지는 않다: 성서 속 역사의 진실을 찾아서(It Ain't Necessarily So: Investigating the Truth of the Biblical Past)》 등 예는 얼마든지 있다. 출판물에서는 비표준적 형태를 쓰는 일이 드물다 보니 시선이 갈 수밖에 없다.

뒤의 두 권은 유명한 노래 제목에서 따 왔다. 우리는 〈Ain't Misbehavin〉(1929년에 발표된 뮤지컬 코미디 〈핫 초콜릿〉에 쓰인 루이 암스트롱의 히트곡 제목) 같은 문구를 기억 속에 잘 저장해 뒀다가 필요할 때마다 다른 사람들이 알아줄 거라고 자신하면서 끄집어내곤 한다. 이 단어를 사용한 노래는 한두 곡이 아니다. 〈It Ain't Half Hot, Mum〉은 인기 시트콤 주제가로 쓰이면서 영국인들의 뇌리에 박혔다. 'It ain't over till the fat lady sings(끝날 때까지 끝난 게 아니다)'는 스포츠 해설에서 상투적인 문구로 자주 쓰인다.

ain't의 역사는 독특하다. 이 표현은 am not, are not, is not, has not, have not 같은 여러 단어를 축약한 형태다. 18세기에 다양한 연극 및 소설에서 사용되었는데 처음에는 an't, 뒤이어 ain't로 쓰였다. 19세기에는 지역 사투리, 특히 런던 토박이말의 대표주자로 널리 쓰이다가 미국식 구어체 영어의 독특한 특징이 되었다. 하지만 찰스 디킨스와 마크 트롤로프 등이 쓴 19세기 소설에서 이 표현을 사용한 인물들을 살펴보면 전문직과 상류층이 많다. 사회적 스펙트럼의 양 극단에서 하나의 형태를 동시에 사용하는 것은 특이한 일이다. 1907년까지만 해도 사회에 대한 논평을 싣는 《소셜 패티시(The Social Fetich)》에서 레이디 아그네스 그로브는 ain't I가 상류층이 일상에서 사용할 만한 표현으로 아주 훌륭하다고 옹호하면서 aren't I를 비난했다!

하지만 소수의 지지자들은 빠르게 줄었다. 권위적인 문법학자들이 ain't에 반대 입장을 취하자 이 단어는 곧 교육받지 않은 이들이 쓰는 표식으로 낙인 찍혔다. 1961년 《웹스터 인터내셔널 사전(Webster's Third New International Dictionary)》의 편집자가 교양 있는 시민들 사이에서도 이 표현이 널리 사용되므로 생략할 수 없다고 결정했을 때는 여기저기서 비판이 쏟아졌다. 단어 하나가 그토록 큰 분노를 일으킨 일도 드물 것이다. 하지만 gotcha를 비롯한 비표준적 철자들이 보여주듯 결코 유일한 사례는 아니다(88장).

62　Trek

아프리카에서 건너온 단어 🕮 19세기　　　트레킹

1883년 올리브 슈라이너는 런던에서 랄프 아이언이라는 필명으로 소설을 출간했다. 《아프리카 농장 이야기(The Story of an African Farm)》는 외딴 타조 농장에서 일하는 강인하고 독립적인 여성에 대한 이야기다. 남아프리카를 배경으로 한 그녀의 첫 소설은 베스트셀러가 되었다.

　슈라이너는 책을 쓰면서 문제가 있음을 깨달았다. 어떻게 해야 독자에게 남아프리카라는 배경을 알기 쉽게 소개할까? 소설의 도입부에 시골 풍경을 묘사하는 부분이 있다. karroo bushes, kopjes, sheep kraals와 같은 표현이 등장한다. 영국 독자들에게 이 단어들의 의미를 어떻게 알릴 것인가?

　그녀의 해결책은 가장 중요한 단어들을 골라 책 앞부분에 설명을 넣는 것이었다. 그러면 독자들이 karroo는 '모래로 뒤덮인 넓은 고원'이고, kopje는 '작은 언덕'이고, kraal은 '돌벽이나 가시나무로 울타리를 쳐서 밤에 양떼나 소떼를 가둬두는 공간'이라는 것을 알게 될 터였다. 동물(meerkat, '족제비처럼 생긴 작은 동물'), 사람(predikant, '목사'), 음식(bultong, '육포'), 의류(kappje, '햇볕 가리는 모자')를 비롯해 살림살이와 행동을 뜻하는 다양한 단어들도 수록했다. 대부분 아프리카어에서 유래했지만, 일부는 영국 단어를 약간

각색한 것이었다. 예를 들어 upsitting은 보어인들의 구혼 관습을 일컫는 단어로, 책에는 이렇게 적혀 있다. '남자와 여자가 함께 밤새도록 똑바로 앉아있어야 한다.'

아프리카 단어들이 영어 어휘에 영향을 주기 시작한 것은 19세기다. 그 전에 그런 사례는 극소수였다. yam(얌)과 banana(바나나)가 16세기에 들어왔고, harmattan(바람의 일종)과 zebra(얼룩말) 같은 몇몇 단어가 추가로 유입되었다. 남아프리카에서 kraal은 18세기에 '마을'이라는 의미로 처음 등장했다가 슈라이너가 설명했듯 '동물을 가두는 울타리'라는 뜻으로 발전했다. maningi(매우), induna(족장)처럼 토착 언어에서 차용한 것들과 더불어 bioscope(영화관), dorp(마을) 같은 수백 개의 단어가 남아프리카 지역 영어로 살아남았다. commando(특공대), spoor(짐승의 자취), veld(초원) 같은 일부 단어와 resettlement(재식민), apartheid(아파르트헤이트)처럼 정치적 의미를 지닌 용어들은 표준 영어로 편입되었다. 하지만 trek처럼 넓은 용도로 쓰이게 된 단어는 드물다.

trek은 1840년대에 '우마차로 이동하는 여정'이란 의미로 유입되었는데, 첫 번째 '그레이트 트렉(Great Trek)', 즉 남아프리카에 거주하는 보어인들의 대규모 이동과 관련이 있다. 그 후 이 단어는 남아프리카 영어에서 다양한 의미로 발전하면서 trek path(통행권), trek swarm(이주하는 꿀벌들) 등 수많은 합성어로 쓰였다. 다시 한 세기가 지나자 전 세계 모든 지역에서 육로를 이용한 고된 여정을 지칭하게 되었다. 정글, 사막, 만년설 같은 험난한 지역을 누비는 탐험을 설명하기에 완벽한 매체용 단어가 된 것이다.

그러고 나서 trek은 다시 다양한 방향으로 발전했다. 이제 보어인 입장에서는 사소해 보일 법한 활동에도 쓰이기 시작했다. 식료품 가게에 들르는 지루하거나 틀에 박힌 여정도 trek, 집에서 사무실로 출근하는 것도 trek이 되었다. 트레킹(trekking)을 하며 휴가를 보내는 게 유행하면서 트레커들(trekkers)은 신체적으로 감당할 만한 수준에서 트레킹하라는 주의를 받았다. 신체에만 국한되지도 않았다. 감정의 굴곡을 경험하거나 뭔가를 떠올리기 어려우면 '영적 산책(mental trek)'을 떠날 수도 있었다.

1960년대에는 대문자 T로 시작하는 뜻밖의 용법이 생겨났다. 새 공상과학 TV 시리즈물의 열혈 애청자들을 트레키즈(Trekkies) 또는 트레커즈(Trekkers)라 부르게 된 것이다(두 가지 이름의 호불호가 나뉘어서 어떻게 부를지가 심각한 이슈였다). 이런 팬들을 다룬 1997년 다큐멘터리 영화의 제목은 〈트레키즈(Trekkies)〉였다. 이제는 이 시리즈뿐 아니라 우주 여행 판타지물의 열혈 팬이라면 누구나 트레키(소문자 t)라 부른다. 〈스타트렉〉 덕분에 이 단어는 '장거리 여행'이라는 의미를 되찾고 외래어로서는 한 번도 가보지 못한 곳에 대담하게 발을 내딛게 되었다.

63 Hello

기술을 통한 진보 📜 19세기   안녕

  hello는 매일 인사로 쓰는 자연스러운 표현이다. 당연히 태곳적부터 영어에 존재하지 않았을까? 그렇지 않다. 이 단어가 기록에 처음 등장한 것은 채 200년도 되지 않았다.

  영국인들은 앵글로색슨 시절부터 서로의 관심을 끌기 위해 h로 시작하는 단어들을 썼다. 13세기에는 hey와 ho가, 15세기에는 hi가 쓰였다는 기록이 있다. hollo, hillo, holla, halloo를 비롯해 사냥에 사용된 외침들은 16세기부터 알려졌지만, 분명 그보다 훨씬 오래되었을 것이다. 앵글로색슨이 인사로 사용한 단어 중에는 '건강하세요' 같은 표현으로 사용되던 hal('whole', 'healthy')도 있다. hail은 13세기에 등장했다. 하지만 현대적 인사말 hello가 나타난 것은 19세기다.

  처음 등장했을 때는 철자가 여럿이었다. hallo, hello, hillo, hollo, hullo 이렇게 다섯 가지 모음이 모두 사용되었다. 강세가 2음절에 있어서 첫 번째 모음이 잘 안 들린 탓에 변형이 일어난 것이다. 오늘날에는 hello가 일반적인 철자로, hallo보다 거의 네 배 더 흔하다. 하지만 소설가가 경찰의 입을 빌려 이 단어를 사용할 때는 예외다. 아가사 크리스티의 《서재의 시체(The Body in the Library)》에서 포크 순경은 전화를 받으며 'Hallo, 'allo, 'allo'라고 답한다.

미국 벨 전화기의 초창기 광고. 가정에서 전화기의 사회적 역할을 강조하고 있다. 전화가 처음 도입됐을 때는 얼굴을 대면하는 전통적 상호 작용이 사라질 거라는 우려가 있었다. 이런 광고는 그런 회의론을 불식하기 위한 것이다.

왜 hello가 인기를 끌었을까? 이 단어는 1800년대 초에 생겨났지만 주로 길거리 은어로 격의 없이 사용되었다. 좀 더 격식 있는 용법은 전화기가 발명되면서 등장했다. 사람들은 대화를 시작하거나 상대방에게 자신이 전화를 받았다는 걸 알릴 방법을 찾아야 했다. 항상 연결돼 있는 회선을 사용할 때는 더욱 그랬다. Ahoy!(어이!), Are you there?(거기 있나요?), Are you ready?(준비됐나요?) 등 다양한 후보가 제시되었지만 전화 송신기를 발명한 토머스 에디슨은 hello를 선호했다.[49] 1877년 녹음 기술을 발명했을 때 기계 주둥이에 대고 외친 말도 hello였다. 그는 동료에게 보낸 유명한 편지에서 전화기에 대해 이렇게 말했다. '5미터 정도 떨어진 곳에서도 Hello!라는 소리를 들을 수 있으니 초인종이 필요하지 않을지도 모르겠네.' 10년이 지나지 않아 최초의 전화교환원이 등장했다. 이들은 hello girls(헬로 걸스)라 불렸다.

hello는 기술이 어떻게 단어를 새로운 방향으로 이끌며 어휘에 영향을 주는지 잘 보여준다. 물론 다른 용법도 계속 생겨났다. 특히 1980년대 이후 요점을 놓치거나 이해하지 못했다는 뉘앙스로 주의를 환기하는 반어적 용법이 나타났다. '그러니까, 이봐! 그게 말이 되냐고?(I mean, hello! How crazy was that?)' 하지만 일상적인

---

[49] 최초로 전화 송신기를 발명한 사람은 알렉산더 그레이엄 벨이지만, 송신기 성능이 매우 떨어졌기에 많은 발명가가 개량된 송신기를 고안하는 일에 뛰어들었다. 토머스 에디슨은 벨이 전화기의 특허를 출원한 지 10년 후인 1886년에 개량된 송신기를 발명했으며, 이 디자인이 1970년대까지 사용되었다. 한편, 통화 시 처음 건네는 인사로 벨은 Ahoy!를, 에디슨은 Halloo!를 제안했다고 전해진다. 결과는 누구나 알 듯 에디슨의 완승이었지만, 벨은 평생 통화를 할 때마다 Ahoy!로 말을 시작했다고 한다. ─편집자

사로서의 미래는 19세기 미국에서 등장한 hi의 도전으로 인해 그리 밝지 않다. 현재 hi는 전 세계적으로 세대를 불문하고(나이 든 사람들은 더 적게 사용하긴 하지만) 사용되며 글에서 사용되는 빈도도 늘고 있다. 아는 사람에게 이메일을 보낼 때 글머리에 가장 흔히 쓰이는 표현이 hi다. 나이가 몇이든 다섯 글자보다 두 글자가 치기 쉽고 빠르지 않은가. 여기서도 열쇠를 쥔 건 기술이다.

64 Dragsman

도둑의 은어 ▤ 19세기   4륜마차 마부

사전은 주로 지위 높은 사람들과 선한 사람들이 쓰는 단어를 다룬다. 존슨 박사는 자신의 《사전》에 실을 어휘로 '순수한 영어의 샘,' 즉 최고의 저자들이 사용하는 교양 있는 어법에 각별히 주목했고 그렇게 유행을 창조했다. 《사전》에는 평범한 사람들이 쓰는 일상적 속어라고는 눈 씻고 찾아봐도 없다. 범죄자들이 은밀히 사용하는 용법(은어 또는 변말이라고 한다)은 당연히 다루지 않는다. 하지만 악당에게도 그들만의 어휘가 있다!

    그들의 어휘를 연구하는 건 쉬운 일이 아니다. 범죄자가 쓰는 단어를 수집해 그 의미를 정립하려면 그 세계에 들어가 꽤 오래 머물러야 할 것이다. 위험이 따르는 일이다. 하지만 몇몇 대담한 사전 편찬자들은 그 일을 해냈다.

최초의 그런 편찬자 중 하나였던 조지 앤드류는 1809년 《속어 및 은어 사전(A Dictionary of the Slang and Cant Languages)》을 펴냈다. 목적은 매우 실용적이었다. 그에 따르면 도둑들의 세계에는 그들만의 언어가 있어 백주 대낮에 길에서 범행을 모의해도 행인들이 알아차리지 못했다. 그는 자신의 《사전》이 그들의 범죄를 탐지하는 데 도움이 되기를 바랐다. '이 책을 정독하면 대중이 수수께끼 같은 문구들에 익숙해져 범죄자들의 계획을 더 잘 좌절시킬 수 있을 것이다.'

dragsmen은 그가 염두에 둔 악당 유형 중 하나다. 18세기에 drag는 승합마차처럼 말이 끄는 개인 소유의 탈것으로 마차 안쪽과 위쪽에 좌석이 있었다. dragsman은 마차를 끌던 마부를 뜻한다. 하지만 탈것에서 물건과 짐을 훔친(drag, 끌어내린) 사람을 지칭하기도 했다. 이들을 dragger라고도 불렀다. 자동차가 발명되자 drag는 더이상 교통수단의 이름으로 쓰이지 않았다. 하지만 1950년대에 드래그레이싱이라는 미국식 스포츠(처음에는 마을의 주요 도로인 drag를 따라 레이싱을 했다)가 탄생하면서 다시 등장했다.

앤드류는 사전에서 다양한 종류의 범죄 행위를 소개했다. footpad(노상강도)와 coiner(위조범) 같은 단어는 요즘도 사용된다. fencer는 오늘날로 치면 훔친 물건을 넘겨받는 사람(fence, 장물아비)이다. footpad에서 짐작할 수 있듯이 water-pad는 배를 터는 사람을 일컫는다.

몇몇 생소한 용어는 매우 묘사적이다. cloak-twitcher(망토 날치기)는 어두운 곳에서 갑자기 뛰쳐나와 행인의 어깨에서 망토를 채

가는 도둑이다. beau-trap은 옷을 말끔히 차려 입은 사기꾼, diver는 소매치기다. 의미가 불명확한 데다 기원도 알 수 없는 용어들도 있다. 강도는 집을 가리키는 오래된 속어 ken을 가져와 kencracker라고 하지만 이 단어가 어디서 비롯되었는지는 아무도 모른다. prigger는 도둑, lully-prigger는 리넨 제품을 훔치는 도둑을 말한다. 역시 유래를 아는 사람이 없다.

앤드류가 소개한 것 중 아리송한 단어가 두 개 있으니 clapper-dogeon와 gammoner다. clapperdogeon(clapperdudgeon이라고도 쓴다)은 거지를 뜻하는데, clapper(동냥 그릇 뚜껑)와 dudgeon(단검 자루)의 합성어로 보인다. 아마 거지들이 단검 자루로 그릇 뚜껑을 쳤던 모양이다. gammoner는 소매치기가 주머니를 터는 동안 피해자의 주의를 분산시키는 공범을 뜻한다. 소매치기가 공범에게 이렇게 말하지 않았을까? 'Give me gammon.' gammon은 '계략'이나 '음모'라는 의미의 game에서 비롯되었으리라. 요즘에도 'so that's your little game(그런 얕은 수에 안 넘어가)', 'two can play at that game(당하고만 있지는 않아)' 같은 표현이 쓰인다. 아니면 서양식 주사위놀이(backgammon, 'back-game')와 알려지지 않은 연결고리가 있을까? 그 역시 알 수 없다.

64 Dragsman

65 Lunch

언어적 계층전쟁 📜 19세기 점심

하루의 중간에 먹는 식사를 뭐라고 부르나? 많은 사람이 의심의 여지없이 lunch라 답할 것이다. 그보다는 적지만 역시 많은 사람이 당연하다는 듯 dinner라 답할 테고. 뭐라고? 의아할지 모르지만 이는 해묵은 논쟁거리이자 오랫동안 영어 어휘의 특징이기도 했다.

이 문제는 1950년대 영국에서 많은 매체가 상류층(U)과 기타 계층(non-U)의 어휘 차이에 관심을 보이면서 불거졌다. 그들의 주장에 따르면 하루의 중간에 먹는 식사를 상류층은 lunch 또는 luncheon, 기타 계층은 dinner라 불렀다. 이와 비슷하게 상류층은 vegetables(채소), lavatory paper(화장실 휴지), bike(자전거)라 부르는 것을 비상류층은 greens, toilet paper, cycle이라 불렀다. 이른바 언어적 '계층 전쟁'을 여실히 보여주는 긴 목록이 만들어진 것이다.

실제로는 이렇게 깔끔하고 간결하게 구분되지 않는다. 상류층이 정오에 하는 식사를 lunch 또는 luncheon이라 불렀던 것은 맞지만, 기르는 개에게는 그 시간에 dinner를 주었다. 반려견에게 lunch를 주는 일은 없었다. 마찬가지로 상류층 아이들은 한낮에 dinner를 먹었다. 그 식사를 차려주는 사람은 dinner lady라고 불렀다. 대부분의 Christmas dinner(크리스마스 정찬)는 이른 오후에 시작되었다. Thanksgiving dinner(추수감사절 정찬)도 마찬가지였다. 때로는 반대로 쓰이기도 했다. 식당에서 저녁을 먹는 회사원은 luncheon voucher(식권)로 셈을 치렀다.

이 단어들은 최근 몇 세기 동안 왔다갔다를 반복했다. 원래는 dinner만 존재했다. 이 단어는 '하루의 주된 식사'를 가리키는 말로 13세기에 프랑스어에서 들여왔다. 많은 자료에서 알 수 있듯이 보통 정오 즈음에 dinner를 먹었다. 셰익스피어의 《뜻대로 하세요(As You Like It)》에서 올랜도는 로잘린드에게 두 시간만 자리를 비우겠노라고 한다. '공작이 베푸는 식사(dinner)에 참석해야 합니다. 2시까지는 그대에게 돌아오리다.' 18세기에도 마찬가지였다. 제임스 보스웰은 《존슨전(Life of Johnson)》에 '2시에 식사(dinner)'에 초대받았다고 적었다.

luncheon과 lunch는 모두 16세기 후반에 유입되었지만 뜻은 지금과 달랐다. lunch(eon)는 두꺼운 음식 덩어리, 뭔가에서 잘라낸 큰 조각을 의미했다. a luncheon of cheese(치즈 덩어리), a lunch of bacon(베이컨 덩어리)처럼 쓰였다. 그러다 먼저 luncheon이 현대적 의미로 방향을 틀기 시작했다. 17세기 들어 이 단어는 주요 식사 사이에 먹는 간단한 식사를 의미했다. 아침식사를 마친 뒤 luncheon을 들고 뒤이어 (정오에) dinner를 먹거나, 아니면 dinner를 마친 다음 luncheon을 먹고 supper(저녁)를 드는 식이었다. 1820년대에 토머스 칼라일도 evening luncheon에 대해 쓴 바 있다. 미국에서는 luncheon을 자정처럼 늦은 시간에 먹기도 했다.

lunch의 현대적 용법은 1829년에야 기록에 등장했는데, 모든 이가 이 용법에 찬성한 것은 아니었다. 일부는 저속한 축약, 일부는 우스꽝스러운 허세로 여겼다. 동시에 luncheon은 상류 사회에 어울리지 않는 단어라는 비판을 들었다. 하지만 dinner도 갈수록 하층 계급을 연상시킨다고 눈총 받기는 마찬가지였다. 그러면 어떤 단어를 써야 할까? 해결책을 찾는 과정에서 이상한 신조어들이 생겨났다. 19세기 기록을 보면 lunch-dinner는 물론이고 luncheon-dinner, dinner-supper가 도처에서 발견된다. 분명 상당히 혼란스러웠을 것이다.

알다시피 결국 lunch와 dinner의 현대적 용법은 사교계에서 뿌리를 내렸다. 20세기가 저물 무렵, 잡지《펀치(Punch)》는 비즈니스 런치(business lunch)와 디너 파티(evening dinner party)라는 표현으로 가득했다. 한편 하위 계층에서는 한낮에 하는 식사를 계속 dinner라 불렀다. 그리하여 상류층/비상류층의 구분이 생겨났다. lunch와 dinner의 이야기는 이것으로 끝이 아니다. lunch-box, packed lunch 같은 표현의 등장으로 수많은 비상류층 아이들 사이에서 용법이 크게 변했다. 덕분에 요즘에는 학교 급식을 기꺼이 school lunch라 부른다(급식을 담당하는 사람은 여전히 dinner lady다). 그러나 2005년 영국 TV 프로그램에서 요리사 제이미 올리버가 영양가 높은 학교 급식을 제공하기 위해 벌인 운동의 이름은 〈제이미의 스쿨 디너(Jamie's School Dinners)〉다.

66 Dude

쿨한 어법 📜 19세기   녀석

dude는 기원을 알 수 없는 또 하나의 단어다. 우리가 아는 사실은 1883년 뉴욕에서 갑자기 튀어나왔다는 것이 전부다. 런던에서 발행되는 신문《더 그래픽(The Graphic)》이 그해 3월 '새로운 부류의 미국 젊은이들이 쓰는 미국식 은어'라며 이 단어의 출현을 보도했다. 몇 달 후 메사추세츠의《노스 애덤스 트랜스크립트(North Adams Transcript)》가 이 단어의 확산을 공식화했다. 'dude라는 신조어가… 겨우 두 달 새에 국내에 엄청난 속도로 퍼지면서 뉴욕에서 널리 사용되고 있다.' 이렇게 단어의 정확한 유입 시기를 파악할 수 있는 경우는 매우 드물다(83장). 하지만 누가 왜 이 단어를 만들었는지는 여전히 수수께끼다.

dude는 심미주의자이자 멋쟁이로 옷과 말투, 행동에 극도로 신경 쓰는 사람을 지칭했다. 이들은 영국식 복장을 갖추고 일부러 영국식 억양을 썼다. 이렇게 차려 입는 것을 dude up이라 했다. 곧 이 단어는 의미를 확장하기 시작했다. '서부'로 관광을 가는 도시인은 누구든 dude라 불린 것이다. dude ranch(서부의 관광 목장)가 도시 dude들의 수요를 충족시키기 위해 개발되었다. 얼마 지나지 않아 여성형인 dudess, dudine이 나타났다. 하지만 두 단어 모두 가끔 문학에서 사용된 경우를 제외하고는 살아남지 못했다.

66 Dude

19세기 말에는 군중 속에서 눈에 띄는 사람을 dude라고 불렀다. 학교 교실, 길거리 갱단, 재즈 클럽 등 소규모 집단에서는 찬성을 뜻하는 용어가 되었다. 그러다 결국 어느 모임에서든 서로를 dude라 부르기에 이르렀다. 재즈계의 cat이나 컴퓨터계의 geek처럼 '쿨한' 은어가 된 것이다.

1970년대에 dude는 남녀 모두에게 쓰이는 친근한 용어가 되었다. 특히 미국 대학 캠퍼스에서 인기를 끌었고, 고등학교나 대학을 배경으로 한 영화에도 심심찮게 쓰였다. 〈엑설런트 어드벤처(Bill and Ted's Excellent Adventure)〉(1989)에는 유명한 대사가 등장한다. '우린 모두 바람 속의 먼지라네, 친구(dude)!', '반가워요, 지체 높으신 찐따 아저씨들(dudes)!' 빌과 테드의 선생님 라이언은 dude의 용법을 듣고도 큰 감흥이 없다.

라이언 선생님 그러니까 빌, 네 말은, 나폴레옹은 이미 저세상에 간 땅딸막한 친구(dude)란 거네.

빌 뭐, 그렇죠.

테드(빌에게) 너 완전 망했어, 인마(dude).

67 Brunch

혼성어 | 19세기   브런치

brunch가 영어에 나타난 연도는 익히 알려져 있다. 풍자 잡지《편치》에 따르면 1895년이다. 1896년 8월 한 작가는 이렇게 썼다.

    요즘 유행을 따르려면 '브런치(brunch)를 해야' 한다. 브런치란 지금은 사라진《헌터스 위클리(Hunter's Weekly)》에 지난 해 가이 베린저 씨가 소개한 참으로 훌륭한 혼성어로 아침(breakfast)과 점심(lunch)을 합친 것이다.

실제로 그랬다. 베린저는 '브런치에 대한 변명'이라는 기사에서 일요일에 '예배 후 속 부대끼는 고기와 자극적인 파이라는 시련'을 대체할 식사를 제안했다. 그의 주장에 따르면 브런치는 '사람들의 기분을 좋게 하고, 나 자신과 동료들을 만족시키며, 한 주의 걱정과 피곤함을 쓸어버리는' 식사다.

    이 이름은 확실히 기발하고도 신선하다. 그래서인지 지금도 널리 쓰인다. '브런치'가 유행하자 1930년대에는 명사를 동사로도 썼다. 이를테면 '짐과 브런치를 했어(I brunched with Jim).' 같은 식이다. 브런치 스타일(brunch-style), 브런치 박스(brunch box) 같은 합성어도 생겨났다. 1940년대에는 여성들이 입는 짧은 실내복을

브런치 코트(brunch coat)라고 불렀다. 1960년대에는 브런치 바(brunch-bar)라는 새로운 유형의 식당이 등장했다. 캐드버리사는 초콜릿을 입힌 시리얼 바에 이 이름을 붙였다.

《펀치》의 작가는 brunch를 혼성어(portmanteau word)라고 불렀다. portmanteau는 프랑스어 어원에서 알 수 있듯이 말을 탈 때 망토(manteau)를 비롯한 의복 및 소지품을 휴대하기(porter) 위해 사용하던 작은 가방이었다. 하지만 19세기 말 루이스 캐럴이 《거울 나라의 앨리스(Through the Looking-Glass)》(1871)에서 〈재버워키(Jabberwocky)〉라는 넌센스 시 속의 신조어를 설명하기 위해 이 단어를 쓰면서 뜻이 바뀌었다. 책에서 험티 덤티는 말한다. slithy는 'lithe(유연한)와 slimy(끈적끈적한)를 뜻하는데… 한 단어 안에 두 가지 의미가 들어있는 것이 portmanteau(양쪽으로 열리는 여행 가방)와 비슷하다.' 오늘날 언어학자들은 이런 단어를 blend(혼성어)라 부르지만 루이스 캐럴의 용법이 지닌 매력 덕분에 이 오래된 용어는 여전히 널리 쓰인다.

혼성어의 의미는 각 단어를 합쳐 놓은 것과는 다르다. brunch는 아침과 점심, 두 개의 식사가 아니다. 그 둘과 다른 식사다. 이는 모든 합성어에서 발견되는 패턴이다. spork(끝이 갈라진 스푼)는 숟가락(spoon)도 포크(fork)도 아닌, 둘의 특성을 섞어놓은 새로운 도구다. motorcade(자동차 행렬)는 자동차(motor car)도 퍼레이드(cavalcade)도 아닌 새로운 종류의 행렬이다.

혼성어는 수세기 동안 언어의 일부였다. tragicomedy(희비극)의 기원은 16세기, Oxbridge(옥스브리지)는 19세기로 거슬러 올라간다. 하지만 20세기에 들어 신조어를 만드는 방식으로 큰 인기를 끌었다. spork가 1909년에, motorcade는 1913년에 처음 기록되었고, gasohol(가소홀), internet(인터넷), interpol(인터폴), motel(모텔), chocoholic(초콜릿 중독자), docusoap(다큐소프), guestimate(어림짐작) 등 수백 개의 단어가 뒤를 이었다. 일상 대화에서는 fantabulous(최고의), ginormous(어마어마하게 큰), happenstance(생각지도 않던 일)처럼 혼성어가 유달리 선호된다. 혼성 방식은 오늘날 많은 이들의 사랑을 받고 있다(98장).

가장 특이한 혼성어를 찾을 수 있는 곳은 집 이름이다. 예를 들어 Derek(데렉)과 Susan(수전)이 함께 집을 짓는다면 그 집을 Dersan(데잔)이나 Suerek(수렉)이라 부른다. 타블로이드 신문도 유명한 커플의 이름을 합쳐 사적 혼성어를 만들기를 좋아한다. 브란젤리나(Brangelina)가 누구일까? 브래드 피트와 안젤리나 졸리 커플이다. 그러면 베니퍼(Bennifer)는? 벤 어플렉과 제니퍼 로페즈다. 이런 경우 전체가 각 부분을 합친 것과 다른지는 논란의 여지가 있다.

68 Dinkum

호주에서 온 단어 📜 19세기　　　　　　　　　진짜인

1770년 4월 29일, 쿡 선장이 호주에 도착했다. 두 달 후 그는 일기에 이렇게 적었다. '한 선원이 그레이하운드보다 좀 더 작은 동물을 보았다. 쥐 색깔에 형체가 매우 날렵하고 발이 빨랐다.' 그들은 곧 그 동물의 이름을 알게 되었다. 8월 4일 쿡은 썼다. '원주민들은 그 동물을 Kangooroo 또는 Kanguru라 부른다'. 캥거루는 종래 호주식 영어를 특징 지은 수많은 단어 가운데 첫 번째 주자다.

호주 원주민 언어는 독특한 단어들을 영어에 제공했다. billabong(강의 범람으로 형성된 호수), dingo(딩고), koala(코알라), wombat(웜뱃), budgerigar(작은 앵무새), kookaburra(쿠커바라), boomerang(부메랑)에는 호주의 동물과 풍경, 문화가 반영돼 있다. 독특함은 덜하지만 영국 영어에서 유입돼 새롭게 쓰인 단어는 훨씬 많다. 영국에서 paddock은 동물을 가두는 작은 방목장이지만, 호주에서는 시골의 넓은 들판을 뜻했다. swag는 도둑의 노획물을 일컫는 은어였으나, 호주에서는 여행자가 야생의 자연을 지날 때 가지고 다니는 소지품 꾸러미를 뜻했다. footpath는 호주에서 포장된 길을 뜻하는데 영국의 pavement(인도), 미국의 sidewalk(인도)와 같다.

bush도 이렇게 의미가 변한 단어 중 하나로, 호주 내륙을 형성하는 거대한 자연 지대를 일컫는다. 이 단어는 bush mouse(덤불 쥐)와 bush turkey(야생 칠면조), bush cucumber(덤불 오이)와 bush tomato(덤불 토마토), bush ballad(호주 시골 문화를 칭송하는 시나 포크 음악)와 bush medicine(민간 의술) 등 다양한 표현의 기초가 되었다. 그중 호주를 벗어나 해외로 전파된 표현은 거의 없다. bush telegraph가 몇 안 되는 예외로 소식이나 루머가 빠르게 확산하는 방식을 뜻한다.

영국의 지역 방언이 호주식 용법의 근간이 된 경우도 많다. dinkum이 좋은 예다. 이 단어는 가장 잘 알려진 호주 단어 중 하나로 특히 fair dinkum(진짜인)이라는 문구로 널리 쓰인다. 19세기에 영국에서 등장했는데 조셉 라이트가 편찬한 《영어 방언 사전(English Dialect Dictionary)》에도 실렸다. 그는 더비셔에서 dinkum을, 링컨셔에서 fair dinkum을 찾았다. dinkum은 '고된 노동'을, fair dinkum은 '타당한 노동량'을 의미했다.

이런 의미들은 호주로 전해지고 얼마 뒤 '정직한, 진짜인', '좋은, 훌륭한'이라는 보다 일반적인 의미로 발전했다. 오늘날에도 이런 의미로 쓰인다. dink로 짧아지고 dinki-di로 길어지는 등 다른 형태로 발전하는 것을 보면 이 단어의 인기를 짐작할 수 있다. 하지만 기원은 알려진 바 없다. dink는 '잘 차려입은', dingky는 '단정한, 작은'을 뜻하는 등 과거 영국 방언에서 쓰이던 다른 용법도 있지만, 호주식 용법과 어떤 관련이 있는지는 확인하기 어렵다.

호주 영화 및 텔레비전 프로그램이 세계적으로 널리 보급된 덕분에 dinkum을 비롯해 cobber(친구), pom(영국인), sheila(아가씨), tucker(음식), g'day(안녕하세요)와 같은 일상 표현뿐 아니라 beaut(멋진 사람), arvo(오후)처럼 축약된 형태도 영어권 국가에 친숙해졌다. 가끔 호주식 구어체가 만국에서 일상 영어로 쓰이기도 한다. Barbies(바비큐)의 경우 1970년대부터 널리 사용되었다.

하지만 미디어로 전파되는 데 따른 단점도 있으니 호주 영어가 과장되게 묘사된다는 것이다. 비호주인들은 현란한 호주식 표현을 듣고 모든 호주인이 그렇게 말할 거라고 짐작한다. 호주 영어를 다루는 책들도 miserable as a bandicoot(매우 우울한), flat out like a lizard drinking(한눈 팔지 않고 매진하다), he couldn't find a grand piano in a one-roomed house(그는 관찰력이 형편없었다)와 같은 표현을 수집해 수록한다. 하지만 실제로 얼마나 많은 사람이 이런 표현을 쓰는지는 미지수다.

69 Mipela

피진 영어 📜 19세기   너는 빼고, 그들 모두와 나

mipela나 mifela는 표준 영어사전에는 실려 있지 않지만 엄연히 영어다. 그리고 다양한 피진 영어에서 사용된다. mipela는 Tok Pisin(톡 피진, 'Pidgin Talk')이라 불리는 파푸아 뉴기니 피진 언어에서 사용하는 대명사다. 사람들은 피진 언어를 얕보는 경향이 있다. 문법이 빈약하고 어휘 수가 아주 적다면서 표준 영어보다 원시적이라고 여긴다.

  사실 톡 피진 같은 피진어는 놀랍도록 정교하다. 성경과 셰익스피어를 번역할 수 있을 정도로 어휘도 풍부하다. 때로는 표준 영어보다 표현이 섬세하기도 하다. 표준 영어의 대명사 체계는 사실 단순하다. 영어는 1인칭 I(단수)과 we(복수), 2인칭은 단수와 복수 모두 you, 3인칭은 he, she, it(단수)과 they(복수)로 구성된다. 완벽한 체계라고 볼 수 없다. 특히 you의 용법이 모호하다. 'I'm talking to

파푸아 뉴기니의 톡 피진어 표지판. '소를 조심하시오'라고 적혀 있다.
문자 그대로 'look out' + 'for' + 'bull and cow'다. long은
in, of, on과 같은 개념을 표현하는 다목적 전치사로 belong을 축약한 형태다.
찰스 왕세자가 1966년 파푸아 뉴기니를 방문했을 때 그곳 사람들은 그를
nambawan pikinini bilong misis kwin('the number one child of Mrs Queen')라고 설명했다.
그에 맞춰 앤 공주는 the nambawan gel('girl') pikinini bilong misis kwin이라고 불렸다.

you'라고 할 때 you가 한 사람인지, 여러 사람인지 구분할 수 없다.

톡 피진은 훨씬 낫다. 2인칭이 네 가지다. yu는 그 자체로 2인칭 단수다. 상대가 두 사람이면 yutupela(너희 두 명), 세 사람이면 yutripela(너희 셋)라고 한다. 세 사람 이상이면 yupela다.

3인칭에도 똑같은 체계가 적용된다. em은 'he, she, it'을 의미한다. tupela는 '그들 두 명', tripela는 '그들 세 명', ol은 '그들 네 명 혹은 그 이상'을 뜻한다.

1인칭은 훨씬 정교하다. 톡 피진은 mi(I)를 기본으로 얼마나 많은 사람이 대화에 참여하는지 구분할 수 있다. 존과 메리가 한 무리의 사람들과 대화 중이라고 하자. 존이 말한다. '우리 늦을 거야.' 이 말은 '메리와 내가 늦을 거야'라는 뜻일까, '우리 모두 늦을 거야'라는 뜻일까? 영어는 추가 설명이 없으면 알기 어렵다. 하지만 톡 피진에서는 명확하다. '너희 중 한 명과 나'란 뜻이면 yumitupela, '너희 중 두 명과 나'란 뜻이면 yumitripela라고 한다. '너희 전부와 나'라면 yumipela라고 한다.

다른 방법도 있다. 존이 메리에게 mitupela라고 말한다면 '너는 빼고, 그나 그녀와 나'라는 뜻이다. mitripela라고 하면 '너는 빼고 그들 둘 다와 나'를, mipela라고 하면 '너는 빼고, 그들 모두와 나'를 의미한다. 여기서는 메리를 뺐지만, 앞 단락의 예시문에서는 그녀를 포함시켰다. 표준 영어에는 이런 문법이 없다. 모호하기 짝이 없는 we뿐이다.

전 세계의 피진 영어에는 수만 개의 단어가 있다. 그리고 다수가 kap(cup)과 galas(glass)처럼 철자를 통해 원래 영어와의 명확한 연결고리를 확인할 수 있다. 그 밖의 단어들은 liklik(little)과 wantaim(together)처럼 뜻을 파악하기가 매우 힘들다. 전체적으로 문법과 발음이 독특하며 표준 영어와 매우 다르다는 점을 들어 일부 분석가들은 피진 영어를 새로운 언어라고 여긴다. 그들이 옳다면 지구상에 영어 '어족'이 있는 셈이다.

70 Schmooze

이디시 어구 ▪ 19세기   한담을 나누다

schmooze가 이디시 단어라는 것은 처음의 두 음을 통해 알 수 있다. 영어 단어는 전통적으로 자음 앞에 sh 소리를 허락하지 않는다. spin, still, skin처럼 s + 자음 조합은 괜찮다. 하지만 누군가 shpin, shtill, shkin이라 말한다면 언어 능력에 결함이 있거나 숀 코너리를 악의적으로 흉내 내는 거라고 생각할지 모른다.

이런 경향은 19세기 후반, 이디시어에서 새로운 단어들이 차용되면서 달라졌다. 그 전까지는 이디시어에서 유래한 단어를 보기 어려웠다. 가장 일찍 들어온 단어 중 하나가 matzo(무교병)로 1650년 기록에 처음 등장한다. 하지만 19세기까지는 이디시 단어들이 쓰인 기록이 드물다. kibosh(파국, 1836), nosh(음식, 1873) chutzpah(대담함, 1892), pogrom(집단 학살, 1891), schmooze(한가로운 담소, 1897) 같은 단어가 쓰이기 시작한 것은 19세기 들어서다.

19세기 무렵에는 schmooze만 등장한 것이 아니다. 여기서 파생된 단어들(schmoozer, schmoozing) 외에도 schlemiel(얼뜬 사람), schmuck(못마땅한 사람)처럼 schl-이나 schm-으로 시작하는 단어들이 생겨났다. 1920년대와 30년대에는 schlep(끌다, 힘들게 나아가다)와 schlepping, schlepper(무능한 사람, 공짜로 얻어내려는 사람)와 같은 파생어, schnozzle과 schnozz(코), schmaltz(녹은 닭고기 지방), schmaltzy, schmaltziness('기름진'이라는 의미 때문에 특히 글, 음악, 노래에 대해 이야기할 때 '지나치게 감상적'이란 뜻을 갖게 되었다) 등이 나타났다. 특히 schm-로 시작하는 단어가 유행한 것으로 보이는데, 30년대가 끝날 무렵 터무니없는 단어가 만들어지며 기상천외하게 사용된 데서 알 수 있다.

'There's a crisis(최악의 고비야).' 이렇게 말하면 누군가가 반박한다. 'Crisis-schmisis!(고비 같은 소리하고 앉아 있네!)' 이 용법은 회의나 폄하, 조롱의 뜻을 품고 있다. 고비도 아니거니와 그렇게 말한 것 자체가 어리석다는 뜻이다. 일부분을 다른 음성으로 대체하는 이런 방식은 특히 미국에서 큰 인기를 끌었다. 철자가 여러 가지이나 주로 shm-로 시작하는데, 전부 surveillance-shmurveillance, marathon-schmarathon, fancy-shmancy, baby-schmaby, holiday-schmoliday처럼 비슷한 방식으로 변형해 사용한다. 심지어 고유 명사도 만들어졌다. Joe Schmoe는 허구의 평범한 미국 남자를 가리키는 이름이다.

71 OK

기원 논쟁 🗐 19세기　　　　　　　　　오케이

OK라는 작은 단어는 크기에 어울리지 않는 언어적 명성을 지닌다. 1천 개 넘는 영어 단어가 《옥스퍼드 영어사전》에 '어원을 알 수 없음'이라고 기재돼 있다. bloke(놈)나 condom(콘돔), gimmick(속임수), nifty(멋진), pimp(포주), pooch(개), queasy(역겨운), rogue(악한), skiffle(스키플)이 어디서 왔는지 아무도 모른다. 물론 가설은 넘쳐난다. 매우 기발한 가설도 있다. nifty는 magnificat(찬가)을 축약한 형태라느니, gimmick은 마술사들이 magic(마술)의 철자를 바꿔서 gimac이라 사용한 데서 유래했다는 식이다. 하지만 ok만큼 설이 분분한 단어는 없다.

스코틀랜드 사투리인 och aye에서 왔을까? 아니면 프랑스어 au quai(물건이나 여자들이 부두에 안전하게 도착했다는 뜻의 '부두')에서? 아니면 촉토어 oke(it is)? 아니면 월로프어 okeh(yes)? 아니면 라틴어 omnis korrecta(all correct, 학교 선생님들이 숙제에 이렇게 적는 일이 많았다)에서? 아니면 그리스 문자 omega + khi(벼룩을 물리치는 옛 주문)에서? 아니면 화물을 운송할 때 자신의 이니셜을 찍었던 철도원 오버다이아 켈리(Obediah Kelly)의 이름에서 온 것일까? 그 밖에도 수십 개의 설이 더 있다.

미국 사전 편찬자 앨런 워커 리드의 훌륭한 연구 덕분에 이 모든

런던 풀햄의 한 주택단지 거주자들이 1977년 여왕 즉위 25주년을 축하하고 있다. 이 슬로건은 수십 년 뒤에도 사라지지 않고 2011년 케이트 미들턴이 윌리엄 왕자와 결혼할 때 《메일 온 선데이(Mail on Sunday)》 헤드라인에 다음과 같이 등장했다. '중산층이 최고다(The Middle Class Rules OK)'

가설이 틀렸다는 것이 밝혀졌다. 이 단어가 처음 등장한 것은 1839년 보스턴의 한 신문이다. 당시는 이니셜을 이용해 익살스러운 약어를 만드는 것이 유행이었다(언어 놀이의 초기 사례라 할 수 있다). 이를테면 KY는 no use를 재미있게 변형시킨 know yuse의 약어로, OK는 all correct를 뒤튼 oll korrect의 약어로 사용되었다.

왜 다른 약어와 달리 OK는 사라지지 않았을까? 바로 이듬해인 1840년에 치러진 미국 대통령 선거 슬로건으로 사용되면서 완전히 다른 뜻을 갖게 되었기 때문이다. OK는 마틴 밴 뷰런 대통령의 별명인 Old Kinderhook의 약어로, Kinderhook는 그의 고향인 뉴욕 주 킨더후크에서 딴 것이다. Democratic OK Club(민주당 오케이 클럽)도 있었다. 회원들은 OKs라고 불렸으며, 이들의 구호는 '휘그당을 타도하라, OK!'였다.

매우 짧은 기간 동안 두 가지 용법이 합쳐지면서 순식간에 OK는 '괜찮은, 좋은'을 의미하는 감탄사로 사용되었다. '유행하는(the OK thing to do, 해도 좋은 것)'과 '믿을 만한(He's OK, 그 사람 괜찮아)' 같은 말이 속속 생겨났다. 한 세기가 흐른 뒤에도 '편한(Are you OK with that?)'처럼 새로운 용법이 계속 만들어졌다. 영국에서는 1970년대에 사람이나 물건이 'rules OK(=탁월하다)'하다는 표현이 유행하면서 그래피티 형태로 전국의 담벼락을 채웠다.

하지만 OK가 언어적 명성을 얻은 데는 또 다른 이유가 있다. 오랜 세월 동안 수많은 변형이 축적되었다는 것이다. OK는 철자도 다양하고(okay, okey), 축약형('kay)도 있으며, 확장형(okie-dokie, okey doke(s), okey-cokey)도 여럿이다. 오늘날엔 컴퓨터 화면에 뜬

대화창 버튼 덕분에 OK라는 기본적인 형태를 가장 자주 보게 된다. OK를 누르라, 그러면 무슨 일이든 벌어질 테니!

72 Ology

접미사가 단어로 📜 19세기   학문

접두사(87장)와 달리 접미사는 독립적인 단어가 되는 일이 드물기 때문에 그런 사례에 주목할 만하다. Ology는 아마 한 줌도 안 되는 그 무리 가운데서 가장 유명한 단어일 것이다.

  -ology는 오랫동안 단어 말미에 쓰였다. 14세기에 나타난 theology(신학)와 astrology(점성학)가 가장 오래된 단어에 속한다. 더 최근에 생겨난 것이 sociology(사회학)와 ecology(생태학)다. 제임스 조이스의 codology(헛소리학)부터 동화책의 dragonology(공룡학), 그리고 cheeseology(치즈학), tattoo-ology(문신학), fartology(방귀학, 농담이 아니라 실제로 존재한다) 같은 기이한 웹사이트 제목까지 익살스럽고 창의적인 신조어도 넘쳐난다. 이 어미는 뭔가를 연구하는 '과학 또는 학문'이라는 뜻으로 그리스어 logos('단어')에서 유래했다. 문자 그대로 번역하면 '특정 방식으로 말하는 사람'을 의미한다.

  ology가 과학을 의미하는 명사로 처음 쓰인 것은 1811년 찰스 디킨스에 의해서다. 당시 이 단어는 일반에 널리 사용되고 있었다.

디킨스의 《어려운 시절(Hard Times)》에서 그래드그라인드 부인은 딸에게 학교 운영자인 남편이 '사실과 계산을 중시하는 사람'이었다고 회상한다.

너나 네 동생 톰이나 많은 것을 배웠다, 루이자. 해뜰 무렵부터 저녁 때까지 모든 종류의 학문(Ologies)을 공부했으니까. 만약 이 집안에 닳아서 너덜너덜해지지 않은 학문(Ology)이 뭐가 됐든 하나라도 있다면 결단코 그 이름은 듣고 싶지 않구나.

19세기에는 ology가 홍수처럼 넘쳐났다. 대부분 dogology(강아지학)와 bugology(곤충학)처럼 장난스러운 신조어들이었다.

이런 용법은 여전히 우리 곁에 남아 있다. 1980년대에 배우 모린 립먼(Maureen Lipman)은 브리티시 텔레콤의 영국판 TV 광고 시리즈에서 유대인 노부인 비티 역을 맡아 시험에서 죽을 쒔다고 털어놓는 손자와 통화하는 연기를 펼쳤다. 손자가 그래도 사회학은 통과했다고 하자 그녀가 자랑스레 대답한다. '과학(ology)이잖니! 과학(ology)을 통과해 놓고 죽을 쒔다니! 과학(ology)을 통과했다는 건 네가 과학자라는 뜻이란다!' 1989년 대본집이 출판됐을 때도 제목이 'You Got An Ology?(과학을 통과했다고?)'였다. 이 광고는 2000년에 채널4의 '100대 광고' 중 14위로 선정됐다.

ology가 학문의 한 영역이라면 그 분야의 전문가는 ologist(학자)다. 이 용법은 1839년에 처음 기록되었다. ology와 연관된 것은 ological이라 부른다. 그래드그라인드 부인은 루이자가 학문을 공부해서(ological studies) 좋은 일에 쓰기를 바란다. ologist(학자)와 연관된 것은 ologistic으로, 이 용법은 19세기 중반에 딱 한 번 쓰인 것이 눈에 띈다.

이렇게 발전을 거듭한 접미사는 찾기 힘들다. 어떤 것에 강한 호불호를 가진 사람을 phils나 philes(~ 애호가), phobes(~ 혐오자)라고 한다. 의학에서 염증을 동반한 질병은 -itis라 부른다. 하지만 ology와는 상대가 되지 않는다. ology와 겨룰 수 있는 유일한 접미사는 -ism이다. 《올로지와 이즘(Ologies and Isms)》이란 제목으로 최소 두 권의 참고 서적이 출간되었는데, 이 두 접미사로 끝나는 모든 단어를 열거했다.

ism(주의)이 독립된 단어로 처음 사용된 것은 16세기다. 주로 복수 형태로 사용됐으며 작가가 종교에 비판적인 시각을 취하는 문맥에 등장했다(예를 들면 이렇다. 'Puritanism, Jesuitism, and other isms'). Communism(공산주의)과 Impressionism(인상주의) 같은 수십 개의 신조어가 생겨나면서 ism은 정치 및 예술 운동으로 확장되었고, 결국 모든 종류의 신념과 관행에 적용되었다(20세기의 한 작가는 이렇게 썼다. 'racism과 sexism 등 온갖 isms'). 오늘날 일련의 주제에 경멸을 표하는 가장 쉬운 방법은 그것을 ism이라 부르는 것이다.

19세기에 이 단어는 그 자체가 어미를 갖게 되었다. ismatic은 'ism에 집착하는 것'이라는 뜻이다. 그러니 ismatics는 ismatical한 것이다. ism의 세계는 ismdom, 한 주제를 ism으로 바꾸는 것은 ismatise라고 했다. ismism(주의주의)이라는 표현은 기록에 없는데 언젠가 등장할 거라고 확신한다. 그러는 사이 이 단어의 부정적 이미지도 커지고 있다. Institution of Silly and Meaningless Sayings(ISMS, 어처구니없는 속담 연구소)라는 인터넷 사이트도 있다.

73 Y'all

새로운 대명사 📜 19세기 **you의 복수형**

you라고 말할 때의 문제는 대상이 모호하다는 것이다. 한 명을 가리킬 수도, 여러 명을 가리킬 수도 있다(69장). 그러니 이 문제를 해결하기 위해 새로운 형태가 나온다고 해서 이상할 것도 없다. 한 가지 확실한 방법은 명사의 일반적인 패턴에 따라 그저 's를 붙여서' 복수를 만드는 것으로, 실제 19세기 초반 아일랜드 영어에서 이런 형태가 나타난 바 있다. 마리아 에지워스의 소설 속 한 인물은 'God bless yees!'라고 말한다. 이후 철자법이 yeez, yez, yiz처럼 급격히 늘어났다. 이때 화자가 가리키는 대상은 언제나 한 명 이상이었다.

    다른 곳에서도 비슷한 형태가 등장했다. yous 역시 아일랜드에서 생겨나 영국, 호주, 미국 등지로 퍼졌는데, 이따금 youse나 yows라고 쓰기도 했다. 하지만 널리 퍼질수록 복수의 의미가 약해져 한 사람을 가리킬 때도 yiz나 youse를 사용했다. 리버풀에서 보낸 십대 시절, 나도 이 단어가 단수와 복수 양쪽으로 쓰이는 것을 자주 들었다. 중세 시대에 더 이상 thou를 사용하지 않으면서 you에게 일어난 일과 비슷했다. 모호함이 되살아난 것이다.

미국에서도 you는 비슷한 양상으로 발전했다. 아마도 yowe yens 같은 이스트 앵글리아 방언이 '메이플라워호'를 타고 바다를 건너 동부 여러 주에서 youns나 you-uns로 자리잡은 듯싶다. 이 단어는 오늘날에도 단수와 복수 양쪽으로 쓰인다.

y'all은 신식 대명사 중에서도 가장 유명한 형태다. you all을 축약한 단어로 19세기 초반 미국 남부 여러 주에서 처음 기록되었다. 용법은 조금씩 다른데, 일부 사람은 복수만 지칭하는 반면 일부는 단수에도 사용한다. 영국인에게는 단수적 용법이 충격으로 다가올 수 있다. 난생 처음 y'all이라고 불렸는데 그 대상이 나 하나임을 깨달았다고 상상해보라. 1960년대에 텍사스에서 이런 일을 처음 겪었을 때 나 역시 완전 당황했다. 한 가게에 들어가자 점원이 "Howdy, y'all"이라면서 반겨주었다. 가게에 나 말고 다른 사람이 같이 들어왔나? 주위를 두리번거렸지만 나밖에 없었다. 그러거나 말거나 그는 내가 가게를 나설 때도 "Y'all take care now."라고 인사했다.

y'all이 남부 흑인의 지역 방언으로 시작됐는지, 백인 이민자들에게서 나왔는지는 확실하지 않다. 어느 쪽이든 이 단어는 빠르게 존재감을 확립해 전국적으로 널리 쓰였다. 미국 남부의 삶을 그린 수많은 소설, 영화, 텔레비전 시리즈 덕에 해외로도 진출했다. 보통은 y'all이라고 쓰지만 ya'll, yawl, yo-all 등의 철자도 찾아볼 수 있다.

현대 영어에 you가 이미 존재하는데 왜 y'all을 쓸까? 둘 다 단수, 복수로 쓸 수 있으니 이런 이유 때문은 아니다. 'I hope to see y'all'이라고 할 때와 'I hope to see you'라고 할 때 어떤 차이가 있을까? 대부분 y'all이 더 '따뜻하다'고, 친밀함, 친근함, 허물없음, 신뢰를 나타낸다고 생각한다. 어떤 이들은 여전히 의구심을 가지고 이 단어를 쓰지 않는데, 과거의 인종적 갈등을 상기시키기 때문일 것이다. 하지만 오늘날 많은 이들에겐 그저 고객 친화적으로 들릴 뿐이다.

74 Speech-craft

앵글로색스니즘 🕮 19세기   말하기 기술

라틴어, 그리스어, 로망어에서 유래한 단어가 엄청나게 유입되었으니 적대적 반작용이 일어나는 것은 시간문제였다. 16세기 영국 학자 존 체크는 '잉크혼'(41장)이라 불리는, 영어에 유입된 고전 단어들이 영어를 '망친다'고 생각했다. 20세기에 조지 오웰은 작가들이 훌륭한 앵글로색슨 단어를 두고 굳이 라틴어나 그리스어를 쓰는 데 불만의 소리를 높였다.

    가장 극단적인 사람은 19세기 도싯셔의 시인 윌리엄 반스다. 그는 영어에서 비게르만 단어를 전부 없애는 즉시 이해하기도, 쓰기도 훨씬 쉬워질 거라고 생각했다. 그래서 외래어를 대체할 앵글로색슨어를 찾다가 고대 영어의 사어들을 부활시켰다. conscience(양심) 대신에 inwit, vocabulary(어휘) 대신에 wordhoard를 쓰는 식이었다. 고대 영어에 없는 단어는 새로 만들기도 했다. 그렇게 해서 ornithology(조류학)는 birdlore로, pram(유모차)은 push-wainling으로, alienate(소외시키다)는 unfrienden으로, accelerate(가속하다)는 onquicken으로 대체했다. arriving과 departing은 oncoming과 offgoing으로 바꿨다. 이 모든 연구는 1878년에 출간된 저서 《말하기 기술의 개요(An Outline of English Speech-Craft)》에 기술돼 있다.

이런 관심은 오늘날까지 이어진다. 1966년 잡지 《펀치》는 노르만 정복 900년을 기념해 영국의 유머 작가 폴 제닝스에게 번역을 요청했다. 햄릿의 유명한 독백 '사느냐 죽느냐, 그것이 문제로다' 같은 셰익스피어의 구절들을 이른바 'Anglish'로 옮겨달라는 것이었다. 또한 2009년 데이비드 카울리는 《1066년 잉글랜드가 승리했다면 우리는 이런 말을 썼을 것이다(How We'd Talk if the English had Won in 1066)》라는 책을 출간해 앵글로색슨어로 대체할 수 있는 단어들을 수백 개 제시했다. lamentation(애통) 대신 sorrowword, unanimous(만장일치) 대신 sameheart, acceptable(용인되는) 대신 thankworthy처럼 일부 신조어는 매우 호소력이 있다. Alcoholics Anonymous(알코올 중독자 금주 모임)가 Unnamed Overdrinkers로 모임명을 바꾸거나, 미국인들이 독립선언서(Declaration of Independence)를 Forthspell of Selfdom이라고 부를 일은 없지 않을까 싶다. 하지만 영어사에 이상한 일들이 일어난 건 부인할 수 없다.

75 DNA

과학 용어 📜 20세기   디엔에이

과학 용어를 다루는 장의 제목은 deoxyribonucleic acid보다 DNA라고 하는 편이 훨씬 낫다. 풀네임보다 약어가 훨씬 유명하니까. 하지만 두 버전 모두 과학 언어가 작동하는 전형적인 방식을 보여준다. 우리는 한편으로 긴 복합어를 찾으면서 다른 한편으로는 숨을 헐떡이지 않고 말할 수 있는 약어를 만들어낸다.

  영어에는 과학 용어가 몇 개나 있을까? 유명한 화학 사전에는 약 50만 개의 화합물 이름이 실려 있다. 곤충은 몇 종이나 될까? 지금까지 확인된 것만 100만 종이 훨씬 넘는다. 식물은? 약 40만 종이다. 아마 종마다 고유한 이름이 있을 것이다. 이렇게 숫자가 크면 전체 개수를 묻는 게 별 의미가 없다. 어떤 사전도 그 모든 이름을 빠짐없이 실으려고 하지는 않는다(60장).

  일반 사전에는 전문 자료가 아닌 일상에서 통용되는 과학 및 기술 용어가 실린다. 그래도 과학 용어가 무척 많다. 영어대사전에 실린 단어의 약 80퍼센트가 과학 용어로 생각된다. 이 단어들은 어디에서 왔을까?

  다수가 그리스어나 라틴어에서 왔다. 그 예가 abdomen(복부), femur(대퇴골), vertebra(척추골), cerebrum(대뇌), trachea(기도), thyroid(갑상선)와 같은 해부학 용어다. 하지만 별개의 어근을 합쳐서 때로 엄청나게 긴 합성어로 재탄생시킨 단어가 훨씬 많다. De-oxy-ribo-nucle-ic에는 이미 다섯 개의 요소가 합쳐져 있다. 게다가 이게 짧은 버전이다. 완전한 형태에는 16,569개의 요소가 쓰인다. 이 단어는 가장 긴 과학 용어로 기네스북에 등재돼 있다.

접두사와 접미사는 특히 중요하다. 물론 과학 용어에도 pre-, un-, de- 같은 일상적 접두사들이 쓰이지만, 과학적 관련성이 있는 접두사와 접미사가 쓰일 때도 있다. 이를테면 숫자(bi-, mono-, poly-)와 크기(nano-, micro-, pico-)를 나타내는 접두사는 수많은 단어에 쓰인다. 일부는 컴퓨팅(99장)에 사용돼 더욱 친숙해졌다. 몇 년 전만 해도 kilo-, mega-, giga-와 같은 접두사는 생소했지만 요즘엔 kilobyte(킬로바이트), megabyte(메가바이트), gigabyte(기가바이트) 덕분에 일상적으로 사용된다.

nucleic(핵의)의 -ic는 화학을 연상시키는 접미사 중 하나다. 그 밖에도 acetylene(아세틸렌), benzene(벤젠)의 -ene, ethanol(에탄올)과 alchohol(알코올)의 -ol, chromium(크롬)과 sodium(소듐)의 -ium, nitrate(질산염)와 sulphate(황산염)의 -ate가 있다. 식물학의 spermatozoid(정자), 지질학의 cretaceous(백악기의), 동물학의 stegosaurus(검룡)에서 알 수 있듯이 과학 분야별로 독특한 접미사를 쓰기도 한다. 일부 접미사는 그 독특함이 실수를 유발하기도 한다. 2010년에 어떤 학생이 thesaurus(유의어 사전)가 〈쥬라기 공원〉에 나오는 공룡의 한 종이라 착각하고 쓴 에세이가 보도되기도 했다.

76 Garage

발음 문제 📜 20세기 · 차고

단어를 식별하는 기준이 철자와 발음이다 보니 둘 다 고정되어 있다고 생각하기 쉽다. 하지만 앞에서 본 것처럼(51장) 철자는 자주 변한다. 그리고 우리는 발음에 존재하는 그 많은 변주도 과소평가하는 경향이 있다.

 영국 영어와 미국 영어는 서로 다른 발음을 택하는 경우가 많다. 영국에선 tomahto, 미국에선 tomayto처럼 때로는 바로 식별할 수 있다. yoghurt의 첫 모음으로 영국에서는 dog의 모음 발음을, 미국에서는 oh를 채택한다. 일부 미국식 발음은 영국에 뿌리를 둔다. schedule을 발음할 때 나는 보통 sh-라고 하지만 우리 아이들은 전부 sk-라고 발음한다. 그 바람에 나도 두 발음을 모두 사용하게 되어서 다음에는 내 입에서 어떤 발음이 튀어나올지 모르겠다.

 상황은 더 복잡하다. 같은 국가 내에서도 한 단어가 다양하게 발음되기 때문이다. 영국 영어에서 vase(꽃병)는 'vahz'라 발음하지만, 미국 영어에서는 'vaze'(haze와 운율을 맞춰서)라 하기도 하고 'vace'(place와 운율을 맞춰서)라 하기도 한다. 반대로 미국 영어에서는 glacier(빙하)를 'glacier'라고 발음하는 반면, 영국 영어에서는 'glassier'나 'glaysier'라고 한다. garage도 glacier와 비슷하다. 미국에서는 두 번째 음절에 강세를 둬서 'garahge'라고 발음한다. 하지만 영국에서는 'garahge'거나 'garridge'다.

garage는 발음이 항상 변한다는 것을 상기시키는 단어다. BBC는 설립 당시 아나운서들에게 생소한 단어나 다양한 용법을 가진 단어들을 어떻게 발음해야 할지 조언하는 '구어체 영어 자문위원회'를 세웠다. 1926년에 발간한 안내서에서 그들은 'garahge'라는 발음을 추천했다. 하지만 1931년에 입장을 바꾸었다. 'garage는 절대적인 영국 국적을 부여받았으므로 이제 marriage, carriage와 운을 맞추는 게 좋겠다.' 두 발음은 현재도 여전히 사용되고 있다.

1920년대에 BBC가 추천한 일부 발음은 오래전에 사라졌다. 그들은 fetish를 'feetish'로, Celtic(축구팀이 아니라 인종)을 'seltic'으로 발음하도록 지시했다. 또한 aeroplane이 아니라 airplane을 선택했다. acumen(감각), anchovy(멸치), precedence(우선)처럼 지금은 아무도 강세를 두지 않는 곳에 강세를 두기도 했다. 물론 일부 노인들의 의식 속에는 여전히 구식 발음이 존재할 수 있으므로 완전히 틀렸다고는 할 수 없다. 지금도 노인들이 흔히 forehead(이마)를 'forrid'라고 발음하는 것처럼 말이다.

《발음 사전(Pronouncing Dictionary)》에 실린 단어의 절반 이상은 크게 다르진 않지만 대안적 형태가 있다. 특히 눈에 띄는 것은 다음과 같다. either의 첫 음절을 발음할 때 see의 모음을 택하는가, 아니면 sigh의 모음을 택하는가? example은 cat의 a로 발음하는가, 아니면 calm의 a로 발음하는가? Envelope는 hen의 e와 on의 o 중에 어떤 것으로 발음하는가? greasy의 'sy' 발음은 see의 s인가, 아니면 zoo의 z인가? a hotel, an 'otel, 또는 an hotel 중 무엇으로 발음하는가? tortoise와 운율이 일치하는 것은 bus와 voice 중 어떤 것인가? 이런 차이를 소재로 삼은 우스개도 많다. 이를테면 사제가 교인들에게 '예수님이 가르쳐주신 기도문(the prayer that Jesus taught us)'을 읊으라고 청하자 한 아이가 왜 예수님이 애완동물을 키웠냐고 어리둥절했다는 것이다. 'tortoice'라고 발음하는 사람들은 왜 웃긴지 이유를 모르겠지만.

77 Escalator

단어로 편입된 이름▤20세기   에스컬레이터

뭔가를 발명해 그 제품에 이름을 붙인다고 해보자. 이를테면 컴퓨터 키보드 중에 오작동되는 자판을 자동으로 수리하는 장치를 개발했다고 치자. 이 제품에 어울리는 단어를 고심한 끝에 key와 fix를 합쳐서 Keefiks라고 부르기로 했다. 먼저 사용한 사람이 없는지 확인하고, 상표등록을 해서 저작권을 보호하고, 사업을 개시한다. 제품은 큰 인기를 끈다. 나는 백만장자가 되었다. 그런데 시나브로 제품명이 일반화된다. 사람들이 자기 기계를 키픽싱(keefiksing)한다고 떠든다. 이 단어는 은유가 된다. '요즘 아파트를 키픽싱하는 중이야(I'm keefiksing my apartment)', '나 영적인 키픽싱이 필요해(I need a spiritual keefiks)'라는 표현들이 생겨난다.

    내심 기쁘다. 그러다 우리와 다른 키보드 수리 기술을 가진 회사가 등장한다. 사람들은 이 기술을 소문자 k를 사용해 최신형 키픽스(keefiks)라 부른다. 나는 반대한다. Keefiks는 대문자 K여야 한다! 다른 제품은 다르게 불러야 마땅하다. 내 브랜드를 지켜야 한다. 하지만 너무 늦었다. 다른 회사들도 벌써 대열에 합류했다. 가게마다 '키픽스 모델 일체 재고 있음'이라는 광고를 내건다. 사람들은 제조사에 상관없이 생일 선물로 키픽스(keefiks)를 찾는다. 외계인 키보드 조작자들을 주인공으로 한 할리우드 영화가 개봉된다. 〈키픽스 침공(Keefiks Attacks)〉이란 제목을 달고. 나는 변호사를 고용하고 법정에 가서 내가 만든 단어를 이런 식으로 쓰지 못하게 해달라고 주장한다. 그리고 패소한다.

실제로 수십 개의 단어가 이런 과정을 거쳤다. 거의 최초의 단어가 escalator(에스컬레이터)다. 19세기에 다양한 디자인의 움직이는 계단이 발명되었지만, '에스컬레이터'라는 이름에 대한 권리는 오티스 엘리베이터 컴퍼니가 구매했다. escalator는 scala(라틴어로 '사다리'라는 뜻)에 elevator(엘리베이터)와 유사한 접두사와 접미사를 붙인 신조어였다. 이 단어는 1900년에 처음 기록되고 채 몇 년이 되지 않아 비유적으로 사용되었다. 계약서에 계획적인 가격 인상을 지칭하는 '에스컬레이터 조항'이란 단어가 쓰인 것이다. 야망 있는 정치인을 두고 정치적 에스컬레이터(political escalator)를 탔다고 했다. 1920년대에 to escalate라는 동사가 등장하자 곧이어 escalation이 생겨났다. 오티스는 escalator라는 이름에 대한 권리를 취득하기 위해 부단히 노력했으나, 1950년 법원은 이 단어가 비슷한 제품을 통칭하는 일반적인 의미로 발전해 오티스의 원래 디자인뿐 아니라 모든 종류의 '움직이는 계단'을 지칭한다는 판결을 내렸다. 오티스는 패소했다.

아스피린(aspirin), 버터스카치(butterscotch), 헤로인(heroin), 써모스(thermos), 요요(yo-yo), 지퍼(zipper) 같은 상표들은 수십 년에 걸쳐 일반명이 되었다. 페덱스(fedex), 레고(lego), 메카노(meccano), 클리넥스(kleenex), 포터캐빈(portakabin), 롤러블레이드(rollerblade), 후버(hoover) 역시 같은 용도의 제품을 지칭하는 소문자로 발전했다. 몇몇 회사는 상표권을 유지하기 위해 싸웠다. 이를테면 제록스사는 사람들이 '제록스' 대신 '복사(photocopy)'라는 표현을 쓰게 하는 데 대체로 성공을 거두었다. 하지만 누구나 알 듯 일상적인 쓰임까지 통제하긴 힘들다. 그것이 성공의 대가다.

최근 들어 일반적 통칭으로의 전환이 빈번한 분야는 인터넷 사이트명이다. 웹사이트 슬래시닷(Slashdot)이 인기를 끌면서 to be slashdotted라는 동사가 생겼는데, 메시지가 과도하게 넘쳐나는 현상을 의미한다. 구글(Google)은 검색 엔진의 종류와 상관없이 '인터넷에서 정보를 검색하다'는 의미의 google이라는 동사를 탄생시켰다. 구글도 의미 확장을 막기 위해 노력했고, 지금까지는 어느 정도 성과를 거두었다. 현재 옥스퍼드 영어사전 등 일부 사전에서는 이 동사를 '인터넷에서 정보를 찾기 위해 구글 검색 엔진을 사용하는 것'이라 설명하는 등, 정의와 더불어 기원을 언급한다. 하지만 수많은 사람들이 이 단어를 밥 먹듯이 쓰는 상황에서 이런 정의가 먼 훗날에도 통용될지는 두고 볼 일이다.

78 Robot

글로벌한 여행 📜 20세기   로봇

 1921년 카렐 차페크는 희곡 《알유알(R.U.R.: Rossum's Universal Robots)》을 체코 프라하에서 최초로 공개한 뒤, 이듬해 뉴욕에서 막을 올리기 위해 대사를 영어로 번역했다. 카렐은 극에 등장하는, 공장에서 생산한 휴머노이드 노동자들에 붙일 이름이 필요했다. '일'을 의미하는 라틴어 'labor'를 토대로 새로운 단어를 만들 생각이었다. 그때 그의 형 요제프가 '강제 노동'을 의미하는 옛 체코어 robota가 어떠냐고 제안했다. Robot은 그렇게 탄생했다.

 차페크 형제가 영어를 알았다면 관련 영어 단어를 택했을지도 모른다. 17세기부터 automaton(자동화)이, 18세기부터 android(안드로이드)가 존재했으니까. 하지만 채 5년도 안 되어 정보처리기능을 가진 인공적 존재뿐 아니라 복잡한 움직임을 수행하는 모든 기계에 이 단어가 쓰인 것을 보면 로봇(robot)의 간결하면서 귀에 꽂히는 소리가 대중의 상상력을 사로잡았던 것 같다. 1927년 미국의 한 신문사는 전화를 받고, 문을 열어주고, 불을 켜주는 다양한 종류의 전기 로봇(electrical robots)에 대한 기사를 싣기도 했다.

 1929년에는 교통 로봇(Traffic robots), 즉 자동 신호등이 등장했다. 이 용법이 최초로 기록된 곳은 캐나다지만, 내가 2010년 BBC 프로그램에서 로봇의 기원에 대해 논의할 때 영국 북부 출신의 팔

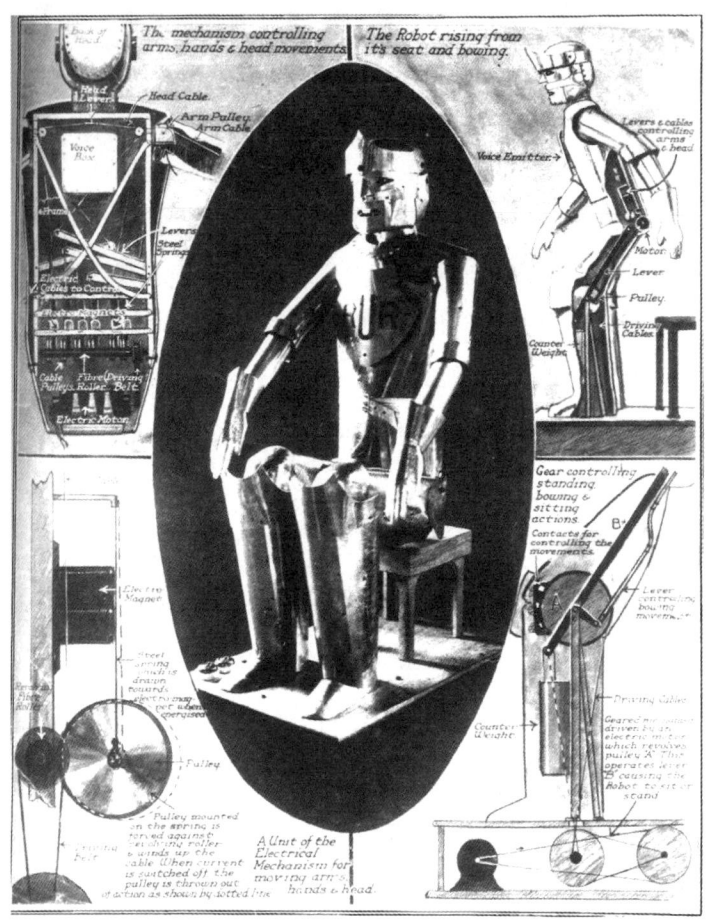

1920년에 상연된 카렐 차페크의 희곡 《알유알(Rossum's Universal Robots)》의 포스터. 자세히 보면 (위 왼쪽) 양팔, 손, 머리의 움직임을 제어하는 기계 장치, (위 오른쪽) 의자에서 일어나 몸을 숙이는 로봇, (아래 오른쪽) 일어서기, 인사하기, 앉기를 제어하는 기어, (아래 왼쪽) 손, 팔, 머리를 조종하는 전기 기계 장치가 그려져 있다.

순 노인 몇 분이 그 즈음 부모님이 이 단어를 그런 의미로 사용하는 걸 분명히 들은 기억이 있다고 편지를 보내왔다. 1931년 8월《런던 이브닝 스탠더드》는 '도심에 출현한 교통 로봇(Traffic 'Robots' in the City)'이라는 제목의 기사를 실었다. 북부 사람들은 이 단어를 'rowbow'라고 발음했다. 영국은 물론, 미국, 호주, 뉴질랜드 어디서도 더이상 로봇을 이런 의미로 사용하지 않는다. 하지만 남아프리카 공화국에선 여전히 '로봇에서 좌회전하라(Turn left at the robot)', '로봇이 고장났다(The robot's broken)' 같은 표현을 쓴다.

'정보 처리 기능을 갖춘 인공적 존재'라는 로봇의 개념은 계속 대중의 상상력을 사로잡았다. 실제 생활에서 사람들은 로봇 교사, 기차, 주유소, 비행기, 폭탄에 대해 이야기했다. 그러다 아이작 아시모프 같은 SF 작가들이 로봇이 핵심적 역할을 하는 걸작 SF 소설을 발표하면서 이 단어는 새로운 생명을 얻게 되었다.

최초로 로봇을 봇(bot)으로 줄인 사람도 SF 작가들이다. 하지만 그들 중 누구도 1990년대에 봇이라는 약어가 컴퓨팅 분야에서 폭발적 인기를 누릴 것이라고는 예상하지 못했다. 오늘날 봇은 인터넷 검색이나 컴퓨터 게임에서처럼 자동화된 업무를 수행하는 소프트웨어를 의미한다. 검색봇(searchbot), 인포봇(infobot), 스팸봇(spambot), 스파이봇(spybot), 전쟁봇(warbot)처럼 봇의 기능이 단어의 나머지 부분이 가리키는 것에 특화돼 있다는 뜻의 접미사로도 쓰인다.

일찍이 1923년 조지 버나드 쇼는 반복적인 노동 탓에 감정 없이 기계적으로 움직이는 사람들에게 '로봇'이라는 단어를 적용했다.

지금은 아무 생각 없이, 또는 기계처럼 행동한다는 비난을 받는 누구에게나 그런 딱지가 붙을 수 있다. 이를테면 사만다라는 영화배우가 (비평가들이 보기에) 주구장창 비슷한 역할만 맡는다면, 그녀의 배역을 사만다봇(Samanthabots)이라고 부르게 된다. 2009년에는 오바마봇(Obamabots)이라는 표현이 등장하기도 했다. 버락 오바마에 대해 아무것도 모르면서 그를 지지하는 사람들을 지칭하는 용어다.

79 UFO

대안적 형태 📜 20세기   유에프오

다른 장에서 설명한 것처럼(3장, 57장, 92장) 단어는 여러 가지 방식으로 축약할 수 있다. 축약은 자연스러운 과정이다. 축약하면 시간과 에너지를 아낄 수 있다. 글자수에 따라 메시지 비용이 매겨진다면 돈을 아낄 수도 있다. 사회적, 직업적 정체성을 나타내는 것도 가능하다. 의사, 변호사, 배관공들은 서로 말하거나 글을 쓸 때 약속된 약자를 즐겨 사용한다.

새로운 약어가 늘 생성되기 때문에 한 언어에 속한 약어를 전부 나열하는 것은 불가능하다. 《게일의 두문자어, 이니셜, 축약어 사전(Gale's Acronyms, Initialisms and Abbreviations Dictionary)》 같은 방대한 영어 약어 모음집에는 족히 50만 개 넘는 단어가 실려 있다. 제목에 주목하라. 이 사전은 info('information'), poss('possible') 같은 단어는 물론, 두문자어(OPEC, 'Organization of the Petroleum Exporting Countries, 석유수출국기구'처럼 첫 글자를 따서 한 단어처럼 발음할 수 있는 단어), 이니셜(BBC처럼 개별 글자가 따로 발음되는 것)까지 모든 종류의 단축어를 다룬다.

두 가지 유형이 혼합된 흥미로운 경우도 있다. UFO라는 단어는 어떻게 발음할까? '유 에프 오'일까, '유프오'일까? 둘 다 가능하다. 마찬가지로 FAQS도 어떤 이는 '에프 에 큐스'라고 읽지만 어떤 이들은 '팩스'라고 읽는다. 인터넷 및 문자 메시지용 속어인 LOL은 'laughing out loud(큰 소리로 웃고 있음)'라는 뜻으로, '엘 오 엘' 또는 '롤'(94장)이라고 발음한다. 미국 영어에서 VP(vice-president)는 때로는 '비 피', 때로는 '비프(veep)'로 발음한다. 요즘엔 'veep'라는 철자가 인쇄물에 자주 등장한다.

UFO의 뜻은 뭘까? 대부분의 사람에게는 '미확인 비행 물체(unidentified flying object)'다. 하지만 일부에게는 '초경량 비행 조직(Ultralight Flight Organisation)'이다. 영국군에서는 '부대 가족 장교(Unit Families Officer)'를 의미한다. 물리학에서는 '보편적 광섬유(universal fibre optic)', 컴퓨팅에서는 '온라인 사용자 파일(user files online)', 의학에서는 '미확인 이물(unidentified foreign object)'이다. 온라인 판타지 세계에서는 '반갑지 않은 추락 물체(unwanted falling objects)'를 나타낸다. 이것들은 사전에 등재된 용법 중 일부에 불과하다. UFO의 뜻은 적어도 스무 개, 몇몇 두문자어는 수백 개에 달한다.

UFO의 수많은 뜻 가운데 '유포'로 발음되는 '비행접시'라는 의미가 기본으로 여겨져 왔다. 특히 UFO를 연구하는 학문은 ufology, 그 학문을 공부하는 학생은 ufologists라 부른다. ufological(UFO 연구의)과 ufoish(ufo 같은) 같은 단어도 있다. 두문자어가 이런 식으로 단어군을 이루는 것은 보기 드문 일이다.

두문자어는 단순히 기술적, 사업적 용도만을 위한 것이 아니다. 수세기 동안 일상 대화에서 수많은 두문자어가 생겨났다. IOU(I owe you)의 시작은 NB, eg, pm과 마찬가지로 17세기까지 거슬러 올라간다. 대부분의 사람은 각 철자가 무엇의 약자인지 모르겠지만 세 단어 모두 라틴어에서 유래했다('주의하라'는 뜻의 nota bene, '예컨대'라는 뜻의 exempli gratia, '오후'라는 뜻의 post meridiem이다). 19세기에는 RIP(requiescat in pace, 이해하기 쉽게 바꾸면 'rest in peace')와 RSVP(répondez s'il vous plaît, 답신 부탁합니다)가, 20세기에는 ETA(estimated time of arrival, 도착 예정 시간), FYI(for your information, 참조로), ASAP(as soon as possible, 가급적 빨리) 같은 약어가 등장했다. 인터넷도 두문자어가 탄생하는 데 기여했는데, 일부는 문자를 보내거나 트윗(92장)을 할 때 단어를 최대한 짧게 쓰려는 욕구에서 비롯되었다.

CD-ROM은 이니셜(CD)과 두문자어(ROM)가 결합된 흥미로운 복합어다. 앞부분은 철자대로 읽고 뒷부분은 하나의 단어처럼 발음한다. 누구도 '시디 알오엠'이라고 읽지 않는다. 마찬가지로 JPEG 파일은 '제이펙'이라고 발음한다. 똑같은 알파벳이 세 개인 기관들은 때때로 편법을 쓴다. American Automobile Association

(미국자동차협회), 즉 AAA는 흔히 Triple A(트리플 A)라고 불린다. IOU도 두문자어로 시작해 한 단어를 대체하는 알파벳으로 끝난다는 점에서 역시 특이하다. 실은 IOY로 써야 옳다.

80 Watergate

장소 이름이 단어로 📖 20세기   워터게이트

1972년 6월 17일, 워싱턴 워터게이트 건물에 위치한 민주당 전국위원회 본부에 한 무리의 남자들이 침입했다. 공화당의 정치적 개입 및 은폐 시도에 대한 증거가 나오면서 이 사건은 국가적 스캔들로 발전했고, 결국 1974년에 닉슨 대통령이 사임하기에 이르렀다.

   정치적 여파도 컸지만 언어적 여파는 훨씬 오래 갔다. -gate는 언론 매체에서 정치 및 여타 분야의 스캔들이나 은폐 사건(으로 추정되는 사건)을 지칭하는 접미사로 영어에 뿌리내렸는데, 연루된 인물은 대개 몰락의 길을 걸었다. 이 단어는 짧고 간단명료해서 쓰기도 편했을 뿐 아니라 제목으로도 안성맞춤이었다(88장).

   -gate로 끝나는 단어는 그 스캔들이 뉴스거리가 되는 동안에만 통용되어 대체로 수명이 매우 짧다. 1991년에 일어난 Baftagate(바프타게이트, BAFTA 영화TV어워드의 투표행사를 둘러싼 음모이론)를 누가 기억하겠는가? Camillagate(카밀라게이트, 1992년 웨일스의 왕자와 카밀라 파커 보울스가 은밀히 나눈 통화 내용이 공개된 사건)는?

BP-gate(비피게이트, 2010년 석유 유출로 인한 재난 사건)는 공공영역에 얼마나 오래 남을까? 이라크 전쟁이 미친 여파는 계속 Iraq-gate(이라크게이트)라 불릴까? 이것만은 확실하다. 다른 신조어가 이런 단어들을 대체하기 위해 만반의 준비를 갖추고 기다린다는 것이다.

지명은 영어에서 일상어로 자리매김하는 과정에서 보다 일반적인 의미로 발전하는 경우가 많다. 사람들은 '워터게이트와 비슷한 종류의 스캔들'이라는 의미로 '또 다른 워터게이트'가 터졌다고 말한다. 국가 조직 및 공무원은 일하는 장소와 동일시된다(화이트홀, 백악관). 전투 장소는 일반적 용법으로 발전하는 일이 아주 드문데, 예외가 발라클라바(balaclava)와 아마겟돈(armageddon)이다. 중대하고도 결정적인 시합에 나갈 때 '큰 패배를 맛볼 수 있다(meet one's Waterloo)'는 표현도 여기 해당한다. 19세기 후반 이후 등장한 Trafalgar Square라는 표현('누군가를 가두연단에 세우다'라는 뜻)처럼 Trafalgar(트라팔가)를 동사로 쓰는 놀라운 경우도 있다. 이를테면 다음과 같이 사용한다. 'He just Trafalgar Squared me(그가 나를 가두연단에 세웠다).' 흔히 접할 순 없어도 사전에 기록된 용법이다.

대부분의 지명은 상품이 유명해지며 일반화된다. 와인 생산지는 쉽게 새로운 명사로 탈바꿈하며, 일부는 소문자화될 정도로 널리 사용된다. 'That's a lovely Bordeaux(정말 맛있는 포도주네요), Have a glass of champagne(샴페인 한잔하세요)' 같은 표현을 보라. 그 밖에 지명을 딴 술로는 martini(마티니), cognac(코냑), port(포트), sherry(셰리), bourbon(버번) 등이 있다. 음식도 크게 다르지 않다. Brie(브리, 치즈), Brussels(브뤼셀, 방울양배추), Danish(대니시, 페이스트리), hamburger(햄버거), frankfurter(프랑크푸르트 소시지) sardine(정어리, 이탈리아 서쪽 섬 사르디니아에서 유래) 등이 그 예다. 의류 쪽에서는 jeans(청바지), jersey(저지), bikini(비키니), tuxedo(턱시도), duffle coat(더플 코트)가 있다.

하지만 지명(toponym)을 이용해 단어를 만드는 방식은 널리 사용된다. 누군가에게 리머릭(limerick, 5행으로 된 희극시)을 낭독해준 적 있는가? 리무진(limousine)을 운전한 적은? 알세이셔(alsatian, 독일산 셰퍼드 개)나 래브라도(labrador)를 키워본 적은? 배드민턴(badminton)이나 럭비(rugby)를 즐긴 경험은? 마라톤(marathon)을 뛴 적은? 마주르카(mazurka)를 춘 적은? 어디서 난데없이 지명이 나타날지 누구도 예측할 수 없다.

81 Doublespeak

애매모호한 말 20세기   사실을 가리기 위한 모호한 말

1986년 전직 MI5 요원이 쓴 책의 출간을 막기 위해 호주에서 열린 '스파이캐처' 재판 도중, 변호사가 영국의 내각 장관 로버트 암스트롱 경에게 오해 소지가 있는 말과 거짓말의 차이를 설명해달라고 요청했다. '거짓말은 한 치의 오차도 없는 허위를 말합니다.' 그렇다면 오해의 소지가 있는 말은 '오차가 한 치쯤 있는 허위'를 가

리키느냐고 변호사가 물었다. 암스트롱은 대답했다. '누군가 말했듯이 아마도 진실을 아끼는 것(economical with the truth)일 겁니다.'

그가 말한 누군가는 18세기 정치 철학자 에드먼드 버크로, 언젠가 'economy of truth'란 표현을 사용한 바 있다. 당시엔 이 표현이 널리 받아들여지지 않았다. 하지만 'to be economical with the truth'는 오래도록 언론에 인용되면서 다른 상황에도 적용되었다. 마침내 영어 숙어의 한 자리를 꿰찼는데, doublespeak(애매모호한 말)의 가장 최신 사례 중 하나라 할 것이다.

doublespeak 또는 doubletalk는 1950년대부터 쓰인 단어로 조지 오웰의 소설 《1984》에서 doublethink(이중 사고)와 newspeak(모호하게 말해 기만하는 표현)를 섞어 사용하면서 생겨났다. 이면의 목적을 성취하기 위해 의도적으로 의미를 숨기거나 바꾸는 모든 단어가 여기에 해당한다. 1973년 미국 공적 이중화법위원회 의장이 말한 것처럼,

소통하는 척하지만 실은 하지 않는 말이다. 나쁜 것을 좋아 보이게, 부정적인 것을 긍정적으로 보이게, 불쾌한 것을 매력적으로 보이게, 아니면 최소한 나쁘지 않은 것으로 보이게 만들려는 말이다. 책임을 회피하거나 다른 것에 전가하는 말이다…

여기서 강조할 점은 이런 말이 게으른 사고의 결과물이 아니라는 점이다. 오히려 매우 명확한 사고의 산물이다. 이중화법(doublespeak)은 듣는 이를 잘못된 쪽으로 이끌기 위해 신중히 선

택한 말이다.

어떤 공장이 바이오 고형물(biosolids)이 누출됐다고 발표했다면 '하수가 누출됐다'는 뜻이다. 군대에서 어떤 마을에 초정밀 공습(surgical strike)을 펼쳤다고 보고하면 '군사적 공격을 가했다'는 뜻이다. 어떤 회사가 규모의 적정화(rightsizing)를 실시하고 있다는 말은 직원을 해고하고 있다는 의미다. 일자리 유연성(job flexibility)을 제공한다는 말은 종신계약이 없다는 뜻이다. 이런 표현에는 새로운 상황이 좋은 것이라는 암시가 들어 있다. 바이오(bio-)는 생명을, 초정밀(surgical)은 치료를 암시한다. 적정화(right)와 유연성(flexiblility) 같은 단어들은 나쁜 상황을 긍정적인 방향으로 치장한다. 구직자(Job seeker)가 실직자(unemployed)보다, 인종 청소(ethnic cleansing)가 대량학살(genocide)보다 어감상 낫다.

물론 모든 것은 화자의 관점에 달려 있다. 군대가 우리 편이면 다른 나라에 개입(intervene)하는 것이고, 적군이라면 침공(invade)한 것이다. 무장 단체가 우리 편이면 자유의 투사(freedom fighters)이고, 아니면 테러리스트(terrorists)다. 사람들은 자신이 정말로 대의를 추구한다고 믿고 선의에서 이중화법에 빠진다. 국가가 전쟁을 치를 때 긍정적 표현을 쓰는 것이 사기에 얼마나 중요한지 의심할 사람은 없다. 주가 하락이 염려스러울 때 기업은 경영 상태를 최대한 긍정적으로 묘사하려고 최선을 다한다.

하지만 그런 언어적 포장이 대중에게 지나치다고 느껴질 수 있다. 이중화법이 두드러지는 일부 문구는 미국은 물론 세계 곳곳에서 너무 유명해져서 모호함이 주는 힘을 상실했다. 이제 friendly fire('우호적인 사격')가 '아군을 죽였다'는 뜻임을 모르는 사람이 없다. 요즘은 홍보 담당자가 지독히 게으르지 않은 이상 무고한 시민들이 공습으로 죽거나 다친 일을 뻔뻔하게 collateral damage(부수적인 피해)라고 말하지 않는다. 회견장에 참석한 모든 기자가 그 말의 의미를 정확히 아니까.

이중화법위원회는 매년 최악의 사례를 선정해 시상한다. 2008년에는 aspirational goal(염원하는 목표)이라는 문구에 상이 돌아갔다. 이를테면 이라크에서 철군하거나 탄소 배출을 줄이기 위해 기한을 설정할 때 주로 쓰는 표현이다. 위원회는 이렇게 말했다.

> aspiration(염원)과 goal(목표)은 같은 것을 가리키지만 두 단어를 함께 쓰면 양쪽의 의미가 모두 약해진다. 그 결과 사실상 '그다지 염원하지 않는 목표'를 의미하게 된다.

다시 말해 이 목표를 실현하기 위해 어느 누구도, 아무것도 하지 않은 것이다.

이중화법을 줄이려면 어떻게 해야 할까? 한 가지 방법은 언어적 정직함을 칭찬하는 것이다. 실제로 이중화법위원회는 좋은 사례에 오웰상을 수여한다. 풍자 역시 도움이 된다. 나는 체스 경기를 보도하는 기사에서 참가 선수가 자신이 2등을 했다고 자랑스레 얘기하는 것을 특히 좋아한다.

82 Doobry

아무 의미 없지만 쓸모 있는 말▮20세기　　거시기

doobery, doobery, doobrie, doobrey… 이름을 모르는 물건을 언급할 때 쓰는 이 가공의 단어는 철자가 확실했던 적이 없다. 그래도 괜찮다. 이런 의미 없는 단어가 사용되는 건 주로 대화를 나눌 때니까. 'Where's the doobry?(거시기가 어디 있지?)' 텔레비전 채널을 바꾸는 기구를 찾을 때 보통 이렇게들 말한다.

　doobry는 20세기에 등장한, doo-로 시작하는 일련의 형태 중 가장 최신 버전이다. 이 단어가 영국식 영어에 처음 기록된 것은 1970년대로, 그 전 수십 년간은 doodah, doofer, doodad, doings, dooshanks와 같은 형태가 사용됐다. 1928년 기록에 등장한 doodah가 가장 일찍 생겨났다. 곧이어 1930년대에 doofer가 등장했는데, that'll do for now(그 정도면 충분해) 같은 문장에서 쓰이는 do for에서 유래한 것 같다. 노동자들은 담배 반 개비를 doofer라 불렀다. 이 형태는 호주에서 인기를 끌며 doover, doovah로도 쓰였다. 미국 영어에서는 세기 초부터 doohickey와 doojigger가 선호되었는데, 둘 다 여전히 쓰인다. doodad 역시 미국에서 화려한 장식품이나 의복을 지칭하는 등 구체적인 의미로 발전했다. 이를테면 크리스마스트리에 온갖 종류의 doodads(장식품)가 달려 있다고 한다.

의미 없는 단어들은 회화에서 아주 쓸모있는 역할을 한다. 단어가 떠오르지 않지만 이야기의 흐름을 끊기 싫을 때 유용하다. 뭔가를 어떻게 불러야 할지 모르겠을 때, 뭔가의 이름을 잊어버렸을 때, 동아줄이 된다. 정확히 언급할 가치가 없다고 느끼거나 일부러 모호하게 처리하고 싶을 때도 쓸 수 있다. 수세기 동안 이런 단어가 얼마나 많이 만들어졌는지 보면 그 중요성을 알 수 있다.

가장 오래된 단어는 16세기부터 문서에 등장하지만 일상회화에서는 훨씬 전부터 쓰였을 것으로 추정되는, what을 기본으로 한 형태다. 완전한 형태는 what do you call it/him/'em…이지만 whatdicall'um, whatchicalt, whatd'ecalt처럼 다양하게 줄여서도 쓴다. 셰익스피어도 터치스톤이 자크를 부르는 장면에서 이 표현을 사용했다. 'Good even, good Mr what ye cal't(안녕하시오, 이름 모를 양반)'(《뜻대로 하세요(As You Like It)》). 여기서 터치스톤은 자크(Jacques)의 이름을 입에 올리지 않으려 한다. 엘리자베스 시대 영어에서 Jacques의 발음은 'jakes'로 변소를 뜻하는 속어와 같다. 오늘날에는 whatchacallit, whatchamacallit('what-you-may-call-it'에서 나왔다)이 가장 흔한 형태다.

giggombob, jiggembob, kickumboball 같은 특이한 형태는 17세기 초반 주로 연극에 등장했으나 한 세기 후 사라진 것으로 보인다. 아마 thing을 토대로 한 형태들에 자리를 내주었으리라. thingum과 thingam은 17세기에 특히 미국 영어에 등장하는데 thingum-thangum(56장)처럼 중복된 형태로도 쓰였다. 그러다 18세기에 시대에 뒤처지거나 세련되지 못한 단어에 예민하게 반응하는 분위기가 최고조에 달하면서 thingy, thingummy, thingamerry, thingamajig, thingamabob, thingummytite, thingumty, thingumtitoy 같은 수많은 신조어가 탄생했다.

의미 없는 단어도 유행을 탄다. 요즘에도 jigamaree(묘한 물건)나 whigmaleerie(색다른 장치)를 쓰는 사람이 있을까? oojah(거시기)는 어떻게 됐을까? 1917년 7월, 《워싱턴 포스트》어느 호는 영국군에서 유행하는 새로운 속어 얘기를 꺼내며 oojah가 아랍어나 페르시아어 같은 동쪽 지역에서 유래했다고 설명했다. 이 단어는 제2차 세계대전 중 쓰이던 군대 속어로, oojamaflop 같은 형태로 발전하기도 했다. 전직 영국 공군이었던 우리 빌 삼촌도 그 단어를 입에 달고 살았다. 나? 나는 이런 글을 쓸 때가 아니면 직접 그 단어를 쓴 적은 없다.

83 Blurb

유입의 순간 📜 20세기 · 광고문

한 단어가 언제 발명되었는지 정확히 짚는 게 가능할까? 그렇다, 누군가 기록을 남긴다면(65, 66장). 하지만 대중에게 공개된 날짜를 기점으로 삼는 경우도 많다.

1906년 미국 유머 작가 겔레트 버지스(Gelett Burgess)의 책이 휩시(Huebsch) 사에서 출간돼 날개 돋친 듯 팔렸다. 이듬해 출판무역

YES, this is a "BLURB"!

All the Other Publishers commit them. Why Shouldn't We?

MISS BELINDA BLURB

IN THE ACT OF BLURBING

ARE YOU A BROMIDE?

BY

GELETT BURGESS

Say! Ain't this book a 90-H. P., six-cylinder Seller? If WE do say it as shouldn't, WE consider that this man Burgess has got Henry James locked into the coal-bin, telephoning for "Information"

WE expect to sell 350 copies of this great, grand book. It has gush and go to it, it has that Certain Something which makes you want to crawl through thirty miles of dense tropical jungle and bite somebody in the neck. No hero no heroine, nothing like that for OURS, but when you've *READ* this masterpiece, you'll know what a BOOK is, and you'll sic it onto your mother-in-law, your dentist and the pale youth who dips hot-air into Little Marjorie until 4 Q. M. in the front parlour. This book has 42-carat THRILLS in it. It fairly BURBLES. Ask the man at the counter what HE thinks of it! He's seen Janice Meredith faded to a mauve magenta. He's seen BLURBS before, and he's dead wise. He'll say:

This Book is the Proud Purple Penultimate!!

1906년 blurb라는 단어를 영어에 편입시킨 책 표지.

협회 만찬에서 관행에 따라 특별 표지를 입힌 한정판이 무료로 배포되었다. 책의 표지에는 미스 벨린다 블러브(Belinda Blurb)라는 매력적인 여성이 책 제목과 저자 이름을 외치면서 '책을 광고하는(in the act of blurbing)' 모습이 실렸다. 광고 제목은 이러했다. 'YES, this is a "BLURB"!(네, 이건 '광고문'이에요!)' 함께 실린 광고문은 믿기 어려울 정도의 찬사로 가득했다. '이 걸작을 읽으면 책이 뭔지 알게 될 것이다.'

이 단어는 널리 퍼졌고, 표지 앞면이나 뒷면에 실린 추천 글은 곧 blurb(신간 서적을 홍보하는 짧은 광고문)라 불리게 되었다. 몇 년 후 버지스는 한 작은 단어집에서 자신이 만든 용어를 이렇게 정의했다.

> 눈에 띄는 광고, 직관에 따른 추천 글
> 출판사가 할 법한 과도한 찬사

그 후 이 단어는 우리와 함께 하고 있다. 이 책의 뒷면에도 광고문(blurb)이 실린 것을 보라.

버지스가 이 단어를 발명한 정확한 순간은 모르지만 그 만찬 이후로 유통되기 시작한 것은 분명하다. 1957년 10월 4일, 러시아에서 쏘아 올린 최초의 인공위성 스푸트니크 1호(Sputnik 1)도 비슷한 일을 겪었다. 그 전까지 sputnik('여행 동반자'라는 뜻)는 소련에서도 소수의 사람만 아는 단어였다. 하지만 인공위성이 발사된 뒤로 사방에서 사용되었다.

문학 작품이 출간된 해를 통해서도 새로운 단어가 태어난 시점을 대략 확인할 수 있다. catch-22(진퇴양난)는 1961년 조셉 헬러가 쓴 동명의 소설과 함께 탄생했다. 성적 매력을 지닌 소녀라는 뜻의 nymphet은 1955년 블라디미르 나보코프의 《롤리타(Lolita)》와 함께 나타났다. chortle(깔깔거리다)은 1871년 루이스 캐럴의 《거울 나라의 앨리스》에서 처음 등장했다.

이런 사례가 단어의 기원을 가장 정확하게 알 수 있는 경우다. 보통은 '1960년대 초반'이나 '14세기 후반'이라고밖에 말할 수 없다. 하지만 인터넷이 모든 것을 바꾸고 있다(49장). 적당한 소프트웨어를 활성화하기만 하면 내가 문서를 생성한 날짜, 시간, 분, 초를 기록할 수 있다. 그 문서에 신조어, 또는 새로운 의미의 단어가 있다면 탄생일을 영원히 알 수 있을 것이다.

84 Strine

희극적 효과 📑 20세기　　　　　　　　호주식 영어

1964년 《시드니 모닝 헤럴드》에 모니카 디킨스라는 영국 작가가 시드니의 한 서점에서 신간 사인회를 할 때 겪은 일이 실렸다. 한 여자가 그녀에게 책을 건네며 말했다. '엠마 치짓(Emma Chisit).' 디킨스는 그게 여자의 이름이라 생각하고 책의 한 면에 '엠마 치짓에게'라고 적었다. 책을 사려던 여성은 어리둥절했다. '아니요, 엠마 치짓

이요(No. Emma Chisit)' 그녀가 같은 말을 반복했다. 나중에 알고 보니 '하우 머치 이즈 잇(How much is it?)'을 호주식 억양으로 말한 것이었다. strine(호주식 영어)의 독특함은 그렇게 알려졌다.

이 일화는 《호주식 영어 – 아퍼백 로더 전집(Strine: The Complete Works of Professor Afferbeck Lauder)》(실명은 Alistair Morrison, 앨리스터 모리슨)의 앞부분에 실린 이야기다. strine는 Australian이라는 단어의 호주식 발음으로 추정된다. 《호주 영어 말하기(Let Stalk Strine)》는 1965년 출간되자마자 베스트셀러가 되었고 현재도 인쇄된다. 책에는 appetite를 ebb tide로('I jess got no ebb tide these dyes'), did you get your를 cheque etcher로 쓴다는 등('Where cheque etcher big blue wise?') 훌륭한 사례가 실려 있다. 이 책의 컨셉이 인기를 끌자 《리버풀 사투리 학습서(Lern Yerself Scouse)》처럼 지방 사투리 회화를 다룬 여러 권의 모음집이 세계 각지에서 출간되었다.

희극적 효과를 노리고 만들어진 단어들은 보통 살아남지 못한다. 혹여 누군가 사투리 억양을 쓰거나 옛 철자를 흉내내는 척하며 엉터리로 말을 지어내도('yee oldee tea shoppee') 그 효과는 한순간이다. 누구도 oldee가 하나의 발음으로 인정되리라 기대하지 않는다. 하지만 우스꽝스러운 형태가 거듭 사용되고 소설이나 여타 문학에 등장하면 결국 (어조가 익살맞다는 경고와 함께) 사전에 등재될 수도 있다. 작가 새커리가 《허영의 시장(Vanity Fair)》(1848)에서 사용한 stoopid(stupid를 익살스럽게 표현한 단어)와 1890년대에 처음 기록된 velly('very'의 가짜 중국식 단어)가 그런 과정을 겪었다. 러디

1965년에 출간된, 최초의 '호주식 영어(strine)'를 소개한 책의 표지

어드 키플링을 비롯한 작가들 덕분에 squattez-vous('sit down'의 가짜 프랑스식 단어)도 어느 정도 쓰였다. 1950년대 이후에 기록된 el cheapo('very chep'의 가짜 스페인식 단어)도 마찬가지다. 이 단어들은 전부《옥스퍼드 영어사전》에 수록돼 있다.

때로는 유아어도 영어에 편입된다. toothypeg(이빨), wakey-wakey(일어나 일어나), pussy-cat(야옹이), beddy-bye(잠자리에 들기), din-din(맘마), ickle(작고 귀여운), diddums(아이 딱해라), oopsie-daisy(어머나)는 모두 어른이 아이들과 장난치며 쓰는 단어다. 만화책의 고유명사도 마찬가지다. 수스 박사가 만화《그린치(How the Grinch Stole Christmas)》(1957)를 통해 소개한 'Grinch'는 이제 남의 흥을 깨트리거나 성질이 나쁜 사람을 가리키는 대명사로 쓰인다. 호머 심슨의 '도(D'oh)', 엘머 퍼드의 '웨빗(wabbit)', 플린스톤의 '야바다바두(Yabba dabba doo)', 미스터 징크스의 '네놈들을 갈갈이 찢어주마(I'll tear you meeces to pieces)'처럼 만화 캐릭터도 우스꽝스러운 단어를 소개하거나 대중화한다.

가끔 문법에 맞지 않는 유머러스한 형태의 동사도 널리 쓰인다. 사람들이 얼어 죽겠다고 말할 때 frozen 대신에 fruz나 froz를 쓰는 걸 들어봤을 것이다. 'Shakespeare thought every thought that's ever been thunk' 같은 문장은 어떤가? 틀린 문법도 문학은 용인한다. 마크 트웨인은 등장인물로 하여금 smole a smile하게 했고, 제임스 조이스는《피네간의 경야(Finnegans Wake)》에서 thunk를 사용했다. 〈위니 더 푸〉의 티거 역시 같은 표현을 썼다.

85 Alzheimer's

사람의 성(姓)이 단어로▤20세기   알츠하이머병

이름은 단어 생성에 중요한 역할을 한다. 이미 지명(80장)과 이름(28장)이 어떻게 단어로 변하는지 봤다. 이제 성을 살펴볼 차례다.

놀랍도록 다양한 일상 속 물건이 그것을 발명하거나 그것과 밀접하게 관련된 사람의 이름에서 왔다. 모자(스테트슨stetson)와 부츠(웰링턴wellingtons)를 비롯한 의복(카디건cardigan, 레오타드leotard, 매킨토시mackintosh), 음식(가리발디garibaldi, 파블로바pavlova, 샌드위치sandwich), 꽃(베고니아begonia, 달리아dahlia, 매그놀리아magnolia), 악기(색소폰saxophone, 수자폰sousaphone), 총기(콜트colt, 데린저식 권총derringer, 모제르총mauser) 등 영역도 다양하다. 특히 창의적이면서 유명한 사람들의 성이 일반 명사로 바뀌곤 한다. 영화광들이 어떤 영화가 Hitchcockian(히치콕풍)이네 아니네 토론하는 게 그 예다. Dickensian(디킨스풍), Mozartian(모차르트풍), Turnerian(터너풍)처럼 다른 예술 분야에도 비슷한 신조어가 있다. 헨리 파울러의 《현대영어 용법사전(Dictionary of Modern English Usage)》을 존경해 마지않는 언어 애호가들은 그의 접근법을 특징짓는 형용사를 최소 세 개 이상 만들었다(Fowlerian, Fowlerish, Fowleresque 등).

특히 과학 분야에서 이런 방식으로 업적을 인정한다. 암페어(ampere), 섭씨(celsius), 헤르츠(hertz), 옴(ohm), 와트(watt)처럼 과

학자의 성에서 딴 모든 물리 상수의 이름을 생각해보라. 뇌의 롤란드 열구(Rolandic fissure)과 실비우스 열구(Sylvian fissure), 중이와 비인두 사이에 위치한 유스타키오관(Eustachian tube) 등 해부학, 생리학, 의학의 수많은 용어에도 발견자의 이름이 붙어 있다. 질병에 사람의 이름을 붙일 때는 대개 줄여 쓴다. 메니에르병(Ménière's disease)은 메니에르(Ménière's)로, 파킨슨병(Parkinson's disease)은 파킨슨(Parkinson's)으로, 알츠하이머병(Alzheimer's disease)은 알츠하이머(Alzheimer's)로 쓰는 것이다.

알츠하이머의 예에서 보듯이 파생어는 금세 생겨난다. 이 병은 1907년 독일 병리학자 알로이스 알츠하이머가 처음 기술했다. 병명은 곧 알츠하이머 환자(Alzheimer patient), 알츠하이머로 고통받는 사람(Alzheimer sufferer)과 같은 표현에서 때로는 's를 붙인 채, 때로는 붙이지 않은 채 형용사로 사용되었다. 1930년대에는 심지어 의학 저널에서조차 Alzheimer's 또는 (특히 미국에서) Alzheimer로 축약했다. 2000년대 초반에는 이 병의 영향에 대한 우려가 커지면서 대문자 A만 써도 알아볼 수 있는 소수의 질병에 속하게 됐다. (또 다른 경우는 대문자 C로 쓰는 cancer다.)

일반 명사 및 형용사로 쓰이는 성이 실제 인물의 것이 아닐 때도 있다. 영문학에 등장하는 몇몇 허구의 인물은 일반적인 상황에서도 성이 사용된다. 누군가를 스크루지, 신데렐라, 걸 프라이데이, 로미오라 부른다면 무슨 의미인지 모르는 사람이 없을 것이다. 원작의 상황은 지워진 채 심지어 소문자로 쓰일 때도 있다. 드물지만 두 개의 성을 함께 사용하기도 한다. 지킬과 하이드(Jekyll and

Hyde) 같은 성격, 다윗과 골리앗(David and Goliath) 같은 상황, 홈즈와 왓슨(Holmes and Watson) 같은 관계처럼 말이다. 하지만 이런 사례는 많지 않다.

　몇몇 분야에서는 성과 이름을 같이 쓴다. 이를테면 장미의 세계에는 개인의 이름을 딴 품종이 수백 개다. 캐리 그랜트(Cary Grant), 빙 크로스비(Bing Crosby)처럼 유명인의 이름도 쓰인다. 개의 품종(잭 러셀), 배(USS 로널드 레이건), 기관차(윈스턴 처칠), 칵테일(로즈 케네디), 케이크(사라 베르나르) 같은 분야에서도 성과 이름을 찾을 수 있다. 작위도 예외는 아니다(얼 그레이 티, Earl Grey tea). 이러다 보니 특이한 문장이 생겨나기도 한다. "저 캐리 그랜트 냄새 좀 맡아봐." "얼 그레이(=그레이 백작) 드릴까요?" "로즈 케네디 두 잔 주세요."

86 Grand

돈을 뜻하는 속어 📜 20세기　　　천 달러, 천 파운드

어떤 어휘는 다른 어휘들보다 생산적이다. 나는 한때 사전을 샅샅이 뒤져서 세상에 대해 '긍정적인' 어감을 가진 단어(wonderful, happily, a marvel 등)와 '부정적인' 어감을 가진 단어(awful, clumsily, a disaster 등)를 전부 찾은 적이 있다. 긍정적 감정 표현은 1,772개, 부정적 감정 표현은 3,158개였다. 영어를 말할 때는 비판이 두 배

86 Grand

정도 쉬운 모양이다.

어휘, 특히 속어 형태의 어휘는 일상 관심사에서 가장 많이 탄생한다. 마약, 섹스, 술을 뜻하는 표현은 각각 수백 개에 달한다. 돈도 일반적 의미와 특정 단위 및 양을 합쳐 그 정도 된다. 영어권 국가의 여러 가지 화폐 체계도 다양성에 이바지한다(31장). 심지어 오래된 화폐 용어도 관용구 안에 살아있다. 1실링(예전 단위로 12펜스)에 해당하는 bob이 사라진 지 수십 년인데도 영국인들은 여전히 'someone is worth a few bob(누군가는 재산이 꽤 된다)'이라고 말한다. 호주 영어에는 buckaroo('1달러 동전'), brick(10달러), shrapnel('소액의 거스름돈')이 있다. 자메이카에서 coil은 '은행권 한 묶음'이다. 트리니다드에서 dog은 '20달러 지폐'다. '독 달러(dog dollar)'를 쓰던 시절의 흔적일 것이다(원래 달러 단위 동전에 사자가 그려져 있었는데 닳으면서 개와 비슷한 모습으로 변했다).

'돈'을 의미하는 속어는 아주 다양하다. 일부는 수백 년 전으로 거슬러 올라간다. 16세기 후반 영국에서는 금화 색깔을 떠올리는 brass가 쓰였다. ready(ready money, 즉시 쓸 수 있는 현금)는 17세기부터 기록되었는데 현재는 복수형인 readies만 사용된다. 역시 17세기부터 쓰인 quid는 sovereign(1파운드짜리 금화)이나 guinea(영국의 구 금화)를 지칭한다. '무엇'을 의미하는 라틴어 quid에서 온 것 같은데, 라틴어를 널리 사용하던 시절에 '수단, 자금'이라는 익살맞은 의미로 바뀌었다.

코크니 압운 속어도 몇 가지가 있다. bread는 bread and honey('돈'을 의미한다)를 줄인 것이다. five(5파운드)는 beehive, fiver는

lady(레이디 고다이버에서 딴 것이다)라고 한다. ten(10파운드)은 Big Ben과 cock and hen, eight(8파운드)는 garden gate와 운을 맞춰 garden이라 쓴다. 양과 수는 dunop, evif, nevis, yennep처럼 거꾸로 쓰는 경우가 많다. 운율을 맞추는 관행은 바다 너머로도 전해졌다. 호주에서는 cash를 Oscar Asche(20세기 초반에 활동한 호주 배우), dollar를 Oxford scholar, money를 bugs bunny라 부르고, 남아프리카에서는 '돈'을 가끔 tom(tomfoolery=장신구)이라 부른다. 압운 속어는 계속 생겨난다. 20세기 후반에는 10파운드를 ayrton(에어턴)이라고도 썼다. 이유가 뭘까? 카레이서 에어턴 세나(Ayrton Senna)가 10파운드 지폐에 등장하기 때문이다.

미국에는 매우 다양한 은어 표현이 있는데, 일부는 영화와 텔레비전에서 자주 사용되어 널리 알려졌다. 예를 들어 달러를 지칭하는 buck(벅)과 greenback(그린백), 일반적인 돈을 뜻하는 dough, potato, lettuce, cabbage(마지막 두 개는 지폐가 초록색이기 때문이다)처럼 몇몇 단어는 기원이 매우 아리송하다. moolah와 spondulicks(둘 다 다양한 철자로 쓰인다)도 추측만 무성할 뿐 확실한 결론은 없다. smacker는 사람들이 지폐에 입을 맞추거나 테이블에 탕 소리나게 내려놓기 때문에 생긴 표현일까? mazooma는 이디시어에서 유래했다. motza(역시 철자가 다양하다)도 마찬가지로, 주로 호주에서 사용된다.

새로운 단어는 끝이 없다. 20세기에는 lolly(lollipop에서 온 듯하다)와 dosh('간이 숙박업소의 간이침대'를 의미하는 doss와 관련 있는 듯하다)가 등장했다. 놀라운 건 2천 파운드를 의미하는 archer다.

영국 작가 제프리 아처(Jeffrey Archer)가 연루된 법정 사건에서 비롯된 단어로, 2천 파운드의 뇌물이 오갔다고 한다. 이 단어는 오래가지 않을 성싶지만.

 이런 단어 대부분이 탄생한 국가를 벗어나지 않는다. 미국인들이 달러를 quid라고 부르거나, 영국인들이 파운드를 buck이라고 부르는 일은 없다. 그래서 grand가 흥미로운 것이다. grand는 다른 국가로 넘어간 몇 안 되는 단어 중 하나다. 이 단어는 1900년대 초 미국에서 1천 달러라는 의미로 처음 사용되자마자 G라는 이니셜로 축약되었다. 그 후 영국으로 건너가 1천 파운드를 의미하게 되었다. 영국인들은 거리낌없이 어떤 물건의 값이 a grand라고 말한다. 하지만 디지털 시대가 G를 유행에서 밀어낸 듯하다. 1980년대 들어 킬로바이트(kilobyte)의 영향으로 K가 사업 계획이나 구인 광고에서 '천'을 뜻하는 약어가 되었다. 더 이상 런던 금융가에서 Gs(수천 파운드)를 버는 임원은 없다.

87 Mega

접두사가 단어로 20세기   메가

mega-는 19세기 말 무렵 접두사로 인기를 끌었다. 과학자들은 이 단어가 매우 크거나 비정상적으로 거대한 뭔가를 표현하기에 유용하다고 생각했다. 그래서 상대적으로 거대한 박테리아를 메가박테리아(megabacterium)라고 불렀다. 측정 단위로는 메가와트(megawatt)처럼 백만 배 크다는 의미를 나타냈다. 1960년대 들어서는 종류와 무관하게 크기가 크거나 뛰어난 것을 의미하기 시작했다. 경영권을 취득하기 위해 거액의 자금을 들여 입찰하는 것은 메가비드(megabid), 거대한 쇼핑몰은 메가센터(megacentres), 크게 성공한 노래나 영화는 메가히트(megahit)가 되었다. 사람들은 메가페스티벌(megafestivals)에 참석했다.

이 모든 'mega-' 어찌구들이 생겨나면서 이 접두사가 독립적 단어가 되기 위한 무대가 마련되었다. 1960년대 후반 mega는 '거대한'(Those are mega achievements), '뛰어난'(That's a mega idea), '매우 성공적인'(She's mega in France)이라는 의미로 쓰였다. 심지어 그 자체가 문장이 되었다. 훌륭한 무대 공연에 찬사를 보내고 싶을 때는 경외심을 담아 이렇게 외치면 끝이었다. 'Mega!'

꽤 많은 접두사가 독립된 단어로서 삶을 시작했다. 의류와 탈것은 midi(중간 길이의, 중형의), mini(미니스커트, 소형의), maxi(긴 스

커트, 대형의)라 부른다. 누군가 행동 방침을 제안하면 우리는 pro (찬성)하거나 anti/con(반대)한다. pros and cons(장단점)를 따질 수도 있다. 누군가를 ex라고 부르면 이전에 그랬다는 뜻인데, 보통 전남편이나 전부인을 지칭하지만 원칙적으로 이전에 조직 구성원이었던 누구라도 ex라 부를 수 있다.

이 단어들은 분야를 가리지 않는다. 극단적 견해, 특히 정치나 종교와 관련해 극단적 입장을 가진 사람을 ultra(극단주의자)라고 낙인 찍는다. ultra는 과격한 패션 취향을 가진 사람을 일컫기도 한다. 1970년대 이후로는 매우 긴 거리, 특히 마라톤보다 훨씬 길게 달리는 경기를 ultra라고 부른다.

multi-(멀티-)는 독립된 단어로서 광범위하게 의미를 넓혀 온 또 다른 접두사다. 'Multis are everywhere these days(요즘은 multi가 사방에 널렸어)'라는 문장을 듣는다면 화자가 가리키는 대상이 극장(멀티플렉스 multiplex)인지, 요트(다선체선 multihulls)인지, 건물(여러 가정을 위해 설계한 집합 주택 multifamily house)인지, 패션(multicoloured 색깔이 다채로운)인지, 매우 부유한 사람(multimillionaire 억만장자)인지, 브릿지 게임(multi-purpose 다이아몬드가 둘인 카드로 비딩을 시작하는 것)인지, 국제적인 사업(multinational)인지, 종합비타민제(multivitamin)인지 따져봐야 한다. 이렇게까지 단어의 의미가 광범위한 것은 아주 이례적인데, 게다가 이 모든 의미가 20세기 후반에 등장했다. 즉, multi는 성공한(mega) 단어가 되었다!

88 Gotcha

파격적인 철자 🗐 20세기   잡았다

1982년 《더 선》지가 아르헨티나의 순양함 제너럴 벨그라노호의 침몰 소식을 전한 기사의 헤드라인은 사고 자체만큼 큰 이목을 끌었다. GOTCHA! 한 세대가 지나도록 이 단어는 대중의 뇌리에 남았다. 파격적인 철자가 대중의 상상력을 사로잡은 것이다. 이 단어를 got you라고 쓰면 그 효과가 사라진다.

모든 사람이 이 단어를 좋아한 건 아니다. gotcha에는 장난스러운 의미가 들어있다. 누군가 논쟁에 끼어들거나 숨바꼭질을 하다 걸렸을 때 이 단어를 사용한다. 하지만 《더 선》지의 기사는 생사가 오가는 전쟁에 대한 것이었다. 많은 사람이 그렇게 심각한 사건을 다루는 데 규격에 어긋난 철자를 쓰는 건 적절치 않다고 생각했다. 하지만 그만큼 오래 남은 헤드라인도 없다.

신문 기사, 소설, 광고, 그래피티 등 다양한 장르의 글에 놀랄 만큼 많은 단어들이 철자를 무시한 채 사용된다. 유독 《더 선》에 유명한 사례가 많은데, 1992년 선거 후에 내건 'IT'S THE SUN WOT WON IT'[50]도 그중 하나다. 말장난을 치기 위해 철자를

---

[50] 《더 선》이 이긴 거야'란 뜻으로 1992년 영국 총선에서 수세에 몰렸던 보수당이 신승하자, 보수당을 지지하던 《더 선》지가 자기들 덕에 이겼다는 뜻으로 내건 헤드라인. 패배한 노동당 당수 닐 키녹(Neil Kinnock)이 "《더 선》의 오보와 가짜 뉴스(misinformation and disinformation) 때문에 졌다"고 할 정도로 편파 보도가 심했다. 《더 선》에서 보수당이 패배할 경우에 대비해 준

어기는 경우도 많다. 이를테면 영국에 신종 플루가 발생했음을 알리는 기사의 헤드라인 'PIGS 'ERE'[51]를 꼽을 수 있다.

비표준적인 철자법도 자주 사용되다 보면 '대체어'(61장)로 사전에 등재된다. 옥스퍼드 영어사전에 1932년 처음 등재된 gotch와 gotcher를 비롯해 geddit?('get it?', 1976), ya('you', 1941), thanx ('thanks', 1936), gotta('got to', 1924), gonna('going to', 1913) 등이 그렇다. 19세기에는 luv('love', 1898), wanna('want to', 1896), wiv('with', 1898), dunno('don't know', 1842), wot('what', 1829), cos('because', 1828)가 등재되었다. sorta('sort of')가 처음 기록된 것은 무려 1790년이다.

최근에 비표준적인 철자가 표준으로 자리잡은 경우가 있을까? 기록된 사례들을 보면 그런 단어가 대중적으로 사용되는 데는 여전히 꽤 많은 제한이 있는 것 같다. 비표준 영어는 캐주얼하고 익살스럽고 친밀한 주제에 주로 쓰이기 때문에 일반적으로 신문의 창작, 레저, 스포츠, 논평 지면에 등장한다. 《더 선》이 사고 소식에 그런 표현을 사용한 것은 예외적인 일이다. through를 나타내는 thru의 경우 미국 영어에서 꽤 대중화됐는데 드라이브스루(drive-thru), 시스루(see-thru), 셀스루(sell-thru), 클릭스루(click-thru)처럼 합성어로도 쓰인다. 하지만 다른 형태들은 미스터 차드가 낙서에 쓴 'Wot'(10장)이나 구어체 형태인 'Sez who?(누가 그랬는데?)'

비한 헤드라인 "If Kinnock wins today will the last person to leave Britain please turn out the lights(오늘 키녹이 이기면 영국을 떠나는 마지막 사람은 불 잘 꺼주세요)"와 더불어 언론이 정치와 선거에 미치는 영향을 얘기할 때 흔히 인용되는 문구다. ─ 편집자
[51] '드디어 우리나라에도 돼지독감이 발생했다'는 뜻 ─ 편집자

1982년 5월 4일 《더 선》의 1면

같은 특수한 용법으로 제한되는 추세다.

대개 비표준 철자는 지역 억양을 보여주기 위해 쓰인다. 'There's gold in tham thar hills, A man's gotta do what a man's gotta do, Gawd help us.'가 그 예다. 하지만 하층 계급의 억양만 비표준 철자가 된다고 생각하면 오산이다. 상류층의 언어 역시 비표준 철자로 변할 수 있다. 이를테면 huntin', shootin' and fishin', dontcha know, she's a nice gel처럼 말이다.

89 PC

정치적 올바름 20세기

정치적 올바름은 최근 유행에서 짐작되는 것과 달리 훨씬 오래전부터 우리 곁에 있었다. '정치적으로 올바르다(politically correct)'는 표현은 일찍이 1793년 미국 대법원에서 등장했다. 이때는 언어와 아무 관계가 없었다. '정치적으로 올바르지 않다(politically incorrect)'는 표현은 훨씬 최근에 생겼다. 《옥스퍼드 영어사전》에 용례가 처음 기록된 것이 1933년이다. 그리고 PC라는 줄임말은 아주 최근인 1986년에야 등장했다. PC가 처음 사용되었을 때는 주로 긍정적인 것들을 연상시켰다. 그렇지만 오늘날 어떤 단어가 PC라고 하면 대체로 부정적인 의미를 함축한다. 그 사이 무슨 일이 벌어진 것일까?

정치적 올바름은 들불처럼 일어난 언어 운동이다. 지지자들은 언어가 인종, 젠더, 직업, 자기 계발 같은 분야에서 바람직하지 않은 사회적 차별을 영속시킬 수 있다는 데 초점을 맞춰 좋은 의도로 이 운동을 시작했다. 일례로 페미니스트들은 남성적 단어, 숙어, 어미를 사용하면(예를 들어 fireman, chairman, the man in the street, 심지어 all men are created equal 등) 여성이 홀대받거나 부차적인 역할을 한다는 세계관을 강화한다고 지적했다. 이런 표현이 역사적으로 '순수하게' 사용되었다고 해서 앞으로도 계속 그럴 수는 없다는 것이 그들의 주장이었다. 불쾌감을 주지 않고 편견 없는 비성차별적인 언어로 바꿔야 했다.

일부 단어는 해결하기가 어렵지 않았다. fireman을 firefighter로, all man을 all people로 바꾸는 건 언어적으로 간단했다. 하지만 창의성을 발휘해야 할 때도 있고(air steward[ess]를 flight attendant로), 대체할 만한 관용적 표현을 도저히 찾을 수 없을 때도 있었다(man in the street처럼). 어떨 땐 표현을 바꾸었으나(chairman을 chairwoman, chairperson, chair 등으로) 양쪽 성별에서 모두 문제를 제기했고, 일부 대체어(he 대신에 he or she를 쓰는 경우)는 어색하다는 이유로 미움을 받았다. 많은 사람들이 사회적 조건이 문제인데 대안적 표현을 쓴다고 해서 편견이 없어지느냐고 반문했다. the disabled 대신 persons with disabilities라고 쓴다고 해서 무슨 도움이 되겠냐는 주장이었다. handicapped/disabled/physically challenged/differently abled 또는 black/negro/coloured/Afro-American/African-American에서 보듯이 부정적인 연상작용은 새로운 용어에도 그대로 옮겨간다. 사회적 조건이 변하지 않는다면 딱지가 바뀐다고 무슨 소용이 있겠는가?

게다가 일부 PC 활동가들이 언어 문제를 과도하게 적용하면서 문제가 생겼다. 인종적 맥락에서 black이란 단어에 반대하는 것과 black이란 단어가 쓰이는 모든 표현(blackboard, black sheep처럼)에서 인종적 편견의 함의를 읽어내는 것은 차원이 다른 문제다. 항간에 누군가 불쾌해할까 봐 권력을 쥔 사람들이 특정 단어를 피하려 안간힘을 쓴다는 이야기가 돌았다. 어떤 이야기는 사실이었고, 어떤 건 언론이 퍼트린 거짓이었다. 사실과 허구를 구분하기가 어려워졌다. 얼마나 많은 유치원 교사들이 〈Baa baa black sheep〉이라는 동요를 부르면 안 된다, 검은색 대신 다른 색을 써야 한다는 말을 들었을까? 도시 신화(rainbow sheep myth)처럼 시작된 이야기지만, 흑인 아이의 학부모가 불만을 제기할까 봐 실제로 단어를 바꾼 교사들을 나는 알고 있다.

사실이든 허구든, 보수진영은 (사회적 혜택을 받지 못한 이들에게 더 나은 환경을 제공하려고 노력했던) 진보 진영의 평판을 떨어뜨리기 위한 수단으로 그런 이야기에 집중했다. 정치인들은 언제나 상대 진영의 약점을 과장하는데, PC의 경우 다른 집단을 희생해 일부 집단을 지나치게 존중한다고 비난받았다. 모욕이 난무했다. '잘못된 어휘'에 주목한 사람들에게는 '사상 경찰'이라는 혐의가 씌워졌. 온건한 개혁가들은 극단주의자들과 싸잡아 한패로 분류되었다.

오늘날 스스로 PC 옹호자라고 칭하는 사람은 거의 없다. 오히려 남의 시선을 의식하면서도 다소 자랑스레 'PC가 아님'을 시인하는 분위기다. '정치적으로 옳지 않다는 건 알지만…'이라고 운을 띄워놓고, 생각하는 바를 말한다. PC 운동은 이 문제를 의식하게 했다는 점에서 분명 효과가 있었다. 하지만 일부 사회적 소외 계층은 자신들의 상황은 조금도 변하지 않았는데 이 모든 소동이 다 무슨 소용이냐고 의아해할지 모른다.

90 Bagonise

임시어 20세기   여행가방이 나오길 초조하게 기다리다

사람들은 새로운 단어를 창조할 기회를 좋아한다. 신문과 잡지는 '꼭 있어야 하지만 없는 단어' 대회를 열기도 한다. 1980년대 미국 코미디언 리치 홀은 〈Not Necessarily the News〉라는 코미디쇼에서 자신이 소개한 독창적인 어휘들에 sniglet(신조어)이라는 용어를 붙였다. 이 쇼는 엄청난 인기를 끌었고, 팬들이 보내온 아이디어를 모은 여러 권의 모음집이 출간되었다.

내가 맡았던 BBC 라디오 4 시리즈 〈English Now〉의 한 코너를 할애해 청취자들이 경쟁하는 모습을 지켜보았기 때문에 이 게임의 인기가 얼마나 대단했는지 직접 확인해줄 수 있다. 그때 청취자들로부터 1천 개가 넘는 아이디어를 제안받았다. 어떤 단어 경쟁에서 받은 것보다 훨씬 많았다. bagonise는 그때 우승한 단어 중 하나다. '여행가방이 공항 수하물 컨베이어 벨트에 나타나기를 애타게 기다리는 것'을 의미한다. 또 다른 우승 단어로 potspot이 있는데, '엉덩이가 닿는 순간 전화벨이 울리게 만드는 변기 좌석의 특정 부분'을 뜻한다.

때로는 오래된 단어를 새로운 방식으로 사용하는 데서 창의력이 발휘된다. 영국의 더글라스 애덤스와 존 로이드는 1983년 베스트셀러 《리프의 의미(The Meaning of Liff)》에서 장소 이름에 새로운 의미를 부여했다. 이를테면 goole은 '술집 주인이 거스름돈을 놓는 바 위의 움푹한 곳', nantucket은 '기차표를 잡아먹는 비밀 주머니'로 재탄생했다.

이런 신조어는 때로는 즉흥적으로, 때로는 심사숙고의 결과로 탄생했다. 하지만 한 가지 공통점이 있다. 바로 임시어(nonce-word), 즉 임시로(for the nonce) 만들어진 용법이라는 점이다. 이는 중세영어에서 온 표현(nonce=once)으로 어학 연구에서는 특정한 경우의 필요를 충족하기 위해 만들어진 단어나 구절을 가리킨다. 보통 그 단어가 다시 사용되리라 기대하지 않는다.

흔히 작가들이 이런 식으로 단어를 발명한다. 제임스 조이스의 책만 봐도 수백 개가 있는데, twingty to twangty too도 그중 하나다. 《피네간의 경야(Finnegans Wake)》에 등장하는 이 단어는 twenty to twenty-two란 뜻이다. 루이스 캐럴이 〈재버워키(Jabber-wocky)〉라는 시에서 사용한 brillig과 toves도 임시어다. 영화 〈메리 포핀스(Mary Poppins)〉에는 supercalifragilisticexpialidocious(환상적인)라는 환상적인 임시어가 등장한다. 이런 형태는 일상 대화에서도 발견된다. 최근 여성 주교를 bishopess라 부르고,

케이크가 chocalicious하다고 말하는 사람을 본 적 있다.

이따금 임시어가 유행하기도 한다. 자신의 소설에 quark라는 단어를 처음 소개하면서 제임스 조이스는 이 단어가 언젠가 물리학에서 아원자 입자를 가리키게 될 거라고 상상도 못했을 것이다. 유명인사가 의식적으로든 무의식적으로든 사용했다는 사실 때문에 임시어가 신문의 헤드라인에 실린 일도 있다. 2010년 미국 정치인 새라 페일린은 refute(반박하다)와 repudiate(거부하다)를 합성한 refudiate라는 단어를 사용해 크게 비판받았다. 하지만 그녀가 자신을 변호하며 말했듯, 셰익스피어도 이런 식의 말장난을 즐겼다. 만약 그녀나 조지 부시가 compulsory(강제적인) 대신 compulsative를, unruly(제멋대로의) 대신에 irregulous를 썼다면 비난받았겠지만, 실제로는 둘 다 셰익스피어가 사용한 단어다.

신조어가 인류에 매우 중요한 가치를 지닌다 여기고 언젠가 사전에 등재되기를 바라며 최대한 많이 사용하는 사람들도 있다. 사전에 오를 가능성이 가장 높은 단어들은 각자 개별적으로 수차례 만들어진 것들이다. bag(가방) + agonise(괴로워하다)는 대번에 알 수 있는 조합으로, 하루가 멀다 하고 이런 상황이 수백만 번 반복되므로 아마 거듭해서 만들어졌을 것이다. 그러므로 이 단어가 인쇄물에 등장하는 건 시간문제다. 이미 《여행업 사전(Travel Industry Dictionary)》 온라인판에 '속어'로 분류돼 올라온 바 있다. 이건 시작이다. 2011년 이 단어는 구글에서 600건 이상의 조회수를 기록하기도 했다. 언젠가 반드시 표준영어가 될 것이다.

91　Webzine

인터넷 합성어 📜 20세기 　　　　　　　　　웹진

1998년, 미국방언협회는 e-를 '올해의 단어', 즉 '가장 유용하고 성공할 가능성이 높은 단어'로 선정했다(95장 참고). e-는 사실 단어가 아니지만 예측은 들어맞았다. 그 후로 e-가 붙는 수천 개의 신조어가 등장했다. e-book(전자책), e-conference(화상회의), e-voting(전자투표), e-card(전자카드), e-money(전자화폐), e-zine(인터넷잡지) 등 수많은 단어가 영어에 영구적으로 자리잡을 전망이다. web도 비슷한 성공 사례로 web design(웹디자인), web address(웹주소), web page(웹페이지), web publishing(웹출판)은 물론 webcam(웹캠), webcast(웹캐스트), webmaster(웹마스터), webzine(웹진) 같은 복합어를 낳았다. 이들 신조어는 1991년 World Wide Web(월드 와이드 웹)이 대중화된 직후 확산되기 시작했다.

　webzine(웹진)이 처음 기록에 등장한 건 1994년으로, 이 말은 e-zine(인터넷 잡지), fanzine(팬 잡지), cyberzine(사이버 잡지), amazine(아마추어 잡지) 같은 여러 -zine들 가운데 가장 최신 단어다. 이 잡지들은 zinestore(잡지 매장)에서 구매하고 zinefest(잡지 출간 행사)에서 출간을 축하할 수 있다. 잡지를 정기적으로 찾는 zinester(잡지만 읽는 사람)들은 zineswapping(잡지를 맞바꾸는 것) 서비스를 이용한다.

　새로운 복합어는 인터넷 어휘의 가장 눈에 띄는 특징 중 하나다.

인기 있는 인터넷 복합어로는 click(clickthrough rate 클릭률, cost-per-click 종량제 광고, double click 더블클릭), net(netspeak 인터넷 은어, netiquette 네티켓, netnews 인터넷 뉴스), ware(firm ware 펌웨어, freeware 프리웨어, shareware 쉐어웨어), cyber(cyberspace 사이버공간, cyberculture 사이버문화, cybersex 사이버섹스), bot(78장 참고) 등이 있다. 심지어 @도 하나의 기호이자 철자로서 단어를 창조하는 데 특별한 역할을 한다(@-address, atcommand). 희한한 복합어도 생겨났다. 원격 데이터베이스에서 이름을 검색하고 싶을 때에는 주로 whois라는 명령어를 쓴다. 이름과 주소를 입력해 누군가의 전자주소를 찾고 싶다면? whowhere이라고 입력한다.

인터넷에서는 bicapitalisation(대문자를 단어 맨 앞뿐만 아니라 가운데에도 사용하는 것)이라 불리는 전례 없는 현상도 심심찮게 일어난다. 특히 회사 이름에 자주 쓰인다. Altavista 대신 AltaVista(알타비스타)라고 쓰는 것이 대표적이다. 비슷한 예로 AskJeeves(애스크지브스), CompuServe(컴퓨서브), DreamWorks(드림웍스), GeoCities(지오시티) 등이 있다. QuarkXPress(쿽익스프레스), aRMadillo Online(아르마딜로 온라인)에는 대문자가 세 개다. 가끔씩은 대문자가 중간에만 등장하는데 iMap(아이맵), iPhone(아이폰), iMac(아이맥), iPad(아이패드), 기타 i-가 접두사로 쓰이는 혁신 기술 단어들이 그렇다. 이 패턴은 광범위한 맥락에서 사용되어 그 사례가 iDrugs(아이드럭스), iDosing(아이도징), iForms(아이폼), i-Routes(아이루트), iSense(아이센스)를 비롯해 수백 개에 달한다.

도메인 이름은 사전 편찬의 세계를 완전히 뒤집어놓을 것 같다.

사실상 일상에서 쓰이는 모든 영어 단어가 도메인 이름으로 팔린 상태다. 친숙한 복합어도 마찬가지다. 이제 새로운 도메인 이름을 만들려면 정말 기발한 아이디어를 내든가, inventinganewword.com처럼 철자를 꼬거나, 순서를 특이하게 조합해야 한다. 물론 이것들은 전부 고유명사여서 영어 어휘에 해당하지 않는다. 하지만 지명이 그랬던 것처럼(80장 참고) 알려지지 않은 수많은 단어들이 결국 일반적 용법으로 발전할 것이다. 위키(wiki)하세요? 맥포럼(Mac-forum) 중이세요? 벌써 아마존에 길들여졌어요(Amazoned)?

92 App

끝내주는 축약어 📜 20세기   어플리케이션

1985년에 무역신문《정보 세계(Information World)》에 한 필자가 새로운 종류의 스크린 메뉴에 대해 기술하며 약어를 사용했다. 그러면서 설명을 추가해야겠다 생각해 apps(앱)라 쓴 다음 applications(어플리케이션)라는 원래 의미를 덧붙였다.

당시에는 이런 설명이 필요했다. '사용자의 특정한 요구사항을 충족시키도록 설계된 컴퓨터 기능'이란 뜻으로 application이란 개념이 쓰인 지 20년이 넘은 터였지만, 이 단어를 app으로 줄여서 쓰는 건 새로운 일이었다. 그 전까지 이 단어를 그런 식으로 축약한 적은 한 번도 없었다. app은 곧장 유행하기 시작했다. 짧고 경쾌한 음절이 음성학적으로 매력적이었던 데다 당시 빛의 속도로 이루어지던 흥미진진한 디지털 커뮤니케이션 발전에도 어울리는 듯했다. 얼마 지나지 않아 '킬러앱(killer app)'이라는 개념이 생겨났다. 멀티미디어업계가 꿈꾸던, '너무 매력적이고 훌륭해서 절대 없으면 안 되는 기능을 가진 앱'을 의미했다. 만약 어떤 단어가 킬러앱(killer abbreviation, 킬러 축약어)의 지위를 얻는다면 그건 아마 app일 것이다.

약어가 새로운 것은 아니다. 약어는 초창기부터 영어에 존재했다(3장 참고). 하지만 어느 앵글로색슨 필경사도 20세기 들어 축약형 단어와 이름이 이토록 늘어날 거라고 예측하지 못했을 것이다. 한 모음집에는 축약어가 50만 개 넘게 실려 있는데(79장 참고) 매해 새로운 판본이 출간될 때마다 수천 개씩 추가된다. 그리고 어떤 단어집도 전자미디어, 특히 인터넷이 오늘날 축약어, 특히 GPS(global positioning system, 전 지구 위치파악시스템), SMS(short messaging service, 휴대폰 문자메시지 송수신 기능), FAQs(frequently asked questions, 자주 묻는 질문)처럼 머릿글자로만 구성된 축약어의 성장에 풍요로운 원천이 되었음을 무시해선 안 된다. 대부분의 축약어는 짧다. 세 글자가 일반적이다. WYSIWYG(what you see is what you get, 화면에 보이는 대로 인쇄된다)와 같은 긴 조합이나 ROTFLMAO(rolling on the floor laughing my ass off, 바닥을 구르며 배꼽이 빠지도록 웃다)처럼 문자 메시지에 쓰이는 유머러스한 문자열을 마주치는 건 아주 가끔이다.

이 축약어 중 몇 개나 살아남을까? 대다수, 특히 문자 메시지에 쓰이는 단어들은 수명이 짧을 것이다(94장 참고). 하지만 app이 언어에 뿌리를 내리는 건 확실해 보인다. 이제 앱의 개수가 수만 개에 달하는 데다, 인터넷을 연결하기 위한 기술 수단으로 점점 휴대폰을 택하고 있으니 이 축약어는 사라지지 않을 것이 분명하다. 어느 누가 일상 대화에서 1음절(app)을 버리고 4음절(application)을 사용하겠는가?

93 Cherry-picking

비즈니스 용어 ▨ 20세기   체리피킹

이번 장에서는 대중의 흥미를 불러일으킬 만한 결과들(buzzworthy outcomes)을 다양하게 탐구해(braindump) 볼 것이다.

이 장이 끝날 무렵(close of play)에는 여러 글자가 결합된(joined-up) 최신식(state-of-the-art) 창의적 발상(blue-sky thinking)의 부가가치(value-added)와 매력(wow factor)을 확인하게 될 것이다. 이는 생각할 필요도 없는 쉬운 문제(no-brainer)이자 모두가 두루 이득을 보는 상황(win-win situation)이자 통제가능한(foot-on-the-ball) 결과가 될 터이다. 나는 틀에서 벗어나 생각할(think out of the box) 것이고, 독자들이 최첨단(cutting edge) 사례를 접할 수 있도록 쉬운 목표(the low-hanging fruit)를 선별적으로 택할(cherry-pick) 것이다.

어떤 시너지 효과(synergy)가 있을지 생각해보라. 임무(mission)를 완수할 미래를 생각하라. 요점(bottom line)은 독자들은 나의 비전(visioning)을 거머쥐게(take ownership) 될 거라는 점이다.

cherry-pick(체리피킹)은 '자신에게 가장 유리한 행동을 선별적으로 택하는 것'이라는 뜻으로, 1960년대에 생겨난 수많은 비즈니스 전문용어 중 하나다. 위의 글은 터무니없고 우스꽝스러운 일련의 단어들을 만들어내는 온라인 '비즈니스 용어 생성기'를 흉내내서 써 본 것이다. 물론 여기서 우스꽝스럽다는 건 그 결과물이 수많은 사무실에서 매일 눈과 귀로 접하는 현실과 불편하리만치 가깝다는 사실에서 비롯한다.

대체 사무실에서 무슨 일이 벌어지기에? 단지 전문용어의 문제가 아니다. 모든 전문직, 동업자 단체, 사회 집단에는 특별한 언어가 있다. 그들이 전기 기술자, 변호사, 신부, 언론인, 의사임을 보여주는 전문 용어, 약어, 관용구가 있다는 뜻이다. 내부자끼리는 이런 용어를 써도 문제될 게 없다. 그 용어들이 전문성을 정의해주니까. 사람들이 이런 표현을 비난하는 건 내부자들이 생각 없이, 또는 그저 있어 보이기 위해 외부자에게까지 그런 용어를 사용하고, 듣는 사람 입장을 고려하지 않은 채 어려운 단어를 쓰기 때문이다.

회사에서 전문용어만 쓰는 건 아니다. synergy(시너지), incentivise(인센티브를 주다), leveraging(레버리지) 같은 용어는 이해하기 어렵지만 wow factor(깜짝 놀랄 만한 요소), low-hanging fruit(쉽게 달성할 수 있는 일), close of play(업무가 끝날 무렵)는 특별히 어려울 게 없다(close of play는 적어도 크리켓 팬들에게는 쉬울 것

93 Cherry-picking

이다). 그럼에도 비판받는 이유는 단순해 보이지만 과도한 사용으로 그 의미를 잃은 탓이다. 이 문구들은 자동으로 튀어나오는 언어적 틱이자 지적 사고의 대체품이 되어버렸다. 즉, 부적절하게 사용되는 진부한 표현이다.

오늘날 경영계 안팎에서 이런 비난이 빗발친다. 다른 영역에서 이런 표현을 사용하면 유독 가혹한 비판이 가해진다. 정부 부처는 특히 주의해야 한다. 영국 의회 특별조사위원회가 2009년 7월 이 문제를 조사한 바 있는데, 위원장은 이런 표현으로 비아냥거리며 주제를 소개했다.

서론으로(by way of introduction) 우리 이해관계자들(stakeholders)을 환영한다는 말씀 전합니다. 부디 공평한 경쟁의 장(level playing ground)에서 대화를 전개하며(roll out) 다같이 이 문제에 참여하기를 고대합니다. 그리하여 먼저 공공영역(public domain)에서 계획을 추진해 모두에게 유리하면서(win-win) 모든 곳에서(across the piece) 사용하기 적절한(fit for purpose) 큰 변화(step change)를 이뤄나가기를 바랍니다.

회의실에 있던 모든 사람이 이상한 조짐을 알아차렸다. 그리고 뒤이은 토론에서 unlocking talent(인재 발굴), partnership pathway(파트너십 경로), quality and outcomes framework(품질 및 결과 프레임워크), best practice flowing readily to the frontline(일선 현장에 순조롭게 전달되는 모범 관행)처럼 정부 관계자들이 일상적으로 쓰는 전문 용어가 뭐가 있는지 집중적으로 살펴보았다. 그러면 이 상황을 어떻게 개선할 수 있을까?

증상을 확인하기는 쉽지만 치료법을 제시하기는 어렵다. 흉내를 내기는 쉬워도 언어 습관을 고치기는 힘들다. 하지만 요즘엔 무슨 조치든 취해야 한다는 분위기가 있다. 기업이든 정부든 '모범' 관행을 선보이는 곳을 찾아 보상을 제공하면 중요한 첫걸음이 되지 않을까?

94 LOL

문자메시지 표현 📜 20세기   큰 소리로 웃음

LOL이 컴퓨터와 휴대폰 화면에 처음 등장했을 때 적지 않은 혼란이 일었다. 어떤 이들은 이 표현을 lots of love(많이 사랑해)라는 뜻으로 사용했고, 또 어떤 이들은 laughing out loud(큰 소리로 웃음)로 해석했다. 수신인이 이 약어를 잘못 해석해서 2000년대 초반 얼마나 많은 낭만적인 관계가 탄생했을지는 알 수 없다. 그러나 모호함은 오래가지 않았다. 이제는 오해할 일이 없다. 거의 모든 사람이 LOL을 '웃는다'는 의미로 사용하니까. 그리고 이 표현은 글과 말의 구분을 가로지른 몇 안 되는 문자용 두음문자가 되었다.

문자메시지 사전에는 수백개의 두음문자가 실려 있다. 마치 textese('문자, 인스턴트 메신저, 채팅방 등에서 사용되는 언어')라는 새로운 언어가 탄생한 듯한 인상을 준다. 그렇지만 실제 문자메시지들을 연구해보면 이런 약어 중 아주 일부만, 그것도 드물게 사용됨을 알 수 있다. see를 c로, you를 u로, to를 2로 쓰는 일은 흔하다. 하지만 문자에 쓰인 모든 단어가 축약어인 경우(thx 4 ur msg c u 18r)는 아주 드물다. 평균적으로 문자에 쓰는 단어의 약 10퍼센트만 축약된다. 성인들 사이에서는 문자를 보낼 때 줄임말을 쓰면 눈총을 받거나, 줄임말을 모르는 구성원도 있기에 스스로 사용을 자제하기도 한다.

문자용 축약어의 신선함이 과대평가된 면도 있다. 일부 약어는 사실 1990년대 후반 문자가 도래하기 훨씬 전 온라인 채팅방에서 주고받던 표현이다. 그리고 일부는 수십년 전으로 거슬러 올라간다. 익명의 저자가 쓴 〈캐서린 제이에게 보내는 에세이(An Essay to Miss Catherine Jay)〉라는 시는 이렇게 시작한다.

> An S A now I mean 2 write
>
> 2 U sweet K T J …
>
> (An sincere apology now I mean to write
>
> to you sweet Catherine Jay.
>
> 지금 와서야 사과하오만,
>
> 그대에게 편지를 쓰려고 했었소.)

이 시가 출간된 시기는 1875년이다. 이렇게 음성/글자를 치환하는 놀이를 즐긴 수많은 빅토리아인 중에는 루이스 캐럴과 빅토리아 여왕도 있다.

한편 예전 어법에는 약어에 단어를 추가해 나가길 좋아하는 현대적 방식은 존재하지 않았다. 요즘에는 기본 형태인 imo('in my opinion')가 imho('in my humble opinion')로, 다시 imhbco('in my humble but correct opinion')와 imnsho('in my not so humble opinion')로 확장되곤 한다. 현대 온라인 커뮤니케이션의 또 다른 거대한 혁신, 이모티콘과 스마일리도 비슷하다. 친근한 반응을 나타내는 :)를 기본으로 해 :)), :))) 등으로 확장시키면 친근함의 강도가 커진다.

신선함이 사라진 후, 새로운 온라인 약어 중 얼마나 많은 수가 살아남을지는 미지수다. txt(text), txtng(texting), 그리고 이와 관련된 형태들은 살아남겠지만 그것도 기술이 사라지지 않는 한에서다. 50년 후에도 사람들이 여전히 brb(be right back, 금방 돌아올게), afaik(as far as I know, 내가 아는 한) 같은 약어를 타이핑하고, 고양이 사진에 틀린 문법을 조합해(lolcats가 그 예다) 서로에게 보낼 거라고 누가 장담하겠는가? 그때도 키보드와 키패드가 남아있을까? 혹시 모든 대화가 자동 음성 인식 장치를 통해 이루어지지는 않을까? 앞서 말했듯이(32장 참고) 전자 통신의 미래는 이제 시작이다(we ain't seen nothin' yet).

	서양	동양
웃음	:)	^.^
슬픔	:(	-_-
울고 있음	:'(	;_;
윙크	;)	^_-
충격 놀람	:O	o_O
활짝웃음 큰웃음 큰 소리로웃음	:D	^0^
화남	X-(	>_<
키스	:-X	^3^
혀내밂 침흘림	:p	°2°
심장 사랑	<3	*°.°

이모티콘 사용의 문화적 차이.
서양은 이모티콘이 옆으로 누워있고 입모양에 초점을 맞춘다.
반면 동양은 똑바로 서있고 눈모양에 초점을 맞춘다.

95 Jazz

세기의 단어 ▤ 20세기   재즈

1990년부터 '미국방언협회' 회원들은 투표로 '올해의 단어'를 선정하고 있다(91장 참고). 여기 뽑힌 단어는 언어적 요소만큼이나 사회적 요소를 반영한다. 1999년에는 Y2K가, 2001년에는 9-11이 선정됐다. 최근 몇 년간의 경제 위기를 반영하듯 2007년에는 subprime(비우량의), 2008년에는 bailout(긴급구제)이 뽑혔다. 그러므로 2009년 올해의 단어로 tweet(트윗)이 선정된 건 다행스러운 일이다.

  한 해를 대표하는 단어를 선정하기란 쉽지 않다. '10년을 대표하는 단어'는 그보다 훨씬 어렵다. 2010년 협회원들은 '10년의 단어'로 google(구글)을 선정했다. 충분히 납득할 만하다. 그렇다면 '세기의 단어'는 어떨까?

  협회는 jazz(재즈)를 선택했다. 여기엔 진실을 살짝 빗겨간 면이 없지 않다. jazz라는 단어는 20세기가 10년 정도 지나서야 등장했다. 1913년 샌프란시스코의 한 비평가는 jazz를 '이제 막 영어에 합류한 미래주의적 단어'라고 설명했다. 하지만 그가 말한 건 재즈 음악이 아니었다. 재즈 음악은 2년 후쯤 생겨났다. 그가 의미한 재즈는 '활기', '흥분'을 의미하는 속어였다. '과장, 허튼소리'를 뜻하기도 했다. 이런 일반적 의미는 '그런 것들'을 뜻하는 and all that jazz라는 표현에 여전히 살아있다. 형용사로서 jazz는 '활기찬', '생생한', '정교한'처럼 다양한 범위에 걸쳐 발전했다. jazz dance(재즈댄스), jazz pattern(재즈 패턴, 의류와 가구에 쓰임)은 물론, jazz journalism(재즈 저널리즘), jazz language(재즈 언어)란 단어도 생겨났다. 이제는 jazzy(재즈풍의, 화려한)라고도 쓴다.

음악적 의미는 1915년 시카고 언론 지면에 최초로 등장했다. 그리고 빠르게 인기를 얻었다. jazz는 음악의 종류(jazz blues, jazz classics), 악기(jazz guitar, jazz clarinet), 연주자와 가수(jazz pianist, jazz vocalist), 연주팀(jazz quartet, jazz combo) 등 음악과 관련된 수백 개의 개념을 설명할 때 사용되었다. 사실상 현재 우리가 재즈와 연관 짓는 모든 용어(band, club, music, singer, record)가 1920년대 말 무렵 쓰였다.

시간이 지날수록 jazz라는 단어는 점점 다양하게 응용되었다. 새로운 음악 트렌드로 인해 퓨전이 활성화되면서 jazz-rock(재즈락), jazz-funk(재즈펑크), jazz-rap(재즈랩) 같은 표현도 생겨났다. 1950~60년대에는 jazzetry(시를 재즈 형식으로 읽음)와 jazzercise(재즈에 맞춰 운동을 함)가, 1990년대에는 jazz cigarette(마리화나)이 등장했다.

초창기 재즈 음악가들은 그들이 음악적 혁명기를 지나고 있음을 알았다. 1919년에 jazz era(재즈 시대)란 표현이, 1920년에 jazz age(재즈 에이지)라는 표현이 처음 사용되었다. 모든 사람이 협회의 선택에 동의하는 건 아니다. 다른 요소 못지 않게 음악적 취향도 반영된 결과일 테니. 하지만 내 생각에는 꽤나 좋은 선택인 것 같다.

96 Sudoku

현대의 차용어 ▤ 21세기   스도쿠

sudoku는 적어도 스도쿠 게임이 처음 개발된 1980년대부터 일본어에는 있었지만, 영어에 외래어로 등장한 것은 2000년이 되어서다. 이 단어는 새천년에 처음 유입된 차용어 중 하나다. 20세기 후반부터 이어져 온 일본어를 차용하는 추세는 유행처럼 계속되었다.

karaoke(노래방)는 영어에 항상 존재해 온 것 같지만 처음 사용된 기록은 1979년에 불과하다. 1950년 이래로 관광업 및 국제 비즈니스가 증가하면서 수많은 단어가 일본어에서 영어로 유입되었는데, 상당수는 꽤 전문적이었다. 예를 들어 일본 씨름 sumo(스모)에 관심이 있다면 yokozuna(요코즈나, 최고 랭킹의 스모 선수), dohyo(도효, 스모 경기장), okuridashi(오쿠리다시, 상대의 등을 밀어 밖으로 밀어내는 기술), torikumi(도리쿠미, 스모 경기의 한 시합) 등 상당히 광범위한 차용어를 접해봤을 것이다. 비즈니스업계에 종사한다면 shosha(쇼샤, 무역회사), kanban(칸반, 적기적시 생산 방식), kaizen(카이젠, 경영 방식의 개선), zaitech(자이텍, 금융공학) 같은 표현이 친숙할 것이다.

정원사라면 bonsai(분재)를, 영화광이라면 anime(애니메이션 영화)를, 예술가라면 shunga(춘화)를 알 것이다. 대체의학에 종사한다면 shiatsu(지압요법)를, 무술을 한다면 shuriken(수리검)과

karate(가라테)를, 요리사라면 dashi(다시), tamari(간장), teriyaki(데리야키)를 알 테다. 혹여 일본 관광을 간다면 Shinkansen(신칸센)으로 여행을 하며 ryokan(료칸)에 묵을 텐데, 부디 yakuza(야쿠자)는 만나지 않기를 바란다. 누구든 집에 아직 녹슨 Betamax(베타맥스, 비디오테이프의 표준 포맷 중 하나로, 그리스어 같지만 '전체에 뻗어 있음'을 의미하는 일본어 '베타'와 '최대'라는 뜻의 maximum이 합쳐진 단어)가 하나쯤 남아있을지도 모른다.

하지만 이런 경향은 둔화되는 기미가 보인다. 21세기에 영어에 생긴 신조어 중 차용어는 극소수다. 남아프리카 단어인 vuvuzela(부부젤라)가 2010년에 유입되긴 했지만 월드컵이란 행사 덕에 가능했던 것이다. 정체성을 염려하는 새로운 국가적 현상이 반영된 것일까?

97 Muggle

허구의 단어 | 21세기　　　　　　　　　　머글

21세기에 생겨난 새로운 영어 어휘의 대다수는 현실 세계에 일어난 사회적 변화 및 사건을 반영한다. 2000년대에 출간된 사전의 새 판본에는 social media(소셜미디어), congestion charge(혼잡 통행료), designer baby(디자이너 베이비), flash mob(플래시 몹), toxic debt(악성 부채), quantitative easing(양적 완화), geoengineering(지구공학),

WMDs(weapons of mass destruction, 대량살상무기), wardrobe malfunction(의상 불량)과 같은 표현들이 올라 있다. 예상치 못한 터라 더욱 흥미로운 부분은 허구의 세계에서 유입된 단어들도 있다는 사실이다.

 J. K. 롤링은《해리 포터》시리즈 첫 권에서 마법을 쓸 줄 모르는 사람을 muggle(머글)이라 일컬었다. 이 단어는 '어리석거나 무능력한 사람'이란 뜻의 mug(머그)를 연상시킴으로써 기존의 의미를 쿨하게 무시했다. 그 누구도 이 단어를 13세기에 사용되던 '물고기처럼 생긴 꼬리'나 17세기의 '사랑하는 사람'이란 의미와 연결 짓지 않았다. 하지만 미국의 길거리 속어로 통용되던 '마리화나'란 의미마저 압도한 것은 개인적으로 놀랍다. muggle은 20세기 내내 일상에서 마리화나란 의미로 쓰였다. 마리화나 중독자는 muggler라고 했다. 하지만《해리 포터》시리즈의 인기가 높아지자 아무도 개의치 않았다.

 새천년 무렵 이 단어는 책과 영화를 벗어나 더 넓은 세상으로 나아갔다. 2000년대에 muggle은 특정한 기술을 갖고 있지 않은 모든 사람을 지칭한다. 어떤 사람은 이 단어를 그 근원이 된 mug(바보, 얼간이)와 비슷하게 사용하는데, muppet(멍청이, 1970년대에 짐 핸슨이 대중화시킨 용어)이 '인형극'이라는 원래의 뜻을 버리고 '바보스럽거나 어리석은 사람'을 의미하게 된 것과도 유사하다(보통은 애정을 담아 놀릴 때 사용한다).

 이 단어는 2000년에 탄생한 '지오캐싱(geocaching)'이라는 최첨단 보물찾기 게임에서 뜻밖의 새로운 의미를 얻었다. 여기서는 이

게임을 모르거나 어떤 식으로든 게임에 방해가 되는 사람을 muggle이라 부른다. GPS 시스템을 갖춘 게임 참여자들은 지오캐싱 웹사이트에 등록된 지리좌표를 이용해 전 세계에 숨겨진 컨테이너(지오캐시)의 위치를 찾아내야 한다. 이때 지오캐시가 파손되거나 도난당하면 muggled(머글당했다)라고 표현한다.

영화를 통해서도 'Make my day!(할 테면 해봐!)'와 'May the Force be with you(포스가 함께하길)' 같은 짧은 유행어가 영어에 유입되었다. matrix(37장 참고)에서 보았듯이 아주 드물게 영화에서 신조어나 새로운 의미를 탑재한 단어도 탄생하는데 muggle이 그런 경우다. 2000년 이후의 영화 중에 tiggerish(매우 활기차고 에너지가 넘치는)를 대중화한 〈위니더푸(Winnie-the-Pooh)〉, mini-me(미니미, 매우 닮았지만 몸집이 훨씬 작은 사람)를 유행시킨 〈오스틴파워(Austin Powers)〉, fockerise(영화에서 전개된 것처럼 혼란스럽고 우스꽝스러운 상황을 일으키는 것)를 소개한 〈미트 페어런츠(Meet the Fockers)〉도 그 공을 인정받아 마땅하다.

텔레비전 광고도 유행어와 (빈번하진 않지만) 새로운 단어 및 의미를 공급하는 풍성한 원천이 된다. 하지만 광고가 세계적으로 퍼져 나가는 일은 드물다. pinta(pint of milk, 우유 1파인트)는 텔레비전 시엠송 〈드링카 파인타 밀카 데이(Drinka pinta milka day)〉에 사용되면서 1950년대에 영국 영어에 편입되었다. 2000년대에는 1950년대부터 감탄의 표현으로 사용된 va-va-voom을 꼽을 수 있다. 이 표현이 널리 알려진 것은 영국 TV에 방영된 르노 자동차 광고 시리즈에 제목으로 사용되면서다. 광고에서 축구선수 티에리

앙리는 이 단어의 진짜 의미를 찾으려 한다. 그는 한 시리즈에서 사과하듯 '저기요, 제가 단어를 만드는 게 아니에요'라고 말한다. 하지만 그가 광고에 출연하지 않았으면 이 표현이 다음과 같은 최신의 의미를 가질 수 있었을지 의문이다. '신나고, 활기 넘치고, 매력적인 성질.'

98 Chillax

유행에 따른 혼성어 📜 21세기   긴장을 풀다

chill('느긋한 시간을 보내다'는 뜻)과 relax가 합쳐진 이 단어는 2000년대 초반에 등장해 사랑과 미움을 골고루 받았다. 2010년 무렵 이 단어는 헤드라인으로 쓰이며 뉴스거리가 되었다. 사이먼 호가트(Simon Hoggart)가 2월 23일자 《인디펜던트》지에 게재한 기사는 이렇게 시작한다. 'Chillax man – or Gordon will get you(긴장 풀어, 아니면 고든이 가만 안 둘 거야)' 당시 총리가 참모들에게 당황하지 말라면서 이 단어를 사용한 일을 가리킨 것이다. 고든이 정말 쿨했다면 거기서 파생된 표현인 chillax to the max(최대한 진정하라)를 썼을지 모를 일이다.

이 단어는 가장 최근에 만들어진 혼성어 중 하나인데, 혼성어는 21세기에 대중화된 단어 창조 기법(67장 참고)이다. chillax는 조금씩 자체적인 단어족을 쌓고 있다. 벌써 chillaxing과 chillaxed가

생겨났다. podcast(팟캐스트, iPod와 broadcast의 혼성어)는 훨씬 진도가 빠르다. 2004년 처음 사용됐는데도 명사(a podcast), 동사(to podcast), 형용사(a podcast experience) 등 다양한 품사로 사용되는 것은 물론 파생어도 여럿 생겨났다(podcasting 팟캐스팅, podcasters 팟캐스터, a podcasted show 팟캐스트 쇼).

이제는 주변에서 얼마든지 새로운 혼성어를 찾을 수 있다. threequel(쓰리퀄, 시리즈의 세 번째 편)을 본 적 있는가? turducken(털더큰, 구운 닭, 오리, 칠면조 고기가 함께 나오는 요리)을 먹어본 적은? bromance(브로맨스, 두 남자 간의 진한 우정) 작품을 읽은 적은? staycation(스테이케이션, 집이나 집 근처에서 보내는 휴가)을 보낸 적은? daycation(데이케이션, 당일치기 휴가)을 쓴 적은? freemium(프리미엄, 기본 서비스는 무료로 제공하지만 추가 서비스는 돈을 받는 인터넷 사업 모델)을 사용해 본 적은? frenemy(프레너미, 싫어하는 점이 있음에도 친하게 지내는 사람)가 있을 수도 있다. screenager(스크리네이저, 컴퓨터와 인터넷에 재능이 있는 십대)는 몇 명 알고 있겠지.

jeggings(제깅스)는 어떤가? jean(청바지)과 leggings(레깅스)의 혼성어인 이 단어는 몸에 딱 붙는 청바지처럼 보이는 레깅스를 일컫는데 2010년 가장 유행한 의류 중 하나다. meggings(매깅스, men + leggings), treggings(트래깅스, trousers + leggings)처럼 단어족도 늘고 있다. 패션계는 다른 종류의 옷을 섞어 입는 것이 유행인데 영어도 그러한 유행을 따라잡으려고 필사적으로 노력 중이다. coatigan(코디건, coat + cardigan), shacket(셔킷, shirt + jacket), skorts(스코츠, skirt + shorts), tankini(탱키니, tank top + bikini)를 입어본 적 있는가? 아니면 mankini(맨키니, man + bikini, 영화 속 인물 '보랏'이 착용한 것처럼 노출이 심한 남성용 수영복)는? blurt(블러츠, blouse + skirt), cardigown(가디가운, cardigan + dressing gown), macket(매킷, mac 비옷 + jacket), shoots(슈츠, shoe + boots), skousers(스카우저, skirt + trousers) 같은 단어도 있다. 이따금 디자인과 단어, 둘 중에 어떤 것이 먼저 생겼을지 궁금해진다.

99 Unfriend

새로운 시대 📖 21세기   친구 맺기를 취소하다

2009년 《뉴 옥스퍼드 미국영어사전(New Oxford American Dictionary)》은 '올해의 단어'로 unfriend를 선정했다. 이 단어는 '페이스북 같은 소셜네트워킹 사이트에서 누군가와 친구 맺기를 취소하는 것'을 의미한다. 경미한 논란이 일었다. 몇몇 사람은 defriend가 옳다고 주장했다. 하지만 un-은 이미 undo(실행 취소), unerase(지우기 취소), undelete(삭제 취소), unbold(볼드체 취소) 등 컴퓨터에서 실행한 명령을 되돌리는 용어로 자리 잡은 터였다. 2009년 9월 15일, 《뉴욕타임즈》 기사도 말했듯이 우리는 '실행 취소(undoing)의 시대'에 살고 있다.

또한 unfriend는 16세기부터 사용했다는 역사가 증명하듯 더 영어답게 느껴진다는 점(44장 참고)에서 호소력이 있다. 《십이야

(Twelfth Night)》에서 안토니오는 세바스찬을 'unguided and unfriended(안내자도 동행도 없다)'하다고 설명한다. 명사(unfriend)는 일찍이 13세기에 등장했다. 19세기에는 프렌드교파(퀘이커 교파의 공식 명칭)에서 교인 아닌 사람을 unfriend라고 불렀다. 대조적으로 defriend는 이런 역사가 없어서 뿌리를 내리는 데 훨씬 오래 걸렸다. 지금은 unfriend와 defriend 모두 소셜네트워킹 세계에서 찾아볼 수 있지만 2011년에는 unfriend가 두 배가량 인기가 많았다.

접두사와 접미사는 새천년에도 신조어 세계에서 계속 존재감을 뽐낸다. ecogloom(환경 변화에 대한 우울함), bargainous(상대적으로 저렴한), overthink(지나치게 많이 생각하다), underbudget(비용을 과소평가하다), catastrophise(최악의 상황을 상상하다), therapise(치료를 제공하다) 같은 단어들이 그 예다. 기술 발전으로 아주 작은 개체를 조사할 수 있게 되면서 과거에 이해하기 어려웠던 nano- 같은 접두사도 널리 퍼진다. 일부 논객에 따르면 지금은 a nano-age(나노시대)로, nanocosm(나노 세계)에는 nanoscale(나노 단위)의 nanomaterial(나노 물질)을 이용하는 nanomachine(나노 기계)이 존재하며, nanoscientist(나노 과학자들)가 연구 활동을 펼친다. 사실상 조만간 어떤 단어에든 nano-라는 접두사가 붙을 것으로 보인다.

nano-의 인기가 micro-를 훨씬 앞지르긴 하지만, micro-messaging(마이크로메시지)의 등장으로 micro-도 힘을 얻었다. 블로그에 아주 짧은 글을 게시하는 것을 microblogging(마이크로블로깅)이라고 하는데, 2006년 140글자로 길이를 제한한 트위터가 등장하자 곧바로 microblogging site(마이크로블로깅 사이트)라는 설명이 붙었다. 이제는 microbook(마이크로북), micromovie(마이크로무비), micromusical(마이크로뮤지컬), microapp(마이크로앱, 92장 참고)도 존재한다. 어휘계의 쿨 헌터(1990년대 마케팅 용어로, '문화 트랜드 감시자'라는 뜻)로서 말하자면 이 밖에도 언급할 것이 많다.

100 Twittersphere
미래는 어디로 향할 것인가? 📜 21세기   트위터 세상

하나의 소리가 어떻게 우리 마음에 새겨지고 조어법의 새로운 근원으로 사용되는지를 보면 참으로 놀랍다. 2010년, 트위터로 인해 생겨난 단어를 모은 온라인 사전 〈트위터너리(Twittonary)〉에 600개가량의 새로운 단어가 등재되었다. 트위터가 생긴 지 겨우 5년밖에 되지 않았음을 감안하면 놀라운 숫자다.

대다수가 트위터라는 이름의 재미있는 가능성, 특히 맨 앞의 자음군 tw-가 가진 (영어로서는) 특이한 음성적 특성을 이용한다. 그 많은 단어 중 3분의 2가 이 자음군을 활용한 것들이다. 일부는 twictionary(트윅셔너리)와 tweologism(트위올로기즘)처럼 기존 단어의 맨 앞 자음을 tw-로 대체하고, 일부는 twendy와 twaffic처럼 tr-을 tw-로 바꾸어 잘못 발음한 척한다. 일부는 twidentity theft

와 twaddiction처럼 다른 단어 앞에 tw-를 덧붙인다. twitterhea(트위터 헤비 유저), twitterati(지나친 트위터 사용자), twitterholic(트위터 중독자), celebritweet(유명인의 트윗)처럼 혼성어도 흔하다. 요약하자면 twittersphere(트위터 세상)인 셈이다.

대다수 신조어는 생명이 짧을 것이다. 극소수만 장기간 지위를 보전할 것이다. 최소한 트위터가 존재하는 한 사라지지 않을 것이다. 초기의 인터넷 현상인 blogging(블로깅)이 어떻게 됐는지 보면 알 수 있다. 2000년대 초반, blog(블로그, 웹 로그web log의 약어로 개인이 온라인에 올린 일기나 논평을 말한다)란 단어 역시 수많은 말장난을 만들어냈지만 당시 유행하던 신조어 대부분이 요즘은 거의 보이지 않는다.

blogosphere(블로그 세계)에서도 트위터 세계와 똑같은 단어 생성 과정이 발견된다. 똑같은 유형의 파생어(blargon, 'blog jargon', 블로그 전문용어)와 음절(blogathy, 'blog apathy', 그날따라 블로그에 글을 올리기 싫은 마음), 비슷한 혼합어(blogorrhea, blogerati, blogoholic, celebriblog)가 존재한다. 핵심 용어의 독특한 음성적 특징을 활용하기도 하는데 bloggerel, lexiblography, blogstipation 등에서는 중간운이 사용된다.

더 기술적인 표현들도 있는데 blog roll(이웃 블로그)과 blogware(블로그웨어), photoblog(사진 블로그)와 moblog(모바일 블로그), blawg(법을 다루는 블로그)와 vlog(비디오 웹로그) 같은 혼합어와 blog client(블로그 클라이언트), blog archive(블로그 아카이브) 같은 합성어가 그 예다. 이들 용어는 영어에 웬만큼 뿌리내린 것

같지만 앞서 말했듯이 해당 기술이 존재하는 동안만 그럴 것이다. gadget(가젯), post(포스트), preview(프리뷰), archive(아카이브), template(탬플릿)처럼 블로깅이란 맥락에서 새로운 의미를 부여받고 확실히 자리 잡은 단어들 역시 신조어들만큼 중요하다.

2005년에 누군가 내게 트위터와 관련해 자음군 tw에 눈곱만큼이라도 흥미로운 지점이 있냐고 물었다면 '전혀 없다'고 대답했을 것이다. 누군가 이 자음군이 언젠가 수백개의 신조어를 탄생시킬 거라고 주장했다면 나는 '미쳤다'고 했을 것이다. 여기서 얻을 수 있는 교훈은 이렇다. '단어 애호가는 절대 미래를 예측하려고 해서는 안 된다.'

100 Twittersphere

그림 출처

24쪽 룬 문자, 노리치 캐슬 박물관 및 아트 갤러리. NWHCM: 1939.77.N59f:A
42쪽 피치 파이 스트리트에 서 있는 테리 프래챗 경. © Tim Mossford/UNP
56쪽 킬로이가 왔다 감
65쪽 《성 커스버트의 생과 기적(The Life and Miracles of St Cuthburt)》, 가경자 비드가 서재에서 글을 쓰며 앉아있다.
87쪽 '잠시 방문', 모노폴리 게임판의 모서리 칸
98쪽 〈이른 새벽(In the Wee Small Hours)〉, 프랭크 시나트라의 앨범 재킷, 1955
112쪽 영국 웨스트 요크셔 브래드포드에 위치한 요크셔 페니 은행 건물, © Mark Sunderland Photography.photographersdirect.com
129쪽 어린이용 글씨판, 대영도서관
161쪽 미국 학자들이 벤 존슨의 사전 출간 200주년을 맞아 그에게 건배 제의를 하고 있다. 사진 월터 샌더스/타임 라이프 픽쳐스/게티 이미지
168쪽 《옥스퍼드 관보》, 1665년 11월
181쪽 '레이디버드 이지 리딩 시리즈' 중 하나인 《치킨 리킨(Chicken Licken)》의 표지 사진
187쪽 블룸스버리가 영국에서 출간한 《해리포터와 현자의 돌(Harry Potter and the Philopher's Stone)》과 스콜라스틱이 미국에서 출간한 《해리포터와 마법사의 돌(Harry Potter and the Sorcerer's Stone)》의 표지 사진
200쪽 벨 전화기의 초창기 광고
216쪽 'Lukaut long bulmakau(소를 조심하시오)'. 파푸아 뉴기니의 톡 피진어로 된 표지판. © Michael Pennay
221쪽 '여왕이 최고다(Betty Rules OK)' 1977년 6월 1일: 런던 풀햄 에인트리 단지 거주자들이 여왕 즉위 25주년 기념일에 축하의 마음을 표현하고 있다. 사진 센트럴 프레스/게티 이미지
238쪽 카렐 차페크의 로봇이 그려진 포스터, 미국의회 도서관
252쪽 벨린다 블러브, 스탠 캐리(Stan Carey) 제공
256쪽 《호주 영어 말하기(Let Stalk Strine)》, 1965년 버전의 표지
268쪽 'Gotcha', 《더 선》 1면, 1982년 5월 4일
285쪽 동양과 서양의 이모티콘 차이

옮긴이의 말

번역가라는 직업상 영어 단어에 강박을 가질 수밖에 없다. 영단어를 암기하는 데 도움이 되는 책이라면 일단 구매 버튼부터 누른다. 어원을 설명하는 단어집, 변천사를 정리해 놓은 역사서, 잘못 사용된 사례를 모아놓은 책 등 종류불문이다. 그런 책을 수집하고, 또 수집하기 위해 눈을 부릅뜨고 서점을 뒤진다. 내게 영어는 생계고, 애증관계의 벗이고, 절대 넘어오지 않는 썸남이다.

이렇게 암기에 대한 강박에 사로잡히다 보면 영단어가 징글징글 맞을 때가 있다. 그리고 '실속' 있는 단어를 위주로 찾게 된다. 고3이 수능 영단어만 외우는 것처럼. 이 단어가 번역에 자주 쓰일까? 내가 먹고 사는 데 얼마나 도움이 될까? 외우는 데 들인 노력에 비해 가성비가 좋은 단어일까?

이런 식으로 접근하고 목차를 보면 이 책이 실속 없다고 여길지도 모르겠다. and, out, what, ok…를 통해서 본 영어 이야기라니. 평생 써먹을 일이 있을지 없을지도 모를 bone-house, bodgery, bagonise는 또 뭔가. 하지만 목차는 목차에 불과하다. 책장을 펼쳐야 이 책의 진가를 알 수 있다. 이런 '사소한' 단어들 사이사이로 보물 같은 지식과 역사, 그리고 '실속' 있는 정보가 숨어 있으니. 나 역시 그런 '깨우침'의 과정을 거쳤다.《100 단어로 본 영어의 역사》

는 100 단어보다 '영어 이야기'에 방점이 찍힌 책이다. 몇몇 단어들을 대표 주자로 내세워 영어의 일대기를 요모조모 알려주는 영어 역사서다. 그러니 단어 자체의 변천 과정은 물론이고 변화의 배경이 되는 역사적 흐름, 해당 시대의 사회상, 더불어 사람들의 의식 변화를 얕다면 얕게 깊다면 깊게 공부하게 된다. 그야말로 잡학사전이다. 그게 다가 아니다. 한국식 영어 교재로 공부하며 품었던 의문들도 풀린다. 교과서에서는 분명 불가산 명사라고 배웠는데 왜 어떤 원서들은 a information이라고 쓰는 건지, 왜 사전에 billion이 (어처구니없게도) 10억과 1조라는 두 개의 수적 의미로 정의돼 있는지, 왜 영어 법률 문서는 그토록 동어 반복이 많은지, 해묵은 궁금증이 눈 녹듯 녹는다.

나아가 영단어를 암기해야 한다는 강박의 덫에 갇혀 2차원적으로 마주했던 단어들이 역사 이야기와 만나면서 입체적으로 변하는 듯한 경험을 하게 된다. 시공간을 가로지르며 늘어놓는 이야기 보따리에 단어가 살아숨쉬는 생물처럼 느껴진다. 왜 영국인들은 우리가 점심이라고 철썩같이 믿고 있는 lunch 대신 때로 dinner라는 표현을 사용하는 걸까? 언어는 생물이기 때문이다. 궁금하면 이 책의 65장을 펼쳐보길 바란다.

영어와 언어를 좋아하는 독자든, 잡학과 교양을 쌓고 싶은 독자든, 책장을 덮으면서 나와 같은 만족감을 느끼리라 장담한다. 한 번만 읽고 책장에 꽂아두기엔 너무 아까운 책이다. 부디 두 번 세 번 읽으면서 mega한 경험을 하길 바라 마지않는다.

색인

A
ain't **193**
alphabet **127**
Alzheimer's **258**
Americanism **185**
and **30**
app **277**
arse **70**

B
bagonise **272**
billion **162**
bloody **153**
blurb **251**
bodgery **144**
bone-house **57**
bridegroom **68**
brock **60**
brunch **210**

C
chattels **78**
cherry-picking **279**
chillax **292**
cuckoo **90**
cunt **92**

D
dame **80**
debt **136**
dialect **141**
dilly-dally **179**
dinkum **212**
disinterested **173**
DNA **230**
doable **123**

doobry **249**
doublespeak **245**
dragsman **202**
dude **208**

E
edit **189**
egg **105**
English **64**
escalator **234**

F
fopdoodle **158**

G
gaggle **120**
garage **232**
gazette **167**
gotcha **266**
grammar **100**
grand **260**

H
hello **199**

I
information(s) **117**
ink-horn **138**

J
jail **85**
jazz **286**

L
lakh **156**

lea 27
loaf 33
LOL 282
lunch 205

M
matrix 125
mead 43
mega 264
merry 46
mipela 215
money 110
muggle 289
music 113

O
OK 220
ology 223
out 36

P
PC 269
polite 176
pork 76
potato 134

R
rep 183
riddle 50
robot 237
roe 23
royal 107

S
schmooze 218
shibboleth 150

skirt 83
skunk 148
species 191
speech-craft 228
street 39
Strine 254
Sudoku 288
swain 74

T
taffeta 115
take away 88
tea 171
trek 196
Twittersphere 296

U
UFO 240
undeaf 146
unfriend 294

V
valentine 102

W
Watergate 243
webzine 275
wee 97
what 53
wicked 95

Y
y'all 226
yogurt 165

100단어로 본 영어의 역사

초판 1쇄 발행 2024년 10월 1일

지은이 데이비드 크리스털
옮긴이 박설영
발행인 원경란
기획 강병철
편집 양현숙
디자인 신병근, 선주리

펴낸곳 꿈꿀자유 서울의학서적
주소 제주특별자치도 제주시 국기로 14 105-203
전화 010-5715-1155(편집부), 070-8226-1678(마케팅부)
팩스 0505-302-1678
이메일 smbookpub@gmail.com
등록 2012. 05. 01 제2012-000016호

ISBN 979-11-87313-75-3 03740

- 이 책은 꿈꿀자유 서울의학서적이 저작권자와의 계약에 따라 발행한 것이므로 출판사의 서면 허락없이는 어떠한 형태나 수단으로도 이 책의 내용을 이용할 수 없습니다.
- 잘못된 책은 구입하신 서점에서 바꾸어 드립니다.
- 값은 표지에 있습니다.